Vietnam

HIGHLIGHTS | GEHEIMTIPPS | WOHLFÜHLADRESSEN

»Wer mit Schale und Essstäbchen

umzugehen weiß, versteht

auch mit Worten umzugehen.«

Vietnamesisches Sprichwort

Vietnam

Martina Miethig
Christoph Mohr

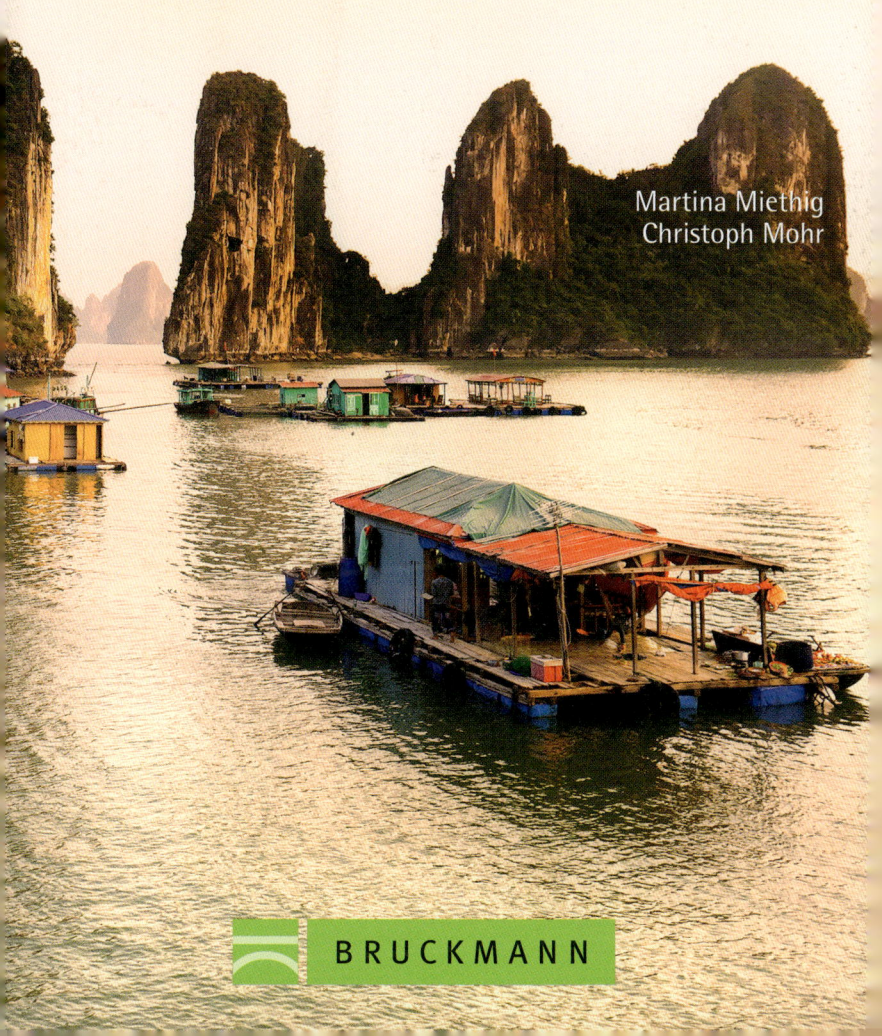

BRUCKMANN

INHALT

MEHR WISSEN

Oben links: Im Nationalpark Yok Don sind noch viele wild lebende asiatische Elefanten anzutreffen – wie hier beim Baden im Fluss.
Oben rechts: In Thung Lung Thu Yeu (Tal der Liebe) liegen Romantik und Kitsch nahe beieinander.

MEHR ERLEBEN

Links oben: Die Vietnamesen sind in der Religion recht relaxt – und glauben an viele Götter und gute Geister.
Rechts oben: Ede-Kids im »Elefanten-Dorf« Ban Don
Rechts unten: In der Provinz Ninh Binh, auch Halong-Bucht an Land genannt, grünt es in allen Nuancen.

HALONG-BUCHT

DIE BERGE
IM NORDEN

**❶ Saigon: Eintauchen
in die Kolonialzeit (S. 40)**
Durch das alte französische Viertel
von Saigon flanieren Besucher wie vor
hundert Jahren die Kolonialherren im
Schatten der Tamarinden oder auf den
Spuren von berühmten Autoren wie
William Somerset Maugham, Marguerite
Duras und Graham Greene. Manche
prachtvollen Kolonialbauten konnten
sich vor Kahlschlag und Neubauwahn
behaupten. Hier kann man sich entspannt zurücklehnen und in ferne Zeiten
eintauchen – etwa *beim Schmökern*
von Greenes *Der stille Amerikaner*
am geschichtsträchtigen Schauplatz
im Hotel Continental.

❷ Hanoi: »Bia hoi« (S. 190)
Nach dem Treibenlassen im Gassengewirr
der Altstadt von Hanoi und dem Stöbern
zwischen traditionellen Handwerksläden,
Cafés, Boutiquen und Galerien heißt
es »chuc suc khoe« – Prost! Dazu mischt
man sich abends am besten unter die
Vietnamesen in den »bia hoi«-Eckkneipen,
wo leichtprozentiges vietnamesisches
Bier für nicht einmal 50 Eurocents auf
Kinderplastikstühlen serviert wird – als
Snack dazu gibt´s Hühnerkrallen und
Erdnüsse etwa an der Ecke Luong Ngoc
Quyen und Ta Hien sowie Bat Dang und
Duong Thanh.

Die Wächterfiguren in Hues Kaisergräbern posieren als Statisten für Touristen
aus aller Welt, hier bei Kaiser Khai Dinh.

❸ Halong-Bucht: In die Lagunen paddeln (S. 238)

Naturwunder und Bilderbuchkulisse: Ein Meer voller Sagen und Legenden, üppig grün überwucherten Karstinseln, Stränden und Grotten. Am besten lässt sich der Unesco-Schatz an Bord einer Dschunke erkunden. Oder paddelnderweise im Kajak – wenn die smaragdgrünen Lagunen im Inneren der Inselberge für eine Weile zugänglich sind, wie ein »Sesam öffne Dich« nur ein paar Stunden lang, bis die Flut kommt und die engen Höhlenzugänge wieder verschließt.

❹ Ben Tre: Radtour durchs Mekongdelta (S. 62)

Die Reiskammer der Nation wartet mit einer üppigen Vegetation und tollen Fotomotiven auf schwimmenden Märkten, an Flussufern und zahllosen Kanälen. Bei einer Radtour rollt man durch idyllische Alleen über gefühlte tausend Brücken – immer vorbei an Reisfeldern, Mangroven und Bambuswäldern, besucht Familienbetriebe und Obstplantagen.

Mit dem Drachenboot geht es über den »Parfüm-Fluss« zur Thien Mu Pagode.

❺ Hue: Selfie als Kaiser (S. 168)

Wie wäre es mit einem Ausflug per »Drachenboot« zu den Grabanlagen der alten Kaiser in Hue. Hier in den Ehren-Höfen und Gärten, an Teichen und verwunschenen Grabmälern wird die alte Kaiserzeit wie vor 200 Jahren wieder lebendig – und als Kaiser verkleiden und in Selfie-Pose stellen kann man sich auch gleich...

❻ Hoi An: Kochkurs bei den Profis (S. 148)

Eine Vietnamreise ohne Kochkurs wäre wie nach Hause fliegen ohne den typischen Kegelhut im Gepäck. Lassen Sie sich einführen in die kulinarischen Geheimnisse und Fingerfertigkeiten der Vietnamesen, ob beim Kräuter- und Gemüseeinkauf auf dem Markt, beim Wickeln der »Glücksrollen« oder schließlich beim Verschlemmen der Speisen!

❼ Bei Hanoi: Mit den Vietnamesen mitpilgern (S. 222)

Ein unvergessliches geradezu mystisches Erlebnis: Auf dem Yen-Fluss gleitet man zum »Berg der duftenden Spuren«, wo die Chua Huong thront. In die von steilen Karstbergen umgebene Parfüm-Pagode strömen Tausende einheimische Gläubige zur Göttin der Barmherzigkeit – am Tag! Ein Besuch hier muss ja nicht unbedingt beim überlaufenen Neujahrsfest sein...

❽ Phu Quoc: Sundowner am Beach (S. 82)

Phu Quoc, die größte Insel Vietnams, lockt mit endlosen Sandpisten und

Die historische alte Oper der einstigen Hauptstadt Saigon, seit 1976 Ho-Chi-Minh-Stadt genannt, ist gestern wie heute Mittelpunkt des kulturellen Lebens.

Traumbuchten vor tropischer Dschungelkulisse, Wasserfällen und Tauchgründen voller farbenprächtiger Fauna. Und der Clou: Nur an wenigen Orten in Vietnam kann man der Sonne im Westen beim Untergehen zusehen, z. B. an Phu Quocs Stränden im Westen, etwa am Bai Truong. Hier klimpert das Eis im Cocktailglas, während sich die Sonne glutrot verabschiedet.

❾ Cuc Phuong und Hoa Binh: Zu Hause bei den Muong (S. 222)
Echtes Homestay-Feeling: Die Muong leben noch in Stelzenhäusern und beherbergen Touristen in ganz authentischen Homestays, d. h. bei sich zu Hause im Wohnzimmer. Bei dem »Community Based Tourism« speist man am Abend gemeinsam und bekommt einen Einblick in den Alltag der Bauern auf ihren Nassreisfeldern und bei der Schweine- und Geflügelzucht. Mitanpacken ist durchaus gern gesehen…

❿ Saigon: das reinste Götterchaos (S. 48)
In den trubeligen Innenstädten wartet in Tempeln und Pagoden eine weihrauch vernebelte Welt mit Dutzenden von Göttern, Geistern und gleich mehreren Buddhas und Bodhisattvas auf, oft nur wenige Schritte vom Verkehrschaos entfernt. Die reinsten Oasen der Ruhe: Hier kann man innehalten.

Zur buddhistisch-taoistischen Wunscherfüllung dienen die Räucherstäbchen – am besten gleich eine ganze Spirale anzünden, damit auch alle Wünsche auf den Rauchschwaden zum Adressaten in den Götterhimmel gelangen – z. B. im vielbesuchten Jadekaiser-Tempel in Saigon, dem Chua Ngoc Hoang.

WILLKOMMEN
in Vietnam

Vietnam ist ein Land der Kontraste. Moosbewachsene Paläste und Tempel als Zeugen einer 4000 Jahre alten Kultur ducken sich im Schatten von Hochhausgiganten. Verführerisch Duftendes aus Garküchen, von Räucherstäbchen oder von Gucci mischt sich mit Abgasschwaden. Mit 94 Millionen Bewohner eines der bevölkerungsreichsten Länder und die wohl zerbombteste Nation weltweit – und trotzdem entdeckt man in seinen Dschungeln fast pausenlos neue Tierarten. Und nun macht Vietnam auch noch als asiatisches Badeziel mit 3200 Kilometern Küste von sich reden.

Die Nacht in Saigon beginnt mit einem Hupkonzert. Eben noch lag die Hitze wie ein feuchter Lappen auf allem. Jetzt streift eine Brise den Sozius auf dem Motorroller, wenn endlich alle Zweiräder an der Ampel losbrausen, alle gleichzeitig hupend. Wie wäre es zum Einstieg mit einer Sozius-Tour durch das nächtliche Saigon?! Mofataxi-Fahrerinnen im eleganten Nationalgewand, dem »ao dai«, nehmen die Touristen huckepack, raus aus dem Taxi und dem Sightseeing-Bus, aus dem klimagekühlten Wohlbefinden mitten rein ins Chaos. »Di thoi«, let´s go! Aufsitzen, festhalten und ab ins motorbrummende Gewusel, wo alle gleichzeitig bei Grün losbrausen. Man lässt den 1. Bezirk mit seinen französisch-kolonialen Bauwerken, das Rathaus und das Theater hinter sich und taucht ein ins nächtliche Gewimmel. Myriaden von Mofas steuern, hupen, kurven und knattern durch Chinatown – man riecht es sofort, hier hängt der medizinisch-modrige Duft von Kräutern und Wurzeln aus den traditionellen Apotheken in der Luft.

Nostalgie oder Zukunftsschock

In den Straßen von Saigon und Hanoi tobt das moderne Leben. Wer heute in den Südostzipfel Asiens kommt, um auf den Spuren von berühmten Indochina-Autoren wie Graham Greene und Marguerite Duras zu wandeln, der muss nicht lange suchen. Es gibt sie noch, die Alleen unter Tamarinden, an denen die Kolonialbauten in weichen Ockertönen stehen und die rotgoldenen Pagoden mit ihren verräucherten Altären; dazwischen hockt immer noch die eine oder andere Frau mit Nudelsuppen in ihrer Schultertrage. Aber es ist ein bisschen wie ein Wettlauf zwischen Tradition und Moderne. Wer das alte Vietnam sucht, muss in versteckte Seitengassen oder andere Bezirke ausweichen – oder gleich raus aufs Land. Denn viele steinerne Zeitzeugen aus jener kriegerischen (Kolonial)-Epoche sind schon lange verschwunden, wie das »Haus der 500 Mädchen« in Saigon oder erst kürzlich das »Café Brodard«, das »Givral« ...

Sie wichen der Skyline mit Shoppingpaläste und Luxus von Armani bis Versace. Hier entsteht ein zweites Bangkok, Singapur oder Shanghai, nur noch höher und noch schneller.

Zeitsprung ins 21. Jahrhundert

Die futuristischen Wolkenkratzer wachsen im Zeitraffer, und von hier oben aus der sicheren Vogelperspektive erkennt man die Choreografie der Viertakter am besten: Wenn nach Sonnenuntergang das seit den prosperierenden 1990er-Jahren übliche »chay vong vong« startet: ein zielloses Umherdüsen, ein Sehen- und -Gesehenwerden auf Vietnamesisch, vor allem am Wochenende. Ein Menschenschwarm mit Zweiradantrieb. Es ist Millimeterarbeit: Fährt vorne einer auch nur eine Handbreit nach rechts, scheren alle Folgenden ebenfalls exakt eine Handbreit nach rechts aus, gleichmäßig und im sanft fließenden Slalom – als wären alle an einer unsichtbaren Schnur miteinander verbunden. Wer braucht hier schon die lang geplante U-Bahn?

Vietnam ist ein junges Land – 23% der Bevölkerung sind unter 15 Jahre.

Ein Abstecher in den neuesten 7. Bezirk Saigons zeugt von der Zukunft: Phu My Hung ist klinisch sauber und schick, die neue »Skyscrapercity« in der Größe Manhattans. Vor 15 Jahren war hier noch alles Sumpf mit Reisfeldern zwischen Kanälen, wo heute der Nguyen-Van-Linh-Highway verläuft. Aus dem zubetonierten Sumpf ragt ein Condominium Tower nach dem anderen in den Himmel, mehr als zwei Drittel leerstehend, mitsamt Tennisplätzen, Olympiapools und koreanischen Shoppingmalls. Es fühlt sich an wie auf einem anderen Stern, Lichtjahre entfernt vom »alten« brodelnden Saigon, der heutigen Ho-Chi-Minh-Stadt. Die Straßen sind verwaist, keine Mofas, kaum Autos oder Menschen. Die Ampeln geben ihre Lichtzeichen mit Sekunden-Countdown ins Leere. Eine Geisterstadt.

Es war einmal in Vietnam ...?!

Es wird Zeit für einen nostalgischen Rückblick – sagen wir in die letzten 15 bis 20 Jahre. Immer wenn ein Land der sogenannten Dritten Welt (und eine der letzten kommunistischen Bastionen) auf dem Zeitsprung in die Moderne ist, bleiben oft seine kleinen Marotten auf der Strecke. Die kuriosen Dinge mit dem unverwechselbaren Charme, abenteuerlich-skurrile Erlebnisse, die man später vermisst – mit einem lachenden und einem weinenden Auge. Aber was sind schon 20 Jahre in bis zu 4000 Jahren Legenden und Historie? Ein Wimpernschlag! Natürlich ist jeder heilfroh, dass die »travel permits«, die Reiseerlaubnisse, nicht mehr nötig sind (Ausnahme: in der

Nahe der chinesischen Grenze bietet der Tram-Ton-Pass am höchsten Berg Vietnams, dem Fansipan (3143 m), Weitblick auf Berg und Tal.

chinesischen Grenzregion). Auch die polizeilichen Passkontrollen mitten in der Nacht im Minihotel sind – Konfuzius sei Dank! – selten geworden. Die Politpropaganda und Gymnastikbefehle um fünf Uhr morgens aus den allgegenwärtigen Lautsprechern sind in den meisten Großstädten endlich abgestellt – es soll zu Vandalismus und tumultartigen Szenen genervter Vietnamesen gekommen sein! Wie die Spucknäpfe verschwand auch plötzlich die Aufforderung auf einem Flughafenzollschild, doch »bitte keine Dollars in den Pass« zu legen. Einfach abmontiert! Hoffentlich ereilt dieses Schicksal auch eines Tages noch die letzten alten Klimaanlagen, die sich anhören, als brause nachts ein Endloszug durchs Hotelzimmer.

Ach ja, und wie lange wird es sie noch geben? – die Wasserbüffel vor dem Pflug im Reisfeld, die dreirädrigen »xich lo« (Radtaxen oder Cyclos), die Frauen in den langen »ao dais«, die greisen Herren mit grauem Ziegenbart und Tropenhelm, die Tai-Chi-Übenden am Hoan-Kiem-See, die »Affenbrücken« im Mekongdelta, die Wahrsager, die »cu tuong«-brettspielenden alten Männer in den Pyjama-Anzügen, die konischen Hüte aus Palmblättern, die traditionellen mobilen Ohrenputzer, immerhin einer der wohl ältesten Berufe Asiens ...

Buddhas Gefolgschaft auf Erden: Was dieser Mönch wohl gerade studiert?!

Auf der Suche nach »Kriegsresten«

Viele, die als Touristen nach Vietnam kommen, suchen noch heute den Krieg.

Kein Wunder, denn schließlich machten die Vietnamesen ihre Kriegsschauplätze zu lukrativen Touristenattraktionen: 1993 gehörte das Krabbeln durch die Vietcong-Tunnel bei Saigon nicht nur für Kriegsveteranen und die ersten Rucksackreisenden zum Pflichtprogramm. Als Ende der 1990er-Jahre das Museum der amerikanischen Kriegsverbrechen umbenannt wurde in ein neutraler klingendes »Kriegsreste-Museum« traute sich auch Bill Clinton im Jahr 2000 als erster US-Präsident ins Land der ehemaligen Feinde. Dabei sind die Vietnamesen alles andere als ein nachtragendes Volk; denn mehr als zwei Drittel sind unter 35 Jahre und kennen den Krieg nur aus Geschichtsbüchern.

Am 16. März 1968 ermordeten US-amerikanische Soldaten über 500 Zivilisten auf grausamste Weise und löschten damit ein ganzes Dorf aus. Eine Gedenkstätte erinnert an das »Massaker von My Lai«.

Im Kriegsreste-Museum führt Frau Thuyet auch US-amerikanische Veteranen durch die Räume mit den schockierenden Fotos. »Viele sind überwältigt von ihren Gefühlen und Erinnerungen, und sie kämpfen angesichts der Bilder mit den Tränen.«

Mit Tigerfallen gegen US-Panzer

Zur Erinnerung: Die Amerikaner versuchten zwischen 1964 bis 1975 die kommunistischen Soldaten aus dem Norden mit Panzern und Bomben aus dem Süden zu vertreiben und den Norden unter Ho Chi Minh (1890 bis 1969, regierte 1945 bis 1969) zu besiegen. Mehr als 600000 Alliierte kämpften gegen rund 200000 Vietminh-Soldaten aus dem Norden und gegen die Vietcong. Doch »Charlie« (US-Slang für die südvietnamesische Guerilla) lehrte die Amerikaner mit Sabotage, Tretminen und Tigerfallen das Fürchten. Aus Protest gegen die Diktatur unter Ngo Dinh Diem (1901 bis 1963, regierte 1955 bis 1963) in Saigon und wegen der massenhaften Umsiedlung in »Wehrdörfer« oder Städte liefen viele Bauern zum Vietcong über. »Wir werden die Kommunisten in die Steinzeit zurückbomben«, sagte US-General Curtis LeMay, ja sogar der Einsatz von amerikanischen Atomwaffen wurde erwogen.

Unvergessliche Fotos

Eines der berühmtesten und bis heute absurdesten Kriegszitate in einem AP-Bericht über den Angriff auf die Stadt Ben Tre im Mekongdelta lautete: »Wir mussten die Stadt vernichten, um sie zu retten.« Die Kriegsherren unterschätzten damals noch die Macht der unzensierten Berichterstattung, etwa über das US-Massaker bei My Lai, wo innerhalb von anderthalb Stunden am 16. März 1968 insgesamt 504 Dorfbewohner massakriert wurden – darunter Babys, Kinder, Alte und Frauen. Und erst die öffentlichkeitswirksame Macht der Fotos: Der 66-jährige Mönch Thich Quang Duc (1897 bis 1963), der nur noch die Selbstverbrennung als Protest sah und dessen Bilder im Juni 1963 um die Welt gingen. Unvergessen und preisgekrönt: Das Foto der neunjährigen Kim Phuc aus Trang Bang, die 1972 nackt, schreiend und napalmverbrannt auf den vietnamesischen Kriegsfotografen Nick Ut zurennt... Bilanz eines elf Jahre dauernden Kriegs, der von keiner Seite »gewonnen« werden konnte: 7,5 Millionen Tonnen Bomben aus der Luft (dasselbe noch einmal am Boden), 80 Millionen Tonnen Agent Orange, geschätzte 3,5 Millionen tote Soldaten und Zivilisten (die meisten Vietnamesen), zehn Millionen Flüchtlinge, unzählige Waisen und Krüppel. Kriegskosten bei den Amerikanern: rund 150 Milliarden US-Dollar.

Der Ho-Chi-Minh-Pfad

Noch Jahrzehnte nach Kriegsende forderten die Millionen Liter versprühter Gifte ihre Opfer und erzeugten beispielsweise Gebärmutterkrebs. Dr. Diem Huong forschte vor 20 Jahren als Chefärztin der Neugeborenen-Abteilung im Saigoner Tu-Du-Krankenhaus über Dioxin-Spätfolgen bei Neugeborenen und sagte seinerzeit: »Wir fanden heraus, dass die angeborenen Deformationen und Krebsfälle in den besprühten Regionen viel höher sind als in den nicht besprühten.« Bis 1991 sammelte man die toten Missgeburten und konservierte sie mit Formalin in Einweckgläsern hinter einer verschlossenen Tür – ein Kabinett des Horrors.

Das Hauptziel der amerikanischen »Entlaubungsaktionen« mit Napalmbomben, Agent Orange und Sprengstoff war der im Dschungel verborgene Ho-Chi-Minh-Pfad: ein insgesamt etwa 16 000 Kilometer langes und weit verzweigtes Wegenetz, eine militärische Nachschubstrecke, die sich größtenteils auf laotischem und kambodschanischem Grenzterritorium befand. Oft nicht mehr als ein Trampelpfad, auf dem nordvietnamesische Soldaten pausenlos die Genossen im Süden mit Waffen belieferten: zu Fuß, per Drahtesel, auf Elefantenrücken

Kriegsrelikt: US-Panzer bei Khe Sanh

Auf dem Dong Xuan Market, dem großen Markt im Zentrum von Hanoi, lässt sich gut feilschen – aber auch das reine Schauen ist eine Freude fürs Auge!

und Ochsenkarren, mit alten sowjetischen Lastern. Hier fielen 1965 bis 1973 mehr als zwei Millionen Tonnen Sprengstoff, das sind mehr Bomben als im Zweiten Weltkrieg auf Europa und Japan! Die vorwiegend nachts stattfindenden Transporte konnten trotz hoher Verluste bei den Nordvietnamesen nicht gestoppt werden.

Das Ende ist bekannt: 1973 zogen die Amerikaner ab, am 30. April 1975 eroberten die nordvietnamesischen Truppen den Präsidentenpalast in Saigon ohne nennenswerte Gegenwehr. Und rund 40 Jahre später, was machen die Vietnamesen aus dem Höllenpfad? Einen Highway!

Geschäftssinn und treue Seelen

Die vietnamesische Bevölkerung darf sich dank ihrer vielen Legenden als Kinder von Göttern und Drachen betrachten. Und der Jugend großes Idol ist schon lange nicht mehr Ho Chi Minh, sondern ... Bill Gates! Nur zwei Anekdoten mögen verdeutlichen wie die Vietnamesen »ticken«, und zwar schon vor der Ära des Software-Giganten. Zuerst aus Saigon: Tuan dreht mit seinem Bauchladen voller Kaugummis, Zigaretten und Postkarten die abendliche Runde zwischen den Flaneuren an der Kathedrale. Eine Touristin schenkt dem kindlichen Straßenhändler ein paar Buntstifte zum Malen. Und was macht der Zehnjährige? Er reiht sie ordentlich ein in sein Sortiment. Tuan könnte heute wahrscheinlich ein erfolgreicher Unternehmer sein...

Eine andere Begegnung, die ich in den 1990er-Jahren hatte, zeugt von den Tugenden der Vietnamesen, einer Mischung aus Sparsamkeit, fast schon preußischer Zuverlässigkeit und der typisch asiatischen Gelassenheit.
6.30 Uhr in Da Nang: Das Hotelpersonal hat meinen Weckruf verschlafen. Das kann schon mal passieren. Der Zug nach Norden fährt in knapp zehn Minuten. Vor dem Hoteleingang wartet Dung im bodenlangen Regencape auf seiner »Honda Dream« – im peitschenden Taifunregen kaum zu erkennen – wie gestern verabredet. Die treue Seele, die mich vor zwei Tagen am Bahnhof mit dem typischen »woher-wohin« ange-

Einheimische sind geborene Guides.

sprochen hatte und seitdem zu allen Terminen, Interviews und Sehenswürdigkeiten kutschierte. Dung, der Ingenieur werden wollte und nicht durfte, weil sein Vater vor 1975 bei den Amerikanern gearbeitet hatte. Der immer das kleine Büchlein bei sich hat mit den lobenden Bemerkungen seiner ausländischen Schützlinge: etwa die von Buspannen und Händlern genervte Nicole, die nur Dung davon abgebracht hatte, ihre Vietnam-Reise abzubrechen. Und jetzt rettet Dung meinen ohnehin viel zu engen Zeitplan. Der Zug ist pünktlich abgefahren. Dung brettert mich mit Rucksack zum Highway No. 1, wo ich einen Reisebus erwische.

Respekt!

Wer ständig über »Nepper, Schlepper, Bauernfänger« und »Wucherpreise für Ausländer« in einem der billigsten Reiseländer weltweit und über gefälschte Markenprodukte bis hin zu Fake-Taxis schimpft, der ist (seinem) Dung offenbar (noch) nicht begegnet. Vietnam ist kein einfaches Reiseland, man muss sich ein bisschen Respekt verschaffen und selbstverständlich auch zeigen; dazu gehört angemessene Kleidung ebenso wie ein paar Worte in der Landessprache und manchmal auch ein erlösendes Lachen, wenn die Worte fehlen. Und dann klappt es auch mit diesen »Halunken«, den Vietnamesen, auch wenn sie den »gia du lich«, den Ausländerpreis verlangen. Natürlich darf man hierzulande nie das Handeln vergessen, aber hey, wir sind in Asien! Und Respekt verdient ein Volk allemal, das sich seit mehr als tausend Jahren gegen Eindringlinge und Invasoren zur Wehr setzt und nicht erst seit der letzten Jahrtausendwende wirschaftliche Rekorde bricht.

Wirtschaftswunder und Turbokapitalismus

»Doi moi« hieß das Zauberwort zur wirtschaftlichen Öffnung Vietnams ab 1986. Nach zwei Jahrzehnten mit fast zweistelligen Wachstumsraten steht das einst zerbombte Land heute an der Weltspitze der Exportländer für Reis, schwarzen Pfeffer und Kaffee. Dabei war Vietnam noch Mitte der 1990er-Jahre eines der elf ärmsten Ländern weltweit! Bis 2020 will das Bauernland zu den Industrienationen aufsteigen. Die Armut wurde in den vergangenen zwei Jahrzehnten von 60 auf zehn Prozent gesenkt. Mit einem jährlichen Durchschnittseinkommen von geschätzten 1400 US-Dollar (1993: 200 US$) zählt der »Tigerstaat« zu den Staaten mit Mittelstandseinkommen. Doch Schulbesuch und Arztbehandlung kosten heutzutage auch im vietnamesischen Sozialismus wieder Geld.

Immer deutlicher werden die Schattenseiten des Turbokapitalismus: die Inflation und eine weitreichende Korruption bis hin zu den Lehrern, die Landflucht und die immer weiter auseinanderklaffende Schere zwischen Land- und Stadtbevölkerung, zwischen Arm und Reich, nicht zu vergessen die zunehmenden Probleme bei Abwasser- und Müllentsorgung.

Der gesellschaftliche Wandel

Vietnams Jugend will Facebook und Smartphones, Mopeds und Reisen, Wohlstand und Fortschritt. Dabei bleiben nicht selten die seit rund tausend Jahren konfuzianisch geprägten Werte und Moralvorstellungen innerhalb der Familien und des Staates auf der Strecke. Der Konfuzianismus dient als streng hierarchisches Ordnungssystem in der Gesellschaft: So wie die Untertanen dem Herrscher folgen, so haben Jüngere den Älteren zu gehorchen, Frauen den Männern. Ziel ist der konfuzianisch »edle« Mensch, der nach den fünf wichtigsten Tugenden lebt: Menschlichkeit oder auch Liebe, Rechtschaffenheit, Gewissenhaftigkeit, Ehrlichkeit und Sittlichkeit. Ob Ho Chi Minh sich angesichts der rasanten Entwicklung in seinem gläsernen Sarkophag vor Gram umdreht oder weiterhin weise lächelt wie sonst noch immer auf Schritt und Tritt in Vietnam, davon kann man sich im Mausoleum in Hanoi ein Bild machen. Aber selbst in der kürzlich ihren tausendsten Geburtstag feiernden Hauptstadt, mit ihrer Gründung im Jahr 1010 eine der ältesten und schönsten Städte Asiens, wächst pausenlos die himmelstürmende Skyline.

Kasino und Karaoke

Auch im Tourismus tut sich Rekordverdächtiges. Jahrelang prophezeite der World Travel and Tourism Council dem Land eine Zukunft als eine der am stärksten wachsenden Destinationen weltweit. Und tatsächlich hat sich die Besucherzahl von 2009 auf 2014 mehr als verdoppelt: rund acht Millionen internationale Besucher (allerdings zählen Vietnams Werbestatistiker gerne auch Geschäftsleute und Auslandsvietnamesen auf Familienbesuch mit, und so muss man de facto von circa fünf Millionen Touristen ausgehen). Aber der Trend ist eindeutig: Vietnam wird zu einem Ziel für Massentourismus in Asien, in erster Linie für die Millionen Chinesen aus der Nachbarschaft, die es gerne laut und trubelig mögen, auf Kasino und Karaoke abfahren und heute quasi in Truppenstärke »einfallen« wie damals schon unter den Mongolen, jedoch mit anderen Ambitionen.

Die weltbekannten Hotelketten ließen Jahrzehnte auf sich warten, aber jetzt sind sie alle da: Six Senses, Sofitel, Hilton,

Saigon bei Nacht – und jetzt Eintauchen ins Lichtermeer bei einer Sightseeing-Tour mit Vintage-Vespa für Abenteuer- und Schlemmerlustige!

Hyatt, Intercontinental, Mövenpick, JW Mariott ... das wachsende Angebot erzeugt eine steigende Nachfrage, und damit verändert sich auch das Publikum.

Ein Meer aus Grüntönen

Das touristische Potenzial scheint unerschöpflich an immerhin 3200 Kilometern Küste entlang des Südchinesischen Meeres, wo sich Vietnam wie ein lang gezogenes S zwischen den großen Deltas im Norden und Süden erstreckt. Vier Wochen reichen lange nicht aus, um alle interessanten Städte und Landesattraktionen kennenzulernen, zumal das Wetter in drei Klimazonen oft einen

Wasserbüffel dienen auch als Nutztiere.

Strich durch den Reiseplan macht. Doch gerade deswegen sprießt und gedeiht hier alles so üppig, ein exotischer Garten Eden mit Regenwald, Mangrovenwäldern und Blumengärten wie im Hochland rund um Da Lat. Die Farbpalette reicht von zartem Grün, vor allem in den Bergen, wo die Reisfelder leuchten, bis hin zu Smaragdgrün in den Lagunen der Halong-Bucht.

Jenseits von verklärender Nostalgie und dick aufgetragener Patina bezaubern die unverwechselbaren Landschaften, die Farben und Gerüche. Wenn die Monsunwolken drohend tief und grauschwarz über den Reisfeldern hängen, lassen sie deren Schachbrettmuster fast phosphorisierend leuchten. Ganz nach Jahreszeit schimmert die Jahrtausende alte Kulturlandschaft auch in Schlammbraun oder Goldgelb. Nach der Ernte trocknen gelbe Reiskörner, rote Chilis und orangefarbener Mais am Straßenrand. Im Schlamm suhlen sich die Wasserbüffel, diese sympathischen Urtiere, wiederkäuend und stoisch glotzend wie vor tausend Jahren.

Ein Land für alle Sinne

Zu dem Tropenbilderbuch gesellen sich die typischen Laute, die wenigstens noch auf dem Land sanft, unaufdringlich und noch nicht von schriller westlicher Modernität wie in den Städten überlagert sind. Abseits der Städte und der Unesco-Trampelpfade hört man es noch: das leise Rascheln der Palmen, das tausendfache Summen der Zikaden im Dschungel, das Bimmeln der Glöck-

Der Nationalpark Phong Nha Ke Bang, Unesco-Weltnaturerbe im nördlichen Zentralvietnam, birgt die ältesten Karstberge Asiens.

chen an den Tempeldächern, das Kratzen der Reisigbesen und das Schlurfen der Latschen auf dem Asphalt. Alte Frauen gehen mit wippenden Schultertragen zum Markt, wo es neben bunter Tupperware auch Hühner bzw. deren Krallen am Spieß gibt. Das Leben auf der Straße zieht sich nur bei apokalyptischen Regengüssen in die Wohnläden hinter das Zieharmonikagitter zurück, und sobald die Sintflut vorüber ist, dampfen wieder der Asphalt und die Woks auf den rollenden Suppenküchen. Eine Wolke Chili reizt die für hiesige Verhältnisse lange Nase der Fremden (»tay«), der Duft von Jasminketten und

Weihrauchschwaden aus Amber und Lotos besänftigen sie wieder. Vietnam ist farbensprühend und exotisch, betörend und besinnlich, aber auch laut und tosend.

Im Reich der Drachen, Geister und Götter

Lotosblüten gelten im Buddhismus als Symbol der Reinheit und sind daher oft religiöse Opfergaben. Die uralten Traditionen, die Ruhe und Besinnlichkeit in den Tempeln und Pagoden faszinieren, oft nur Schritte entfernt vom Alltagstreiben und dem irrsinnigen Verkehr.

Die drei Hmong-Frauen haben gut lachen – auf dem Sonntagsmarkt in Meo Vac nahe der Provinzhauptstadt Ha Gang.

Anders als in den stark buddhistischen Nachbarländern Laos und Kambodscha herrscht hier ein tolerantes Miteinander der religiösen und animistischen Anschauungen. In Vietnam mischen seit Ewigkeiten die Ahnen ebenso mit wie Buddha und die chinesischen Philosophen Konfuzius und Laotse sowie Jesus Christus, nicht zu vergessen die unzähligen Schutzgeister und Götter, Helden und Dämonen. Jeder hat seine Funktion im Alltag, sie alle sind mehr oder weniger »bestechlich« – ob mit einem Obolus auf dem Obstgabenteller oder in der Spendenbox. Und so können Vietnamesen durchaus gleichzeitig Buddhisten und Christen sein und neben Jesus beizeiten auch der Göttin der Barmherzigkeit, der Quan Am, ihren Dank erweisen.

Potpourri der Völker

Und es wirkt! Denn wo sonst leben 54 Ethnien in einem anderswo sicherlich explosiven Völkergemisch mit allerlei Glaubensrichtungen zusammen, von Animisten über Chinesen bis Moslems?! Bunt und abwechslungsreich, vor allem in den Bergen und im Hochland. Viele Minderheitenstämme befinden sich mitten in der Übergangsphase von jahrtausendealter Tradition und modernem Leben. Nicht alle tragen heute noch ihre farbenprächtigen Trachten, die kunstvollen Frisuren oder Kopfbedeckungen, den schweren Silberschmuck und die Riesen-Ohrringe, wie es noch die Hmong Hoa tun, die »Blumen-Hmong«, und die Dao Do, die »Roten Dao«, bei Sa Pa oder die Lo Lo in der entlegeneren Provinz Ha Giang. Doch viele pflegen weiterhin ihre Feste und Riten: das Befragen der Schamanen, das Bauen von Stelzenhäusern, das Betelnusskauen, das Einflechten von Strähnen der toten Uroma inmitten ihrer um den Kopf geschlungenen Haarpracht oder das Schwärzen der Zähne als traditionelles Schönheitssymbol.

Aber natürlich lernen die Kinder heute in der Schule, wie Regen entsteht, und sie müssen nicht mehr an Naturgeister glauben – sofern sie nicht zu dem einen Drittel der über Zehnjährigen aus bettelarmen Bergstammfamilien gehören, die statt dessen ihren Eltern auf dem Feld helfen müssen. Heute beherrschen unübersehbar Trekkingschuhe, Satellitenschüssel und in französisch parlierende Hmong-Mädchen die Gegend um Sa Pa – und die Geschäfte mit den Touristen. Vietnam ist in einem neuen Zeitalter angekommen, selbst weit hinter den höchsten Bergen ...

Action in wunderschöner Naturkulisse

Vietnam ist voller Naturschätze. Zu den landschaftlichen Höhepunkten zählen die rund 2000 bizarr geformten Kalksteininseln, die in der Unesco-geschützten Halong-Bucht im Norden aus dem Meer aufragen. Ob man hier mit Dschunke oder Kajak durch die Märchenwelt dieses Jurassic Parks gleitet oder mit dem Rad im brettflachen Mekongdelta unterwegs ist – Vietnam bietet reichlich Gelegenheit zum Austoben. Abenteuerlich wird es beim Caving (Phong-Nha-Höhle) und Climbing (Cat Ba), beim Canyoning und Abseilen an Wasserfällen (Da Lat) oder auch bei anspruchsvollen Touren auf den höchsten Berg Vietnams, den Fan Si Pan (3143 Meter), inmitten »tonkinesischer« Alpenkulisse bei Sa Pa. Inselhopping und Tauchvergnügen ist möglich in den Badeorten und auf Eilanden wie Nha Trang, Phu Quoc, Con Dao und Whale Island.

Die restaurierte Zitadelle von Hue erstrahlt wieder in prunkvollem Gold, wie hier mit einem der mythischen neun Drachen.

Die Windsurfer und Kiter aus aller Welt treffen sich in Mui Ne, am besten Wellenreiten kann man in Da Nang und Vung Tau. Den Golfschläger schwingen die Enthusiasten im Hochland bei Da Lat, nahe Saigon und Hanoi, Phan Thiet, Nha Trang, Da Nang und auf Phu Quoc.

Und wem dies alles zu aktiv ist, der kann sich herrlich dem Kaufrausch hingeben – Lieblingsort aller Vietnam-Reisenden ist das Unesco-Bilderbuchstädtchen Hoi An, wo man zwischen Pagoden, traditionellen Handelshäusern und Schneiderboutiquen auch in unzähligen Souvenirläden stöbern oder bei einem Kochkurs in die vietnamesische Küche hineinschnuppern kann. Kochkurse werden inzwischen landauf, landab angeboten, oftmals in Gästehäusern und Lodges (siehe Aktivitäten Kap. 1 bis 5, insbesondere bei Tra Que Herb Village, S. 150).

Spottbillig Schmausen

Am Ende der Saigoner Nacht steuern wir in eine unscheinbare düstere Gasse: Ein paar rote Hocker werden vor einer weiß gekachelten Wand zusammengeschoben als langer Tisch, gleich neben dem Mofa-Parkplatz. Die Angestellten des Lokals bringen eifrig Plastikstühle, Plastikgeschirr, Servietten in Plastikfolie. Dann wird aufgetischt: Wachteln, Berge von Krabbenzangen in Chili und Knoblauch und: Jakobsmuscheln. Das Muschelfleisch ist mundwässernd garniert mit Frühlingszwiebeln und fein gehackten Erdnüssen – glibberig-weich und knusprig, fünf Stück »so diep nuong mo hanh« kosten ganze zwei Euro. Das Entenei mitsamt Embryo (»viel Protein, gut für Männer!«) lassen wir links liegen, bevor es auf zwei Rädern durch die Nacht zurückgeht ins Hotel, fröhlich-sinnlos hupend mitten im motorisierten Menschenschwarm.

Kulinarische Leckereien werden auf den Nachtmärkten auf Schritt und Tritt angeboten, hier »so diep nuong mo hanh« supergünstig und köstlich!

Steckbrief Vietnam

Vietnam liegt in Südostasien und grenzt im Westen an Kambodscha und Laos, im Norden an China. Die Sozialistische Republik Vietnam schmiegt sich wie ein lang gezogenes S ans Südchinesische Meer – im Norden der Golf von Tonkin, im Südwesten der Golf von Thailand.

Fläche: 331 114 Quadratkilometer, etwa so groß wie Deutschland

Küstenlänge: 3260 Kilometer

Hauptstadt: Hanoi

Amtssprache: vietnamesisch

Flagge:

Bevölkerung: In Vietnam leben rund 94 Mio. Einwohner aus 54 ethnischen Gruppen: ca. 88 % ethnische Vietnamesen, 9 % Bergstämme, 2 % Chinesen sowie Khmer und Cham. Die größten Städte sind Saigon (7 Mio.), Hauptstadt Hanoi (3,5 Mio.) und Da Nang (1,1 Mio.).

Währung: vietnamesischer Dong (VND)

Zeitzone: MEZ + 6 Std. (Winter), MEZ + 5 Std. (Sommer)

Geografie: Vietnam erstreckt sich über 1750 km Länge und 50 bis 550 km Breite. Die Deltas von Mekong im Süden und Rotem Fluss im Norden sind die bevölkerungsreichsten Gebiete und zugleich die »Reiskammern« der Nation. Rund zwei Drittel bestehen aus Gebirge und Hochebenen mit dem 3143 m hohen Fan Si Pan bei Sa Pa als höchstem Berg Indochinas.

Verwaltung: In der Sozialistischen Republik Vietnam (SRV) regiert die Kommunistische Partei KP als einzige Partei. Das alle fünf Jahre vom Parlament neu gewählte Staatsoberhaupt ist seit 2016 Präsident Tran Dai Quang. Den politischen Kurs bestimmt der KP-Generalsekretär, seit 2011 Nguyen Phu Trong.

Wirtschaft: Vietnam ist auf dem Weg von einer Agrarnation zur Dienstleistungsgesellschaft (v. a. im Tourismus mit fast 8 Mio. Besuchern in 2014). Noch immer arbeitet die Hälfte der Bevölkerung in Landwirtschaft, Fischerei und Garnelenzucht. Vietnam gehört zu den weltweit führenden Exportnationen von Kaffee, Pfeffer und Reis sowie Cashewnüssen, Kautschuk und Tee. Industrielle Hauptexportprodukte sind Rohöl, Elektronikartikel, Möbel, Textilien und Schuhe. Das jährliche Durchschnittseinkommen liegt bei ca. 1400 US$ (1230 €) mit sehr großem Stadt-Land-Gefälle.

Religion: Die meisten Vietnamesen praktizieren eine Art Mischreligion aus (Mahayana-)Buddhismus, Konfuzianismus und Taoismus in Verbindung mit weit verbreitetem Ahnenkult, der Rest sind Christen, 1 bis 2 Mio. Angehörige der Caodai-Sekte und wenige Moslems (v. a. die ethnischen Cham) sowie Animisten, die an Naturgeister glauben (v. a. Bergstämme).

Geschichte im Überblick

257 v. Chr. Zusammenschluss einiger nordvietnamesischer Fürstentümer zum ersten Königreich Au Lac.

111 v. Chr. Beginn der tausendjährigen Herrschaft Chinas über das Protektorat Giao Chi, das »Land der Barfüßigen« im ehemaligen Reich Nam Viet.

40 v. Chr. Aufstand der Trung-Schwestern und ihrer Verbündeten, die sich drei Jahre lang als Königinnen behaupten können, ehe die chinesischen Truppen sie besiegen.

4.–15. Jh. Das Reich Champa der indisch beeinflussten Cham-Könige erstreckt sich im Süden Vietnams bis ins heutige Kambodscha

931 Sieg über China: General Ngo Quyen vertreibt die Chinesen bei der Schlacht am Bach Dang Fluss.

ab 939 Unabhängigkeit von den Chinesen unter der ersten rein vietnamesischen Ngo-Dynastie als Reich Dai Co Viet mit der Hauptstadt Co Loa im Norden.

10. Jh. Der Konfuzianismus wird zur Staatsreligion.

1288 General Tran Hung Dao besiegt die Mongolen Kublai Khans am Bach Dang Fluss mit einer List, die schon Ngo Quyen 931 angewandt hatte: im Flussschlamm versenkte Holzpfähle, die die chinesischen Schiffe bei Ebbe regelrecht aufspießen.

1771–1777 Tay-Son-Aufstand gegen die Fürstenfamilien Trinh und Nguyen, die das Land unter sich im Norden und Süden aufgeteilt haben.

1802–1945 Die Nguyen-Dynastie erlangt die Macht im wiedervereinigten Reich Viet Nam unter Kaiser Gia Long (Hauptstadt Hue).

1863–1954 Französische Kolonialherrschaft

1858–1863 1858 landen französische Kriegsschiffe in Da Nang. 1862/63 übernehmen die Franzosen vertraglich die Herrschaft im Land

1941 Gründung der kommunistischen »Liga für die Unabhängigkeit Vietnams« (Vietminh) unter Führung von Ho Chi Minh.

1945 Am 2. September ruft Ho Chi Minh in Hanoi die Unabhängigkeit aus und gründet die Demokratische Republik Vietnam (DRV).

1946 Erster Indochinakrieg gegen die Franzosen.

April 1954 Genfer Indochinakonferenz in Paris: »Provisorische« Teilung Vietnams in den kommunistischen Norden und prowestlichen Süden.

1955–1975 Vietnamkrieg, auch zweiter Indochinakrieg genannt; Stellvertreterkrieg im kalten Krieg.

1963 Demonstrationen gegen den südvietnamesischen Präsidenten Ngo Dinh

Diem. Ermordung des Diktators mit Hilfe der CIA.

August 1964 Der Zweite Indochinakrieg gegen die USA beginnt mit einem Geheimmanöver des US-Zerstörers »Maddox« im Golf von Tonkin.

ab März 1965 US-Kampftruppen landen in Da Nang. Mehr als 600 000 Alliierte kämpfen gegen rund 200 000 kommunistische Soldaten aus dem Norden und Süden, die mit Guerillataktik, Tretminen und Sabotage für große Verluste bei den Gegnern sorgen.

1968 Vietcong-Offensive Ende Januar zum Tet-Fest. »Search and destroy«-Massaker am 16. März im Dorf My Lai.

ab 1969 Schrittweiser Abzug der US-Armee.

1975 Am 30. April Einmarsch der nordvietnamesischen Truppen in Saigon.

seit 1976 Sozialistische Republik Vietnam

1976 Am 2. Juli Gründung der Sozialistischen Republik Vietnam (SRV) und Wiedervereinigung. Rigide »sozialistische Umgestaltung« mit Kollektivierung und Verstaatlichung der Wirtschaftsbetriebe, »Umerziehungslager« usw.

1978 Verbot jeglichen privaten Handels und Enteignungen; 2 Mio. Flüchtlinge 1975 bis 1990 – die meisten als »Boat people«.

1979–1989 Besetzung Kambodschas und Vertreibung des Roten-Khmer-Regimes, daraufhin »Straffeldzug« Chinas (Khmer-Verbündete) in Nordvietnam.

ab 1986 Wirtschaftliche »doi moi«-Reformen: Dezentralisierung, mehr Marktwirtschaft, Joint ventures und Leistungsprämien. Nach einer Hungerkatastrophe 1988 endgültige Abschaffung der Genossenschaften in der Landwirtschaft.

1992 Verfassungsänderung: Recht auf Privateigentum, aber auch Abschaffung der kostenlosen Bildung und Gesundheitsversorgung.

1994 Aufhebung des US-Wirtschaftsembargos.

2000 Bill Clinton besucht Vietnam als erster US-Präsident nach 25 Jahren.

2007 Vietnam wird Mitglied in der Welthandelsorganisation WTO.

2010 Deutschland wird größter EU-Handelspartner Vietnams.

2014 Mai: Antichinesische Krawalle mit zwei Toten. Im Oktober droht der seit Jahrzehnten schwelende Streit zwischen Vietnam und China um die vietnamesisch besetzten Spratley und Paracel Islands erneut zu eskalieren.

2015 In Saigon beginnt der Bau eines 460 Meter hohen Wolkenkratzers, der bis 2017 am Saigon Ufer mit 81 Stockwerken entstehen soll.

SAIGON UND UMGEBUNG

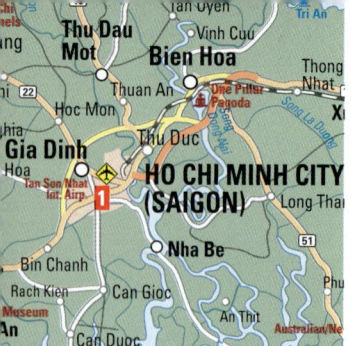

1 Saigon-Altstadt
Auf Zeitreise in Vietnams Boomtown

Wer auf den Spuren Graham Greenes durch den einst französischen Bezirk flaniert, könnte schnell desillusioniert sein: Die südvietnamesische Metropole ist unverkennbar auf dem Zeitsprung ins 21. Jahrhundert – zwischen immer höheren Wolkenkratzern und Abermillionen Motorrollern. Dennoch ist Saigon mit seinen Tempeln und Pagoden, Märkten und Garküchen auch heute noch ein spannendes Reiseziel – gerade wegen der scharfen Kontraste.

Auch wenn die Kommunisten die erst vor rund 300 Jahren gegründete Stadt gleich nach der Eroberung im April 1975 nach dem Präsidenten Nordvietnams Ho Chi Minh (1890–1969, reg. 1945–1969) benannten, hat keiner der rund sieben Millionen Saigoner je aufgehört, das Stadtzentrum am Hafen so zu nennen, wie es seit Jahrhunderten heißt: Saigon, oder auch kurz HCMC (Ho-Chi-Minh-City).

Romanschauplatz Dong Khoi

Erstes Ziel aller Besucher ist die Dong Khoi, ehemals Rue Catinat im einst französischen Stadtkern (1. Bezirk), eine elegante Allee, an der sich viele koloniale Bauwerke und Attraktionen, Hotels, Lokale und Nobelboutiquen aneinanderreihen. Gleich am Saigon-Fluss und seiner Uferpromenade Bach Dang steht seit 1925 das »Majestic«, und 500 Meter weiter nordwestlich stößt man auf das legendäre klassizistische »Continental«, das älteste Hotel Saigons: Graham Greene

S. 30/31: Das Hotel Continental Saigon beeindruckt mit seiner prachtvollen Fassade.
Unten: Saigons alte Kathedrale Notre Dame – heute eine beliebte Kulisse für Hochzeitsfotos

Beste Adresse für den Karrierekick: In der Chill Saigon Sky Bar entscheidet der Dresscode.

(1904–1991) genoss seine Cocktails im »Majestic« und wohnte im Zimmer 214 im »Continental«, schrieb hier zwischen 1952 und 1955 den wohl berühmtesten und weitsichtigsten aller Vietnam-Romane – *Der stille Amerikaner*. Der Kriegskorrespondent sah im »Paris des Ostens« die immer weitere Verwicklung der Amerikaner in den französischen Kolonialkrieg wie in einer düsteren Vision voraus.

Gleich gegenüber in der bildschönen Alten Oper (1899) mit den beiden Engeln über dem oval geschwungenen Portal hat heute das Symphonie-Orchester seinen Sitz. Sehr touristisch aber sehenswert ist die AO Show: eine amüsante Mischung aus Zirkus und Folklore, mit der junge Vietnamesen durchaus humorvoll in die Landeskultur einführen. Nur ein paar Schritte weiter sieht man schon die 1877 bis 1883 erbaute neoromanische Kathedrale Notre-Dame mit ihren beiden quadratischen Türmen und rechts davon das prächtige Hauptpostamt (1886–1891), wo auch ein Blick ins Innere lohnt mit der von Gustave Eiffel ent-

Nicht verpassen

worfenen gusseisernen Deckenkonstruktion.
Ein weiteres schönes Fotomotiv ist das Rathaus
(1901–1908), herrlich verschnörkelt mit Ziergie-
beln, Stuck, Säulen und der Ho-Chi-Minh-Statue
davor.

Verheißungsvolle Nachkriegszeit

Der so verheerende Vietnamkrieg ist lange vorbei,
zwei Drittel der Vietnamesen sind unter 35 Jahre
und kennen das Kriegsgeschehen nur aus Geschichtsbüchern. Sie verehren Bill Gates statt
»Onkel Ho«, das Volk strebt nach Dollar statt Dong,
Facebook statt Parteibuch! Heute ist der Sozialis-
mus in Vietnam nur noch Fassade. Und so wurde
aus dem Museum der amerikanischen Kriegsverbrechen ab den 1990er-Jahren das weniger dras-
tisch klingende Kriegsrestemuseum, einer der
meist besuchten Orten in Saigon: mit zahlreichen
Dokumenten und schockierenden S/W-Fotos der
unvergesslichen Gräueltaten (etwa das My-Lai-
Massaker 1968, s. S. 146), größtenteils von US-Foto-
grafen wie Larry Burrows, mit Einweckgläsern
von missgebildeten Föten als Folge der chemischen
Kampfmittel und natürlich einer Propaganda-Ab-
teilung. Doch Bilder und Zahlen sprechen ohnehin

Oben: Alles in Ordnung –
in der Wiedervereinigungshalle
Mitte: Im »Kriegsrestemuseum«
sollte man starke Nerven haben.
Unten: Das Historische Museum
von Saigon, mit Schwerpunkt Alte
Skulptur, lädt zur Erkundung der
Geschichte Vietnams ein.

GUT ZU WISSEN

ZU FUSS IM MOLOCH

Auf Saigons Straßen, Gassen und Märkten knattert ein
endloser Zweiradstrom aus 5, 6, vielleicht 7 Millionen
Mopeds und Motorrollern. Hier die Straße zu überque-
ren ist wie einmal zu Fuß durch den Autoscooter. Man
sollte erstens nie stehen bleiben und zweitens unbe-
irrt und immer mit festem Blick auf den Verkehrs-
strom die rettende andere Seite ansteuern. Die Mofas
werden ausweichen! Oder man versucht es erst einmal im »Windschatten« eines Vietnamesen…

Unterwegs im Herzen der Stadt

Ⓐ Stadttheater (Old Opera House). Im 1899 erbauten Opernhaus trifft man sich heute zu Opern, Ballett, Popkonzerten, Folkloreshows und Modeschauen. Tgl. »AO« Show wochentags 18 Uhr, Wochenende 20 Uhr, Tickets ab ca. 25–60 €, 7 Lam-Son-Platz, Tel. 08/38 23 74 19 www.hbso.org.vn

Ⓑ Kathedrale Notre-Dame. Am Ende der Dong Khoi wurde 1877 bis 1883 das Gotteshaus im neoromanischen Stil erbaut. Tgl. 7–ca. 20 Uhr, Platz der Pariser Kommune.

Ⓒ Hauptpostamt. Rechts von der Kirche erhebt sich das koloniale Prachtgebäude mit der Deckenkonstruktion von Gustave Eiffel. Bemerkenswert sind die Telefonzellen mit den Weltzeituhren. Tgl. 7–20 Uhr. Dong Khoi, Platz der Pariser Kommune, Tel. 08/38 22 16 77, mit Wechselstube und Info.

Ⓓ Rathaus (Hôtel de Ville). Nur einige hundert Meter entfernt liegt das fotogene, weil kolonial-verschnörkelte Bauwerk, das 1901 bis 1908 mitsamt Säulen und Ziergiebel ebenfalls von den Franzosen erbaut wurde – heute Sitz des Volkskomitees, daher nur von außen zu bewundern. Am Ende des Boulevards Nguyen Hue Ecke Le Thanh Ton.

Ⓔ Wiedervereinigungshalle. Hier sind heute Konferenzsäle, Empfangsräume, Bankethallen, Wohngemächer, ein Privatkino und der Fluchttunnel zu besichtigen. Tgl. 7.30–11, 13–16 Uhr, 135 Nam Ky Khoi Nghia, Tel. 08/38 22 36 52, www.ditich.dinhdoclap.gov.vn

Ⓕ Kriegsrestemuseum. Mit drastischen Bildern bekommt man einen Einblick ins Kriegsgeschehen, auf dem Außengelände sind Panzer, Hubschrauber und Abwehrgeschütze ausgestellt. Tgl. 7.30–12, 13.30–17 Uhr, 28 Vo Van Tan, 3. Bezirk, Tel. 08/39 30 55 87, http://warremnantsmuseum.com

Ⓖ Jadekaisertempel (Chua Ngoc Hoang). Hier residiert der Weltenherrscher Ngoc Hoang, eine zwei Meter hohe Figur aus Pappmaché, daneben unzählige Figuren von Wächtern, mythologischen Helden und Bodhisattvas, etwa die 18-armige Quan Am, die Göttin der Barmherzigkeit. Tgl. 6–18 Uhr, 73 Mai Thi Luu, Tel. 08/38 20 31 02. (auf Karte weiter mit Taxi)

Ⓗ Saigon Sky Deck (Bitexco Financial Tower). Der Wolkenkratzer beeindruckt mit 68 Etagen auf 265 Metern Höhe – sogar mit Hubschrauberlandeplatz im 50. Stock., Tgl. 9.30–21 Uhr, Eintritt Observation Deck (49. Etage): 200 000 VND/ca. 8 €, Kinder: 130 000 VND, Nguyen Hue zwischen Ngo Duc Ke und Hai Trieu, Restaurant Eon (51. St.): 08/62 91 87 51, www.saigonskydeck.com

Botschaften auf Rauchschwaden

AUF »FOODIE TOUR« DURCH DIE NACHT

Bei einer kulinarischen Sightseeing-Tour lernt man als Sozius die Stadt und ihre Genüsse kennen. Denn Saigon ohne Mofas wäre wie Nudelsuppe ohne Fischsauce. Eine Sozius-Tour durch die Nacht vereint beides: Mofataxi-Fahrerinnen nehmen die Touristen huckepack, raus aus dem Taxi und dem Sightseeing-Bus mitten rein ins Chaos. Zwischendurch gibt es immer was zu Futtern – auf Plastikschemeln sich das in einer ordentlichen Suppenküche gehört! Achtung: Unbedingt Helm tragen, einige professionelle Anbieter wie XO Tours bieten einen Versicherungsschutz für ausländische Beifahrer.

XO Tours (Foodie Tour).
Tgl. 17.30 Uhr (4,5 Std.), max. 16 Teilnehmer, auch möglich mit Kindern und Vegetariern oder als Shoppingtour, 72 US$/1 540 000 VND/= 6 € p. P. inkl. Mahlzeiten, Getränke und Versicherung, Video 30 US$ extra, Mobil-Tel. 09/33 08 37 27, www.xotours.vn

für sich: 7,5 Millionen Tonnen Bomben beim Luftkrieg, die gleiche Menge am Boden – mehr als dreimal so viel wie im Zweiten Weltkrieg! Geschätzte 3,5 Millionen Tote zwischen 1964 und 1975 – die meisten Vietnamesen.

Auch der 1966 wiedererrichtete Palast der Einheit einen Block südöstlich war bis zum Einmarsch der Nordvietnamesen noch Präsidentenwohnsitz des gefürchteten Diktators Ngo Dinh Diem (1901–1963, reg. 1955–1963): Unvergessen sind die Fernsehbilder als die Nordvietnamesen hier am 30. April 1975 die rote Fahne mit dem gelben Stern hissten, während die US-Amerikaner und Verbündete auf dem Dach der Botschaft in die letzten Evakuierungshubschrauber stiegen. Etwas abseits liegen zwei weitere besuchenswerte Museen: das Historische Museum mit Wasserpuppentheater und das dem großen Revolutionär gewidmete Ho-Chi-Minh-Museum im wunderschönen vor allem nachts fotogen beleuchteten »Drachenhaus« am Flussufer.

Zu Besuch beim Weltenherrscher

Die Chua Ngoc Hoang (auch: Phuoc Hai Tu) ist von Rauchschwaden verqualmt und von Paukenschlägen erfüllt: Die 1906 erbaute Pagode ist der Sitz des Jadekaisers, des meistverehrten Weltenherrschers aus der taoistischen Philosophie. Er allein entscheidet über Leben und Tod, Sieg und Niederlage seiner Untertanen, je nach Generosität des Gläubigen, die ordentlich dokumentiert ist anhand von rosaroten Spendenzetteln an den Wänden. Unter den Augen von unzähligen Göttern, Generälen und guten Geistern, Buddhas, Bodhisattvas und anderen »erleuchteten« Wesen schiebt man sich durchs Gedränge, durchquert einmal die Hölle im Nebenraum und hofft ein paar Schritte weiter auf Wiedergeburt im Angesicht der barmherzigen Thi Kinh (auch: Quan Am). Dabei hilft: Räucherstäbchen anzünden, einen Obolus in die Spendenbox und auf Wohlwollen der jadekaiserlichen Pappmaché-Figur mit den drei Bartzipfeln vertrauen.

Tattoos, Tapas und Döner Kebab

Auch im wuseligen Travellerbezirk rund um die Pham Ngu Lao gibt es allerlei »Exotisches« – Hier staunen die Vietnamesen über Piercings und Tattoos, Tapas, Cappuccino und Döner Kebab. Nirgendwo ist seit der Öffnung Vietnams für Touristen im Jahre 1990 die Dichte an westlich-gestylten Bars, Cafés und Minihotels größer, nirgendwo ist man dem »echten« Vietnam ferner. Nicht versäumen sollte man die Painting Streets (z. B. Bui Vien und Tran Phu in Chinatown, S. 40) Hier gibt es auch gefakte Meister wie Rubens und Picasso – zum Spottpreis! Einen letzten großen Zeitsprung verheisst der Abstecher in den ersten echten Wolkenkratzer Vietnams: der erst 2010 errichtete futuristische Bitexco Financial Tower. Zwar sind auch die Preise himmelhoch, aber für ein 360-Grad-Panorama der Stadt lohnt es sich allemal.

Geheimtipp

AB IN DIE SUPPENKÜCHE

Wer mal so richtig authentisch speisen will – in dieser Suppenküche gibt es nur ein einziges Gericht: Bun Bo Hue aus der Kaiserstadt Hue im Landeszentrum. Die dampfende Nudelsuppe wird in einer Riesenschale mit Rindfleischstreifen und Zwiebeln serviert, dazu gibt man mit den Stäbchen ein paar Sojabohnensprossen, Bananenblütenstreifen und das spinatartige »Morning Glory«. Oben drauf ein paar Spritzer Chili- und/oder Fischsauce – und fertig ist der Klassiker der schnellen Vietnam-Küche. Asiatisches Fastfood – frisch und lecker.

Bun Bo Hue Dong Ba.
Tgl. ca. 8–22 Uhr, 110 Nguyen Du (nahe Ben-Thanh-Markt), Tel. 08/62 73 75 89 und Mobil-Tel. 09/89 39 39 67, www.bunbohuedongba.com

Infos und Adressen

ESSEN UND TRINKEN

Banh Mi Sau Minh. Hier gibt es rund um die Uhr mundwässernde »banh-mi«-Sandwichs: knackige Baguettes mit Schweinefleisch, frischem Koriander und Chili. Tgl. 24 Std., 170 Vo Van Tan.

Indochina Junk. Mit der hübschen hölzernen Barke schippert man über den Saigon-Fluss – mit BBQ-Büffet und Musikbegleitung. Tgl. 19–21 Uhr, Bach Dang, Tel. 08/38 95 74 38, www.indochina-junk.com

Nha Hang Ngon. Allseits beliebter Klassiker: Man speist in der zweistöckigen Villa oder im Garten, es brutzelt an offenen Garküchen – lecker, preiswert und immer noch gut. Tgl. 7.30–22.30 Uhr, 160 Pasteur Street, 1. Bezirk, Tel. 08/38 27 71 31.

Portofino (ex Ciao Bella). Zur Abwechslung Pizza & Co. – oder die Spezialität »Cicquetti«-Tapas: Das rustikale Lokal ist nicht selten voll, wo sonst gibt es einen Prosecco zur Begrüßung, neben der leckeren italienischen Küche und einer guten Weinkarte?! Tgl. 12–14, 18–22 Uhr, 15 Dong Du, Tel. 08/38 23 35 97, www.portofinovietnam.com

Moderne Shopping-Arkaden in Saigon

Sando`s. Thao versorgt ihre Gäste in einer versteckten Seitengasse im Herzen des Backpackerbezirks mit Frühstück, Nudelsuppen, Currys und Drinks – manchmal sogar mit Freibier … Tgl. 9–ca. 24 Uhr, 28/23–25 Bui Vien, Mobil-Tel. 09/06 82 97 96.

WE. Ein lichtdurchflutetes Lokal auf der bekannten Essmeile: Hier munden alle vietnamesischen Gerichte von Frühlingsrollen bis Pho, abends bei Cocktails und Live-Musik. Tgl. 10–22 Uhr, 172H Nguyen Dinh Chieu, 3. Bezirk, Tel. 08/39 30 17 64.

ÜBERNACHTEN

Cat Huy. Mitten im Trubel des Szeneviertels, aber gut versteckt und vergleichsweise ruhig liegt dieses Minihotel (kein Lift!) mit zehn großen Zimmern (moderne Duschbäder, teils Balkon, teils fensterlos). 353/28 Pham Ngu Lao, Tel. 08/39 20 87 16, www.cathuyhotel.com

Continental Saigon. Seit 1880 erste Adresse vor Ort. 132–134 Dong Khoi St., Dist 1, Ho Chi Minh City, Tel. 08/38 29 92 01, continentalhotel@vnn.vn, www.continentalsaigon.com

Grand Hotel. Man wohnt entweder im »Old Wing« von 1930 oder im 20-stöckigen Neubau: 230 elegante Parkett-Zimmer, Pool im Innenhof, gute Dach-Café-Bar und Online-Schnäppchen auf der Website. 8 Dong Khoi, Tel. 08/39 15 55 55, www.grandhotel.vn

Majestic. Ein weitere geschichtsträchtige Herberge: 175 kolonial-inspirierte Zimmer, teils Balkons zum Fluss und ein schönes Dachlokal. 1 Dong Khoi, Tel. 08/38 29 55 17, www.majesticsaigon.com.vn

May. Das angenehme zentrale Mittelklassehotel beherbergt seine Gäste in 118 gemütlich-komfortablen Zimmern. Dachpool mit Weitblick, Sauna und Fitnessraum. Viele ähnliche Alternativen auf derselben Straße, ebenso Lokale. 28–30 Thi Sach, Tel. 08/38 23 45 01, www.mayhotel.com.vn

Auf der Dong Khoi bekommt man edle
(aber teure) Souvenirs…

Royal (Kim Do). Zenraler geht's kaum, wer ein
großes Parkett-Zimer wählt, sollte darauf achten,
dass es ab dem 5. Stock liegt (sonst Lichtschach-
tenfenster), 133 Nguyen Hue, Tel. 08/38 22 59 14,
www.royalhotelsaigon.com

Sofitel Saigon Plaza. In dem Luxushotel nahe
Ben-Thanh-Markt lohnt ein Zimmer in den oberen
Stockwerken: Selbst von der Badewanne hat man
Panoramaaussicht. Gewohnter Sofitel-Komfort und
Service, Dachpool im 18. Stock und gigantisches
Frühstücksbufett. 17 Le Duan, Tel. 08/38 24 15 55,
www.sofitel.com

AUSGEHEN

Level 23 Wine Bar & Nightspot. Wie wäre es zum
Start ins Nachtleben Saigons mit einem Moet &
Chandon Brut Imperial, einem Shiraz oder Sun-
downer im 23. Stock des Sheraton Tower? Tgl. ab
12 Uhr, Happy Hour tgl. 16–19 Uhr, 88 Dong Khoi,
Tel. 08/38 27 28 28, www.level23saigon.com

**Rong Vang Golden Dragon Water Puppet Thea-
ter.** In dem Wasserpuppentheater werden die
Legenden und mythologische Wesen lebendig.
Rechtzeitiges Erscheinen sichert gute Plätze.
Tgl. Shows 17 und 18.30 Uhr, 180 000 VND/=ca. 7 €,
55B Nguyen Thi Minh Khai, Res.-Tel. 08/39 30 21 96,
www.goldendragontheatre.com.vn

EINKAUFEN

Ben-Thanh-Markt. Auf dem beliebtesten Markt
Saigons findet man alles von Kleidung, Textilien
und Schmuck (viele Replika-Uhren und gefälschte
Markenwaren – Feilschen ist angesagt!) über Tees,
Kaffees und Tierisches bis Obst und Gemüse, die
Souvenirabteilung und Geldautomat sind nahe
dem Westeingang; abends viele Garküchen auf
dem Night Market. Tgl. 6–18 Uhr, Le Loi und Le Lai.

Duy Tan – Saigon Artisan. Gut zum Stöbern zwischen Keramiken, Porzellan, Lackwaren, aber
auch Textilien – alles zu Festpreisen! 47 Ton That
Thiep, Tel. 08/38 21 36 14, www.saigonartisan.com

Le Cong Kieu/ Nguyen Van Troi. In der Le-Cong
Kieu-Gasse nahe Ben-Thanh-Markt reiht sich ein
Antiquitätenhändler neben dem anderen, in der
Nguyen Van Troi beim Kunstmuseum sind viele
Galerien zu Hause. Antiquitäten dürfen nicht ohne
zollamtliche Ausfuhrbescheinigung ausgeführt
werden! Tgl. 10–ca. 20 Uhr.

Vincom Center. Modernes Shoppingcenter
mit schicken Läden von Armani bis Versace, gute
Essstände gibt es im Food Court. Tgl. 9–22 Uhr,
72 Le Thanh Ton Ecke Dong Khoi.

FESTE

Tet Nguen Dan. Neujahrsfest, siehe Festival-
kalender S. 283; Ende Jan./Anfang Feb.

INFORMATION

Saigon Tourist Travel Services. 45 Le Thanh Ton,
Tel. 08/38 27 92 79, www.saigontourist.net

Saigon Kultour. Ralf Dittko lebt seit 1994 in Saigon
und kennt sich aus wie kaum ein anderer.
Mobil-Tel. 09/03 77 09 53, www.hanoikultour.com

VERKEHR

Die Buslinie 127 fährt tgl. 5.30–20 Uhr etwa
alle zehn Minuten einige Attraktionen ab
(ab Ben-Thanh-Markt, Wiedervereinigungspalast,
Zoo/Botanischer Garten, einige Museen)

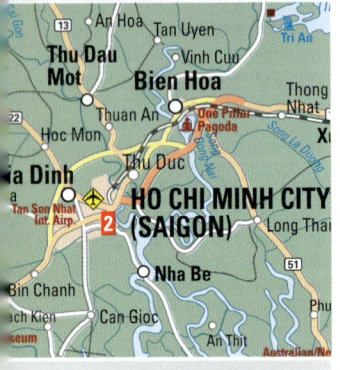

Oben: Chaotisches Chinatown – da muss man durch, am besten hinten drauf als Sozius!

2 Saigon-Chinatown Cholon
Nudelsuppen und Räucherspiralen

Chinatown ist laut, chaotisch und lecker! Der älteste Stadtteil Saigons strapaziert die Nerven, viel Verkehr und wenig Schatten machen das Bummeln beschwerlich. Viele exotische Märkte und die meisten der 180 Pagoden Saigons befinden sich in Cholon – viele entlang der Nguyen Trai – wo seit rund 300 Jahren die aus Südchina geflüchteten Chinesen und ihre Nachfahren für gute Geschäfte sorgen.

Chinatown Cholon

Zuerst sollte man hinter dem Busbahnhof am Ende der Tran Hung Dao eine geschichtsträchtige katholische Institution anschauen: Hier erhebt sich weithin sichtbar die 1900 bis 1902 erbaute Cha-Tam-Kirche (auch: Francis Xavier Church), in die der Katholik und Diktator Ngo Dinh Diem nach seinem Sturz im November 1963 mitsamt Familie flüchtete. Das ockergelbe Gotteshaus beeindruckt mit einem schönen Mix aus christlichen und chinesischen Details; man beachte etwa die Inschriften am Altar.

Glück, Reichtum und Aberglaube

Weiter geht es auf der Hau Giang und der Hai Thuong Lan Ong Street ins Herz des Chinesenviertels Cholon (auch: Cho Lon), des 5. Bezirks, wo sich die traditionellen Kräuterapotheken aneinanderreihen, man riecht es schon von Weitem: Die Straße ist benannt nach einem der berühmtesten Heildoktoren aus dem 18. Jahrhundert: Hai Thuong Lan Ong (1720–1791). Die mindestens 2000 Jahre alte chinesische Medizin ist hier noch allgegenwärtig durch Ginseng und allerlei exotische Pulverchen, Tees, Salben und Tinkturen, deren Ingredienzen man manchmal gar nicht so genau wissen möchte. Größtenteils Kräuter, Blätter, Rinden und Wurzeln, aber auch gesundheitsgefährdende und illegal aus China importierte Mittel sind hier zu finden, beispielsweise getrocknete Placenta und Bestandteile geschützter und vom Aussterben bedrohter Tierarten (etwa aus Schlangen, Tigerpenis und Elfenbein). Auch in der Trieu Quang Phuc Street nahe der Thien-Hau-Pagode duftet es aromatisch aus den Apotheken.

Außerdem passiert man zahllose Geschäfte, die sich auf einen anderen »Aberglauben« spezialisiert haben: Die vielen Lampions, Girlanden und

Nicht verpassen

PILZTEE INKLUSIVE

Schon das hübsche Anwesen ist einen Abstecher hierher wert: In einer ruhigen Wohnstraße steht dieses alte Ziegelsteinhaus mit diversen architektonischen und ethnischen Elementen aus ganz Vietnam. Das Museum einer pharmazeutischen Firma zeigt in 18 kleinen Räumen rund 3000 Exponate der traditionellen Medizin, die seit mindestens 2000 Jahren in Vietnam praktiziert wird: Mörser und antike Waagen, Teeservice und Kräuterbehälter, alte Dokumente und Bücher. Miss Hao führt in die Geheimnisse der Kräuter, Wurzeln und Rinden ein. Zum Abschluss gibt es einen Tee aus Ling-Zhi-Pilzen – und natürlich kann man Tees und Mittelchen gegen Kopfschmerz oder Husten auch gleich im angeschlossenen Laden kaufen...

Museum of Vietnamese Traditional Medicine (FITO). Tgl. 8.30–17.30 Uhr, 41 Hoang Du Khuong, 10. Bezirk, Tel. 08/38 64 24 30, www.fitomuseum.com.vn

Saigon und Umgebung

Spruchbanner aus rotem Papier sollen bei einer chinesischen Hochzeit traditionell für Glück sorgen. In der Hai Thuong Lan Ong befindet sich auch der manchmal stark verräucherte kleine Chua Ong Bon (auch: Nhi Phu Hoi Quan, Teo-Chew-Tempel) mit einem einzigartig geschwungenen Ziegeldach, in dem v.a. Geschäftsleute Deko-Papiergeldscheine am bronzenen Kessel im Innenhof verbrennen, ihren Obolus entrichten und so auf Reichtum hoffen – denn hier ist der weißbärtige und hölzerne Gott des Reichtums und Glücks, Ong Bon, auf dem vergoldeten Altar zu Hause. Am meisten los ist während der bunten Vollmondfeste im Januar und August.

Die barmherzige Quan Am

Eine der meist besuchten Pagoden Cholons ist die Chua Quan Am in der Lao Tu Street, in der die Göttin der Barmherzigkeit ihren Wohnsitz hat. Vor 200 Jahren (1816) von der Fujian-Gemeinde erbaut bietet das taoistische Gotteshaus noch heute jede Menge »Hingucker«: Man beachte v.a. die unzähligen kleinen Figuren am Dachfirst, die chinesische Legenden erzählen. Die grimmig dreinschauenden Wächter am Ein-

Oben: In Cholons Pagoden »wohnen« zahllose Götter, Geister und andere fabelhafte Wesen.
Unten: Der konische Reisstrohhut wird natürlich in der Pagode abgenommen.

GUT ZU WISSEN

TEMPEL-BENIMMREGELN

In den nichtbuddhistischen Taoisten-Tempeln und Pagoden Vietnams muss man zwar nicht die Schuhe ausziehen, allerdings wird auch hier auf »anständige« Kleidung der Besucher Wert gelegt (keine Miniröcke, Hotpants, Trägerhemdchen); auch Männer sollten nicht in zu legerer Kleidung die heiligen Räume betreten. Die hohen Türschwellen werden nicht betreten, man steigt über sie hinweg! Die Mönche beten i.d.R. zwischen 16 und 17 Uhr, man sollte sie dabei nicht stören.

Zu Fuß oder im Cyclo

Man lässt sich am besten mittreiben durch den wuseligen Bezirk – falls es regnet am besten in einem der Cyclos (mit Regenplane), die vor den Tempeln und Märkten auf Kundschaft warten.

Ⓐ Cha Tam (Francis Xavier Kirche). Die Kirche spielte beim Sturz des Diktators eine Rolle. Das christliche Gotteshaus ist schlicht und hell gehalten, das Hauptschiff wird von grün verzierten Säulen getragen – die Farbe der Hoffnung und zugleich ein Verweis auf die Landschaften Vietnams. Tgl. 8–18 Uhr, Ho Lac Ecke Tran Hung Dao.

Ⓑ Chua Ong Bon. Wer Reichtum anstrebt, besucht Ong Bon, den dafür zuständigen Gott. Selbstverständlich erfreut sich der nach ihm benannte Glückstempel stets regen Zulaufs. Tgl. 6–18 Uhr, 264 Hai Thuong Lan Ong, Tel. 08/38 55 31 87.

Ⓒ Com Ga Dong Nguyen. In dem kleinen Lokal essen vorwiegend Einheimische Reis mit Huhn (»com ga«), gesüßten Schweinebraten oder Krebs-fleisch, die englische Karte bietet auch vegetarische Gerichte wie Ingwer-Reis, Lotussuppe und gebratenen Tofu. Tgl. 6–ca. 22 Uhr, 87–91 Chau Van Liem, Tel. 08/38 55 76 62.

Ⓓ Chua Quan Am. Die wunderschöne Pagode zu Ehren der Göttin der Barmherzigkeit beherbergt noch lauter andere Götter und wichtige Gestalten. Der Hauptaltar ist der Himmelsgöttin Thien Hau gewidmet; die beiden Buddhas der Vergangenheit und der Zukunft, Thich Ca und Di Lac stehen ihr lächelnd zur Seite. Tgl. 6–18 Uhr, 12 Lao Tu.

Ⓔ Chua Ba (Tien-Hau-Pagode). Das taoistische Gotteshaus ist der Meeresgöttin Tien Hau gewidmet, einem Mädchen, das aufgrund einer Legende vor tausend Jahren zur Schutzpatronin der chinesischen Seeleute wurde. Tgl. 6–17.30 Uhr, 710 Nguyen Trai.

gang sollen böse Geister fernhalten.
Auf vergoldeten Tafeln sind Szenen des
Kaiserhofes mit Schachspielern, Tänzern
und Musikern dargestellt. Auf dem Haupt-
altar wird die Himmelskönigin A Pho verehrt,
im offenen Innenhof dahinter die weiß gekleidete
Quan Am, außerdem der berühmte General Bao
Cong, Finanzgott Than Tai und Than Hoang, der
Höllenfürst.

Wünsche an die Meeresgöttin

Und das Highlight zum Schluss: Die wohl schönste
taoistische Pagode Saigons ist der Meeresgöttin
Tien Hau gewidmet, einer Schutzpatronin der chinesischen Seeleute und Fischer. Der Chua Thien
Hau, der »Tempel der himmlischen Frau« aus dem
frühen 19. Jahrhundert ist die reinste Augenweide,
ein Musterbeispiel südchinesischer Tempelarchitektur mit kunstvoller Fassaden- und Dachdekora-
tion. Die am Dachfirst im ersten und zweiten Hof
versammelten Figuren – Gelehrte, Könige, Prinzes-
sinnen, Drachen und gehörnte Teufelchen – wirken
so realistisch, man würde sich kaum wundern, er-
wachten sie plötzlich zum Leben. Mit den riesigen
qualmenden Rauchspiralen senden die Gläubigen
ihre Wünsche per Sandelholzschwaden himmelwärts an die Meeresgöttin. Auf dem Hauptschrein
hinter dem zweiten Hof befinden sich die drei
goldbemalten Thien-Hau-Statuen in bestickten
Gewändern, die mittlere Figur wird beim Umzug
am 23. Tag des dritten Mondmonats durch die
Straßen getragen. Ein Schiffsmodell erinnert an
die tausend Jahre alte Thien-Hau-Legende, die
Seereise der Göttin. Außer ihr kann man hier noch
anderen huldigen: der Fruchtbarkeitsgöttin Kim
Hue oder Finanzgott Than Tai sowie General Quan
Cong. Übrigens: Das kleine Bett mit dem Vorhang
am Kim-Hue-Schrein, an dem oft Ehepaare um
Nachwuchs bitten, ist nur symbolisch gemeint …

Infos und Adressen

ESSEN UND TRINKEN

Café Central An Dong/Ngan Dinh. Das Café-Lokal im 4. Stock des Windsor Plaza Hotels ist bekannt für sein preiswertes stadtweit größtes Büfett, oder man besucht das preisgekrönte China Restaurant Ngan Dinh im 5. Stock. Tgl. 7–14, 17–22 Uhr, 18 An Duong Vuong, Tel. Café-Lokal: 08/38 33 66 88, Tel. 08/38 30 88 88, www.windsorplazahotel.com

»Cholon Best Food in Town«. Der Straßenmarkt mit vielen Garküchen und Nudelsuppenständen bietet sich zum Ende eines Chinatown-Bummels an. Tgl. 6–ca. 22 Uhr, Tan Da Ecke Pham Don (hinter einem großen Tor).

ÜBERNACHTEN

Windsor Plaza. Das Luxushotel erhebt sich mit 25 Etagen weithin sichtbar über Chinatown und hat einen eigenen »Shuttle-Service« zu fünf Sehenswürdigkeiten in Cholon.

18 An Duong Vuong, Tel. 08/38 33 66 88, www.windsorplazahotel.com

EINKAUFEN

Cho An Dong. Der Markt spielt sich in einem klobigen Gebäude ab, ist nicht so touristisch und daher billiger als Ben Thanh (viele Textilien, Kleidung, Spielzeug) – Auch hier verkaufen die Händler gerne im Doppelpack oder per Kilogramm. Tgl. 6–18 Uhr, An Duong Vuong, Tel. 08/38 35 47 73.

FESTE

Am vietnamesisch-chinesischen Neujahrstag (nach dem chinesischer Mondkalender: Ende Jan./Anfang Feb.) ziehen Prozessionen durch Chinatown, z. B. mit kostümierten Drachentänzern.

INFORMATION

Nur im o. g. Hotel Windsor Plaza erhältlich; Anreise: per Bus Nr. 1, beispielsweise ab Ben-Thanh-Markt bis Endstation.

Ruhepause in einem typischen vietnamesischen Café – offen zum Leutebeobachten und Plauschen.

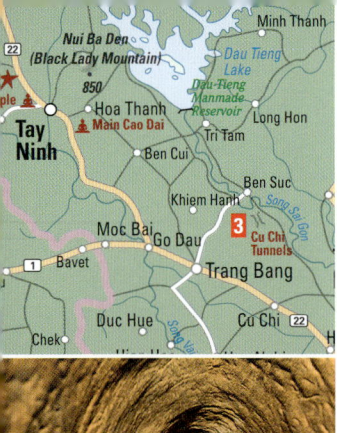

3 Cu-Chi-Vietcong-Tunnel
Überleben im Tunnel-Labyrinth

Keine Reise durch Vietnam ohne Cu Chi: In den einstigen Vietcong-Tunneln kann man den Krieg am eigenen Leib nachvollziehen, wenigstens ein bisschen, ein paar Meter, sofern die Nerven mitspielen. Insgesamt 250 Kilometer zog sich das unterirdische Wegenetz durch den Süden Vietnams – bis ganz nah an die Hauptquartiere der US-Truppen ...

Es lohnt sich früh aufzustehen, denn das Tagesziel, die viel besuchten Tunnelanlagen Ben Duoc und Ben Dinh liegen rund 35 bzw. 60 Kilometer nordwestlich von Saigon, am besten man nimmt an einer der vielen preiswerten Bustouren teil oder fährt mit Mietwagen und Chauffeur. Bereits in den 1930er- und 1940er-Jahren hatten die antikolonialen Widerstandskämpfer gegen die Franzosen unterirdische Räume und Erdgräben als Waffenlager ausgehoben und nach und nach durch Gänge miteinander verbunden. Aus anfangs lediglich 17 Kilometern war 30 Jahre später ein gigantisches Tunnelnetz aus insgesamt 250 Kilometer Länge durch den Süden Vietnams entstanden. Das unsichtbare Wegenetz reichte von der kambodschanisch-vietnamesischen Grenze, wo die legendäre Nachschubroute des Vietcong (Ho-Chi-Minh-Pfad) entlangführte, bis an den Stadtrand von Saigon und nach Chinatown. Die kurze Besetzung des Geländes der US-Botschaft in Saigon durch die Partisanen während des Tet-Festes 1968 war einzig wegen dieser Tunnel möglich. Manche Tunnel sollen in einem Fluss geendet haben.

Oben: Die Cu-Chi-Tunnel sind teils auf europäische Körpermaße vergrößert worden!
Unten: Hier konnten sich die Vietcong-Partisanen unsichtbar machen, sich gegen Bomben schützen oder fliehen.

Cu-Chi-Vietcong-Tunnel

Schäferhunde im Einsatz

Das Gebiet um Cu Chi gehört zu den im Vietnamkrieg am meisten mit Pestiziden und Napalm bombardierten Gebieten in Vietnam. Nach Zwangsevakuierung gingen Millionen Liter an Giften und unzählige Bomben auf die »Feuer-frei-Zone« herab, die schließlich durch Napalm fast vollkommen entwaldet war. Etwa 50 000 US-Soldaten waren auf der Suche nach den Eingängen ins Tunnelreich. Als »Tunnelratten« setzten die US-Truppen auch zierliche alliierte Soldaten aus Thailand und den Philippinen ein – mit einem Seil am Fuß, um sie wieder herausziehen zu können, falls sie vom Vietcong überrascht werden sollten. Denn die Vietcong-Soldaten wehrten sich mit Tricks und grausamer Gegenwehr, beispielsweise Falltüren über Gräben, in denen angespitzte, teils mit Gift präparierte Bambusrohre lauerten. Ausgestreuter Chili-Pfeffer hielt die Spürhunde der Amerikaner fern: Die 200 vom deutschen Bundesgrenzschutz ausgeliehenen Schäferhunde konnten die Vietnamesen bald nicht mehr von den Amerikanern im Geruch unterscheiden, da der Vietcong angefangen hatte, amerikanische Seife, Rasierwasser und die Kleidungsstücke seiner Gefangenen zu benutzen. 12 000 Vietcong sind in den Tunneln ums Leben gekommen. Was für die Vietnamesen eine Erinnerung an den Widerstand und die Gefallenen ist, ist für die meisten Touristen eine Attraktion, die den Vietnamkrieg noch Jahrzehnte später spür- und erlebbar macht.

Minenfeld mit Platzpatronen

Doch heute sind die berühmt-berüchtigten Vietcong-Tunnel mit ihren Souvenirbuden nebst Schießstand und Gedenkstätte ein Tourismusmagnet mit Jahrmarktcharakter. Auf dem Gelände des Freiluftmuseums sind eroberte Panzer und über-

Geheimtipp

GIBBON, PANGOLIN & CO.

Die Cu Chi Wildlife Rescue Station bietet Freiwilligen die Möglichkeit zum Engagement beim Tierschutz: Die Organisation befreit gefangene Wildtiere – als Beifang oder aus Privathaushalten, im Tierschutzcenter werden sie auf ihre Auswilderung vorbereitet. Seit 2007 konnte man so mehr als 5000 Tiere in ihre natürlichen Habitate entlassen. Die Tiere werden bis dahin in Käfigen und Gehegen gehalten, z. B. das Pangolin (ein Schuppentier), Schildkröten, Loris (eine Primatenart) und Gibbons. Der Besuch sollte einige Tage zuvor angemeldet werden.

Wildlife Rescue Center/Wildlife at Risk (WAR). Tgl. 7.30–11, 13–16.30 Uhr, es wird eine »Spende« erwartet: 200 000 VND/= ca. 8 €, Ap Cho Cu II, An Nhon Tay, Cu Chi, Tinh lo 15 (zwischen Ben Dinh und Ben Duoc), Mobil-Tel. 09/84 28 11 90, Hotline: 09/76 06 76 46, in Saigon 08/38 99 73 14,-15, www.wildlifeatrisk.org

wachsene »B-52«-Bombenkrater zu sehen, es gibt nachgebaute Feldküchen, Lazarette und mit Gras getarnte Falltüren, in »Minenfeldern« explodieren Platzpatronen. Für Touristen aus dem westlichen Ausland wurden die Tunnel auf einem 50 Meter langen Teilstück auf 1,20 x 0,80 Meter extra vergrößert; sie sind teils schwach beleuchtet und mit Notausstiegen versehen.

OPs im Schein der Öllampen

In der Realität waren die Tunnelröhren ursprünglich gerade so breit, dass sich zwei schmächtige (!) Vietnamesen aneinander vorbeischlängeln konnten. Die Partisanen lebten in drei Etagen in bis zu zehn Metern Tiefe, insgesamt 16 000 Menschen sollen es gegen Ende des Vietnamkrieges gewesen sein. Die Belüftung war über unauffällige Bambusrohre gewährleistet, der Rauch aus den Kochecken wurde kilometerweit umgeleitet, um keine Spuren zu verraten. Für Licht sorgten Öllampen in einem unterirdischen Labyrinth aus Schlaf- und Versammlungsräumen, Krankenstationen mit Operationstischen, Küchen, Werkstätten sowie Lager- und Bombenschutzräumen; es gab sogar eine Druckerpresse und Gebetsräume mit Schreinen.

GUT ZU WISSEN

TUNNEL-KNOW-HOW

Trubel auf dem Gelände, nicht selten herrscht Stau im Tunnel. Das etwas kleinere Tunnelgelände Ben Dinh wird von den meisten Touristenbussen angefahren und kann sehr voll werden, Ben Duoc wird im Rahmen der organisierten Bustouren (noch) weniger besucht (beide zeigen anfangs einen Film mit reichlich Propaganda). Wer etwas korpulent ist oder schnell Platzangst bekommt, sollte nicht in die Tunnel kriechen!

Oben: Tunnelzugang mit Tarnung
Mitte: Altes Kriegsgerät findet man in Vietnam nicht nur in Cu Chi, wie hier in Ben Dinh.
Unten: Eine perfide Fallgrube für die Invasoren.

Infos und Adressen

Schöne alte Skulpturen behaupten sich neben bunten Götterbildnissen im Sammelsurium der Vielgötterei vietnamesischer Tempel und Pagoden.

SEHENSWÜRDIGKEITEN

Cu Chi Tunnel. Tgl. 7.30–17.30 Uhr, ca. 35 km (Ben Duoc) und 60 km (Ben Dinh) nordwestlich von Saigon an der N 22 nach Tay Ninh.

ESSEN UND TRINKEN

Am Eingang und auf dem Gelände versorgen einfache preiswerte Imbisslokale die Besucher mit vietnamesischen Klassikern und Getränken. Man kann mit Tapioka (Maniokwurzeln) während des Rundgangs den ersten Hunger stillen. Bei Ben Duoc gibt es einige Flusslokale in der Nähe.

Cassava Root. In dem Restaurant kann man den Fisch auch selbst angeln, Reisegruppen speisen hier vietnamesische Kost aus ökologischem Anbau in Pavillons direkt an einem kleinen See, am besten vorher anmelden. Tgl. 10–18 Uhr, 708 Tinh lo 15, Ben Dinh, direkt an der N 22, Tel. 08/37 94 21 75.

ÜBERNACHTEN

Canh Sang Guesthouse. Freundliches und rustikales Gästehaus mit angeschlossener Farm für viele Aktivitäten auf dem Land (s. u.). Mückenschutz mitnehmen. 370 Tinh lo 7, bei Ben Dinh und nahe Bus-Bhf., Tel. 08/37 94 21 75, u. Mobil-Tel. 09/73 50 24 34, www.hochiminhcookingclass.com

AKTIVITÄTEN

Kochkurs. Im og. Gästehaus dürfen die Teilnehmer selbst Hand anlegen, sei es beim Reisernten, Gemüseschnippeln (aus ökologischem Anbau), Wokschwenken, Angeln, Kuhmelken, Bananenstauden-Beschneiden und Gummibaum-Anzapfen. s. o. www.hochiminhcookingclass.com

INFORMATION

Anreise: Halbtages-Touren meist nach Ben Dinh in jedem Reisebüro ab 80 000–200 000 VND/= 3–8 €, ganztags mit Cao-Dai-Tempel ca. 10 €, mit Mietwagen/Chauffeur nach Ben Duoc ca. 50 US$/= ca. 45 €, 70 US $ mit Cao Dai. Wer auf eigene Faust anreisen will: Bus 13 ab Saigoner Park Cong Vien »24/9« nahe Pham Ngu Lao, an Endstation umsteigen in Bus 79 nach Ben Duoc oder Bus 94 ab Cholon bis Bhf. Cu Chi und weiter per Mopedtaxi (Busse meist überfüllt), es fahren auch Boote ab Bach-Dang-Pier in Saigon.

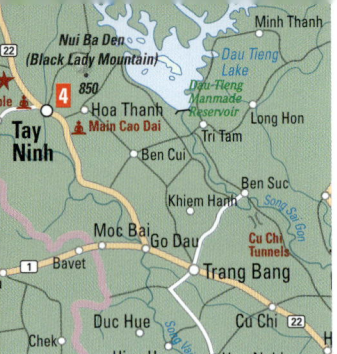

4 Tay Ninh: Cao-Dai-Tempel
Eine kunterbunt-okkulte Sekte

**Der reinste Multikulti-Glauben:
Ein Caodaist hat nicht die Qual der Wahl –
er glaubt gleichzeitig an Buddha, Laotse
und Konfuzius, an Jesus und Allah.
Die Grundprinzipien der Cao-Dai-Sekte
lauten: Gott und Humanität, Liebe und
Gerechtigkeit. Nur wer die Gebote befolgt
wird im Nirwana seine Erlösung finden.
Das fantasievoll gestaltete Gotteshaus
in Tay Ninh muss man einfach gesehen
haben – ein Fotoklassiker!**

Ngo Van Chieu begründete die skurrile Glaubens-
lehre der Cao Dai 1926, inspiriert durch spirituelle
Frage-und-Antwort-Spiele mit Geistern: Dabei soll
sich Gott zum dritten und endgültig letzten Mal
auf Erden gezeigt haben – am Heiligabend 1925.
So entstand eine kunterbunte Mischung aus den
moralischen Lehren des Konfuzianismus, Buddhismus und Taoismus, des Christentums und Islams.
Die Cao-Dai-Sekte besaß in den 1940er-Jahren
großen wirtschaftlichen und politischen Einfluss
sowie eine etwa 20 000 Mann starke Privatarmee.
Wegen ihrer starken oppositionellen Kraft wurden
die Caodaisten vom katholischen Präsidenten
Südvietnams Diem bekämpft und unterdrückt.
Dennoch stand die Sekte zeitweilig an der Seite
der südvietnamesischen Armee gegen die Kommunisten. Unter deren Regierung ab 1975 wurden die
Caodaisten bis in die 1980er-Jahre an der Religions-
ausübung gehindert und ihre Besitztümer beschlag-
nahmt. Heute schätzt man die Anhängerzahl weltweit auf ein bis zwei Millionen. Immerhin nimmt
diese spiritistische Religion neben dem Buddhismus
und Katholizismus den dritten Rang ein.

Der originelle Cao-Dai-Tempel
ist eine der Hauptsehenswürdig-
keiten in Vietnam.

Kitsch as kitsch can!

Einfach gut!

Der 1933 bis 1955 erbaute Hauptsitz entpuppt sich als ein eklektisch gestalteter Tempel, der eine nähere Betrachtung lohnt: eine Mixtur aus fernöstlichen und westlichen Architekturelementen und jeder Menge schreiend buntem Dekor, vorzugsweise in rosa, hellblau und gold. Der beigefarbene arkadenumrahmte Bau ähnelt einer barocken Kirche mit zwei quadratischen Glocken- bzw. Trommeltürmen; dazwischen sieht man die Buddhafigur Maitreya, den Buddha der Zukunft (auch Di Lac genannt). Am linken Turm prangt die Figur des ersten weiblichen Kardinals, am rechten der erste Papst der Cao Dai. Über dem Haupteingang und auf dem Altar wacht ein überdimensionales Auge, von dem helle Strahlen ausgehen: das »göttliche Auge« als Symbol der Gerechtigkeit. An den Seitenwänden des Tempels ist das Auge von einem Dreieck umgeben – dem Ein-Dollar-Schein nicht ganz unähnlich… Zu den zahlreichen Abbildungen gehören die glücksbringenden mythologischen Tiere: Drachen (für die Weisheit), Schildkröten (Langlebigkeit), das Kylin/»qilin« (die Mischung aus Löwe, Drachen und Hirsch steht für Frieden) und der Vogel Phönix (Wohlstand).

Ein Gottesdienst der Cao Dai

Im säulengetragenen Innern des Gotteshauses stößt man unter der blaugetünchten »Himmels«-Decke mit blitzenden Spiegel-Sternchen und Halbmonden auf ein Kabinett aus Figuren und Statuen, bekannt aus Religion und Mythen, Weltliteratur und Politik: Der Hauptaltar ist bestückt mit Laotse (hinten links), dem Sakyamuni-Buddha (Mitte) und Konfuzius (rechts), in der zentralen Reihe der Bodhisattva in Gestalt der barmherzigen Göttin Kuan Yin (auch: Quan Am, links), in der Mitte der geistige Papst Ly Tai Pe und der sagenumwobene General

IN DER SEILBAHN ZUR BLACK LADY

Der rund 1000 Meter hohe oft wolkenverhüllte »Black Lady Berg« (Nui Ba Den) ist mit einer romantisch-tragischen Legende zweier Liebenden verbunden, und noch Jahrhunderte später, so sagt man, erscheint die hier verunglückte »Black Lady« gelegentlich den Pilgern. Zur 300 m hoch gelegenen Chua Ba führen steile Stufen, wer den Gipfel erklimmen will, braucht rund 2,5 Stunden – ein teils beschwerlicher Aufstieg über Felsen, vorbei an Andenkenbuden, Essständen und Tempelgrotten. Oder man nimmt die Seilbahn: Vom Mieu-Son-Than-Tempel auf dem Gipfel ergibt sich bei gutem Wetter ein herrlicher Reisfelder-Panoramablick über den Dau-Tieng-See und den palmengesäumten Fluss Vam Co Dong. Die Abfahrt können nen Abenteuerlustige mit einer Kart-Rutschbahn (»Gondola Ride«) unternehmen (mit individuellen Bremsen!).

Nui Ba Den. Tgl. 8–17 Uhr, elf Kilometer außerhalb Tay Ninh.

Quan Cong (rechts), davor Jesus Christus. Der Stuhl des Papstes blieb seit 1934 unbesetzt, da es bisher keinen gebührenden Nachfolger im reellen Leben zu geben scheint. Die riesige Weltkugel mit dem göttlichen Auge steht unübersehbar im Mittelpunkt des Altarbereichs mit den Relikten und Ahnentafeln verstorbener Würdenträger, Obstgaben, Blumen und Räucherstäbchen.

Bei den rund einstündigen Zeremonien versammeln sich die Priester, die im Zölibat leben, viermal täglich in ihren blauen (taoistischen), roten (konfuzianischen) und gelben (buddhistischen) Gewändern sowie die Laien, die »tín do«, und die Frauen in weißen Kleidern. Frauen können theoretisch auch Würdenträgerinnen sein. Ein traditionelles Orchester und ein Chor begleiten die Gebete, die stets mit einem »Amen« enden. Um die göttlichen Botschaften aus dem Universum empfangen zu können, bedienen sich die Anhänger noch heute okkulter Praktiken bei Séancen: Mit Hilfe von zwölf Medien und speziellen Schreibvorrichtungen – beim »göttliche Schreiben« manifestieren sich Botschaften in versiegelten Briefumschlägen. Dabei ließen sich hier auch schon Größen aus Politik und Kultur blicken.

Oben: Kitsch und Kultur in schöner Eintracht
Mitte: Das »Auge der Vorsehung« in der Religion der Cao Dai ähnelt dem Zeichen auf dem Ein-Dollar-Schein …
Unten: Ein Spaziergang durch den Garten bei den Cao Dai.

GUT ZU WISSEN

Eine beliebte preiswerte Tagestour aus Saigon führt mit dem Bus zum Haupttempel in Tay Ninh – allerdings ist die Mittagsmesse um 12 Uhr oft überfüllt mit Touristen auf dem oberen Rang (Schuhe zuvor ausziehen, nur in angemessener Kleidung). Es lohnt sich das skurrile Gotteshaus auch zu anderen Messezeiten zu besuchen (tgl. 6, 18 und 24 Uhr). Es gibt auch andere allerdings nicht so spektakuläre Tempel wie im Hauptsitz, eine Ausweichmöglichkeit bietet sich beispielsweise in Da Nang, s. S.160, an.

Infos und Adressen

SEHENSWÜRDIGKEITEN

Cao-Dai-Tempel. Tgl. 6, 12, 18 und 24 Uhr einstündige Messen, Eintritt frei, im Osten der Stadt Tay Ninh, 99 Kilometer nordwestlich von Saigon.

ESSEN UND TRINKEN

Hoa Binh. In dem Stadthotel gibt es ein beliebtes vietnamesisches Büfett und Open-air-Café. Neben dem Hotel finden sich kleine Café-Lokale unter Banyanbäumen, auch das Lokal Thanh Thuy. Tgl. 6–22 Uhr, s. u.

Lan Phuong. Das Lokal ist auf Touristengruppen eingerichtet und serviert typisch vietnamesische Kost; es kann manchmal etwas dauern …
Tgl. 10–21 Uhr, 55/8B im Dorf Ninh Phuoc, Ninh Thanh, an der Hauptstraße nach Tay Ninh, Tel. 066/382 54 30.

Tao Ngo. In dem kleinen WiFi-Restaurant wird authentische Hausmannskost zu Spottpreisen aufgetischt. Tgl. 7–22 Uhr, 37 Pasteur Street, Tay Ninh, Mobil-Tel. 09/33 41 05 15.

ÜBERNACHTEN

Hoa Binh. Das einzig empfehlenswerte Hotel ist ein typisch-klobiges Provinzhotel der Zwei-Sterne-Kategorie, beliebt bei einheimischen Hochzeitsgesellschaften mit Karaoke-Bar: schlichte Einrichtung in teils riesigen Zimmern (Bad, amerikanische TV-Sender, Internetanschluss), man spricht ein wenig englisch, Infoschalter in der Lobby. Nr. 210B in der »30/4« Street (=30 Thang 4), Tay Ninh, Tel. 066/382 23 82.

FESTE

Die Haupt-Messen der Cao-Dai-Sekte finden monatlich am 14. und 30. Tag um Mitternacht statt. Große Ereignisse sind die Cao-Dai-Feste zu denen Tausende von Anhängern jährlich am 15. Januar, 15. Juli und 15. Oktober nach Tay Ninh kommen.

INFORMATION

Hoa Binh Hotel. Nr. 210 B in der 30/4 Street (=30 Thang 4), Tay Ninh, Tel. 066/382 23 82.

Viermal täglich versammeln sich die Cao-Dai-Priester und -Anhänger hier zum Gottesdienst.

VIETNAM GENIESSEN
Ein kulinarischer Streifzug

Reis und Nudeln in 1001 Variationen gehören zur vietnamesischen Küche.

»Xin moi« – bitte zugreifen! Sollte der Fahrer des Mietwagens gegen Mittag immer mürrischer werden und Ihr Reiseleiter nicht mehr mit Ihnen sprechen: sofort an einer Suppenküche anhalten! Die Vietnamesen essen dreimal täglich zu möglichst ein- und derselben Stunde am Tag – und die leckeren Speisen mit immer frischen Kräutern und Gemüsen sollten auch Sie keinesfalls verpassen!

Die Essgewohnheiten der Vietnamesen sind geprägt durch die Jahrtausende alte, von den Chinesen dominierte Geschichte: Kriege, Dürre und Überschwemmungen, Seuchen und andere Katastrophen.

Not macht bekanntlich erfinderisch, und so landen noch heute alle möglichen Lebewesen im Wok. Doch um es gleich vorwegzunehmen: Kein westlicher Tourist, kein »tay«, muss in Vietnam befürchten, einen kross gebratenen Hund, rohes Affenhirn, eine zerlegte Python, Entenfüße oder Geckos am Spieß aufgetischt zu bekommen. Solche Delikatessen verschwenden die Vietnamesen nicht an unwissende Langnasen. Und billig sind diese Spezialitäten schon gar nicht!

Bitte mitschlürfen ...

Doch schon munden Fastfood, Tiefkühlkost und Instantsuppen der vorwiegend jungen Bevölkerung aus den Großstädten. Dennoch rankt sich eine ganze Lebensphilosophie um das Essen hierzulande. Ein französischer Ethnologe kam beim Beobachten der traditionellen Essrituale zu dem Schluss: »Die Sorge um eine gefüllte Reisschale beschäftigt den Vietnamesen nicht nur in seinem jetzigen Leben, sondern auch danach in seinem künftigen.« Und so dienen die vielen Speiseopfer auf dem Hausaltar der Besänftigung des stets hungrigen Geistes vom Uropa ...

Die Vietnamesen speisen am liebsten in großen geselligen Runden mit der Familie oder Geschäftspartnern. Je mehr Gäste, desto opulenter das Mahl: Fleisch, Fisch und Meeresfrüchte, Eierspeisen, Gemüse, Salate und Suppen – alles wird zur gleichen Zeit serviert. Die Speisen sollen sich möglichst für Gaumen und Auge abwechslungsreich und farbenfroh ergänzen. Mit »xin moi« (bitte zugreifen!) oder »chuc an ngon« ist das Mahl eröffnet, früher sagte man sogar »moi ong xoi com«: Lassen Sie sich den Reis schmecken!

Nun führt jeder mit den Stäbchen einzelne Häppchen in seine Reisschüssel (bloß nie zu viel!). Vor allem in einfachen Restaurants oder an der Suppenküche am Straßenrand muss man auf Nebengeräusche gefasst sein: Schlürfen und Schmatzen, Spucken und Rülpsen – so wie sich das hierzulande gehört, wenn's schmeckt! Am linken Tisch wird gequalmt und am rechten lautstark mit dem Mobiltelefon kommuniziert ...

1001 Varianten: Reis und Nudeln

Also auf ins kulinarische Tohuwabohu, am besten einmal quer durchs Land. Aufgrund der geografischen Länge Vietnams (1800 km) haben sich regionale Eigenarten entwickelt. Nudeln und Reis gehören zu jeder Mahlzeit, in allen Variationen und selbst am frühen Morgen. Im tropischen Süden und in Zentralvietnam essen die Vietnamesen schärfer und aromatischer als im kühleren Norden, dafür verwenden die Nordvietnamesen mehr Glutamat (»dank« des Einflusses der chinesischen Küche). Im Zentrum kann man essen wie einst die Kaiser, deren Köche sich von den europäischen Königshöfen inspirieren ließen (beispielsweise mit Kartoffeln, Spargel und Blumenkohl).

Zu den im ganzen Lande verbreiteten und allseits beliebten Klassikern gehören zu allererst die Nudelsuppe Pho (sprich: Fö), ursprünglich aus dem Norden: Reis- oder Weizennudeln, die mit hauchdünnen Rindfleisch-Scheiben oder Huhn und ein paar Sojabohnensprossen gekrönt werden, darüber wird die heiße Fleischbrühe gegossen. Die Suppe ist bereits gewürzt mit Pfeffer, Minze, Korian-

Frischer Pfeffer, ein tolles Mitbringsel beispielsweise aus Phu Quoc

der, Chili und Zitronensaft, aber wer mag, gibt noch ein wenig salzige Fisch- oder Sojasauce und die auf dem Tisch bereitgestellten Kräuter dazu.

»Glücksrollen« und »Feuertopf«

Touristenlieblinge sind die aus dem Süden stammenden Frühlingsrollen, die hierzulande aber nicht nur als fertige knusprig-frittierte »cha gio nam« serviert werden, sondern auch in allen Einzelteilen als durchsichtige »Glücksrollen« (»goi cuon«, »banh cuon«), die erst zusammengerollt ein Ganzes ergeben: Man wickelt beispielsweise Schweinefleischscheiben oder Garnelen mit rohem Gemüse wie Gurke, Sojasprossen und Sternfruchtscheiben und die üblichen Kräuter in einen Bogen hauchdünnes befeuchtetes Reispapier. Könner tunken das kleine Paket dann mit den Stäbchen in den bereitstehenden Dip und zielsicher zurück in den Mund – man kann aber auch mit den Fingern essen. Probieren Sie´s einmal, Übung macht den Meister! Ein kleiner Tipp zur Erleichterung: Den Reis darf man ruhig direkt aus der Schale in den Mund »schaufeln«.

Apropos Dip: Auf den Tischen der echten vietnamesischen Lokale steht natürlich die einheimische Fischsauce „nuoc mam«: Diese wird in einem kleinen Tellerchen zu einem Dip vermischt, etwa mit frischem Chili, Knoblauch, Zucker, Pfeffer und Limettensaft, das Ganze schmeckt viel besser als die oft Ausländern angebotenen fertigen Ketchup- und Chilisaucen aus Plastikflaschen!

An vielen Straßenständen wird wie seit Jahrtausenden Handel getrieben und gefeilscht.

Last not least der Hotpot, das vietnamesische Fondue: Bei diesem Feuertopf (»lau«) müssen Sie diesmal nichts tun, nur zuschauen wie die Servierin am Tisch die mundwässernden Zutaten (Fisch, Seafood, Rindfleisch, Glasnudeln) in den Blech- oder Tontopf tut, dazu kommen in den brodelnden Suppensud noch Zwiebeln, Knoblauch, Tomaten, Gurken, Pilze, Bohnen, Sojabohnen- und Bambussprossen, Auberginen und Möhren. Weitere regionale Klassiker sind beispielsweise »cao lau«, die Nudelsuppe mit dem Minzaroma aus Hoi An, die knusprigen »banh khoai«-Pfannkuchen mit Garnelen oder Schweinefleisch aus Hue oder die beim Tisch-BBQ gegrillten »cha ca«-Fischfilets mit gerösteten Erdnüssen aus Hanoi.

Zum Mitschnippeln

Einen Kochkurs in Vietnam zu versäumen wäre wie eine Vietnamreise ohne eine Cyclo-Fahrt! Man kommt kaum drumherum, auf dem Markt zu schnuppern, Gemüse zu schnippeln und den Wok zu schwingen, denn fast jedes Lokal und Hotel bietet mittlerweile eine Einführung in die Geheimnisse der vietnamesischen Kochkunst – von Glücksrollen bis Pfannkuchen und Pfannengerührtes.

Eine typische Garküche gehört unbedingt mit aufs Besuchsprogramm.

MEKONG-DELTA-VIETNAM

S. 58/59: Die schwimmenden Märkte im Mekong-Delta sind legendär
Oben: Eintauchen kann man ins Mekong-Delta an vielen Orten, aber am besten bei My Tho.

5 My Tho
Die »Reiskammer der Nation«

5000 Kilometer Wasserwege! 200 Kilometer Mekong! Acht Flussarme und ein Schifffahrtskanal mit wuseligem Verkehr! In My Tho kann man eintauchen in eine amphibische Alltagswelt mit zahllosen Flussinseln. Hier beginnt das Mekongdelta – die Heimat der Reis- und Obstbauern, der Fisch- und Garnelenzüchter.

My Tho wurde bereits im 17. Jahrhundert von Chinesen gegründet, die aus dem heutigen Taiwan flohen. Die Handelsstadt (ca. 180 000 Einwohner) liegt am Ufer des Tien Giang, eines der acht

Flussarme, auf die sich der Mekong im Delta verteilt, sowie am Bao-Dinh-Kanal. Man nennt den asiatischen Flussriesen auch Song Cuu Long, den »Fluss der neun Drachen« (die Neun bringt nach chinesischer Mythologie Glück). Das Delta hat etwa die Größe der Schweiz und ist ein Paradebeispiel für den wirtschaftlichen Aufbruch am Mekong und seiner 20 Millionen Bewohner.
Von hier, der »Reiskammer der Nation«, verdrängte Vietnam in den 1990er-Jahren den einstigen Erzfeind USA von Platz 2 der Weltexportliste für Reis (mit bis zu drei Reisernten im Jahr). Ganz zu schweigen von den lukrativen, wenn auch ökologisch höchst umstrittenen Aquakulturen (Pangasius, Garnelen, Krebse, Muscheln).

Eintauchen in das Delta-Leben

In My Tho steigen die vielen Tagesbesucher aus Saigon um in die zahllosen Ausflugsboote. Tagsüber herrscht an der schattigen Uferpromenade und dem Pier geschäftiges Treiben, besonders auf dem Markt am Bao-Dinh-Kanal (tgl. 6 bis ca. 12 Uhr). Am anderen Ufer steht die fast 200 Jahre alte Vinh-Trang-Pagode – eine kleine Oase und Augenweide im Zuckerbäckerstil mit barock gestutzten Bäumchen, Lotosteichen und zahlreichen Statuen, darunter drei riesengroße Buddhas bzw. Bodhisattvas.

Mit den laut knatternden Booten geht es vom Pier über den Fluss: Nur fünf Minuten später kann man beispielsweise auf der Insel Tan Lon aussteigen und im Schatten der Palmen und Obstbäume über die tropische »Drachen-Insel« schlendern. Ziel vieler Besucher ist die Dong-Tam-Schlangenfarm etwa zehn Kilometer westlich von My Tho: Hier werden 40 verschiedene Spezies gezüchtet – zur Lederverarbeitung, aber vor allem zur Serum-Produktion für die Behandlung von Schlangenbissen.

Infos und Adressen

SEHENSWÜRDIGKEITEN
Chua Vinh Trang. Tgl. 7.30–12, 14–17 Uhr, Nguyen Trung Truc, ca. 3 km östlich vom Pier, Tel. 073/387 34 27.
Dong Tam Snake Farm. Tgl. 7–18 Uhr, Binh Duc, ca. 10 km westlich von My Tho.

ESSEN UND TRINKEN
Trung Luong. Einfach vom Pier mit dem Boot hierherschippern und die Spezialität des Gartenlokals genießen: gebratener Elefantenohrfisch. Tgl. 10–20 Uhr, Nguyen Trung Truc, Ortseingang von My Tho an der N1, Tel. 073/385 54 41.

ÜBERNACHTEN
Island Lodge. Zwölf rustikal-stilvolle Zimmer und palmblattgedeckte Häuschen, moderne Bäder, teils Flussblick von der Veranda. 390 Ap Thoi Binh, Xa Thoi Son, Tel. 073/651 90 00, www.theislandlodge.com.vn

Song Tien Annex. Das Provinzhotel bietet 20 unterschiedliche Balkonzimmer an der Promenade mit Blick aufs Flusstreiben (teils Bäder mit Whirlpool-Wanne). Überdachtes Dachlokal im sechsten Stock. 33 Trung Trac, Tel. 073/397 78 83.

INFORMATION
Tien Giang Tourist. Nr. 8 auf der Uferstraße 30 Thang 4, Tel. 073/387 31 84, www.tiengiangtourist.com

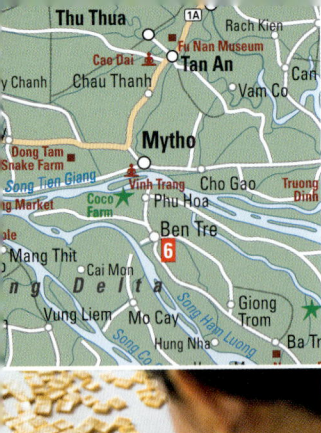

6 Ben Tre
»Kaffeefahrten« à la Vietnam

Hier zeigt sich Vietnam ganz von seiner ursprünglichen Seite. Es geht auf Kanälen entlang von Reisfeldern, Bonsai- und Obstgärten, Bambus- und Palmenplantagen. Zum Pflichtprogramm auf den Flussinseln gehören die zahllosen Familienbetriebe und Handwerksdörfer – hier gibt es einen Reisschnaps oder Jasmintee, dort eine »keo dua«-Kokosnascherei oder eine Honig-Kostprobe. Alles entspannt und gelassen, ohne jeglichen Kaufzwang ...

Das idyllische Ben Tre (ca. zwölf Kilometer südlich von My Tho) galt im Vietnamkrieg als eine Hochburg des Vietcong – und somit als eines der Hauptziele der »Entlaubungsaktionen« mit Napalm und Agent Orange durch die US-Truppen. Hier fiel der berühmte vom ap-Korrespondenten Peter Arnett zitierte Satz eines US-Majors über den Angriff auf den Ort während der Tet-Offensive: »Wir mussten die Stadt vernichten, um sie zu retten.« Ein Denkmal erinnert auf der »Insel der 1000 Witwen« an die Gefallenen.

Souvenir-Safari und Radtour

Die Ausflüge führen beispielsweise auf die Flussinseln An Binh und Thoi Son. Hier kann man sich in zahlreichen typischen Produktionsstätten ein Bild des blühenden Handels machen, bei Puffreis- und Reispapierherstellern, in Kokosbonbons- und Räucherstäbchenfabriken, bei Bonsai- und Lychee-Farmern und in der Ziegelbrennerei. Irgendwo spielt immer ein traditionelles Ensemble in Kostümen alte Weisen, während zwischen Kegelhut, Schlangenschnaps, Ingwer-Marmelade, Postkarten und Pos-

Oben: Süßigkeiten aus Kokos werden hier handverpackt.
Unten: Auch Räucherstäbchen sind eines der Hauptprodukte aus Ben Tre.

Elefantenohrfisch? In Flusslokalen wie diesem gibt es ihn!

tern der Kaufrausch keine Grenzen kennt. Für Fotografen das reinste Dorado: kreuzpaddelnde Fährschifferinnen mit Kegelhut, »sampan«-Barken mit aufgemalten wachsamen Augen am Bug und andere Kähne. Fischer ziehen ihre riesigen Netze aus den Kanälen, die mit spindeldürren Krakenarmen überm Wasser hängen. Typisch fürs Delta sind die sogenannten »Affenbrücken«, die über die unzähligen kleinen Wasserwege führen und nur von schwindelfreien Vietnamesen erklettert werden können.

Eine der skurrileren Attraktionen in Ben Tre ist die »Phönix«-Insel Phung, wo der legendäre Kokosnuss-Mönch Ong Dao Dua die Dao-Dua-Sekte, eine Mischreligion aus Buddhismus und Christentum, gründete und eine höchst merkwürdige Tempelanlage mit Science-Fiction-Charakter hinterlassen hat: 40 Jahre später wirkt das Ganze etwas vernachlässigt. In der Nähe gibt es eine Krokodilfarm zu besichtigen.

Wer die Gegend mit dem Rad erkunden will, fährt über teils schattige, betonierte Pfade unter Kokospalmen, durch Bambus- und Bananenhaine, vorbei an Pampelmusen- und Orangenbäumen, kleine und große Brücken, die sich über die Wasserwege spannen.

Infos und Adressen

ESSEN UND TRINKEN

Hao Ai. Das große alt eingesessene Flusslokal lockt mit einheimischen Klassikern; man speist in hübschen Garten-Pavillons. Tgl. ca. 9–20 Uhr, Hamlet 2, Tel. 075/361 07 85.

Thoi Son. Bei traditioneller Musik hat man die Wahl zwischen à la carte oder Büfett, open-air oder klimatisiert, VIP-Gala-Sälen oder Hängematte, Tgl. ca. 9–20 Uhr, Tel. 073/389 53 24.

ÜBERNACHTEN

Oasis. Familiäres Stadthotel unter neuseeländisch-vietnamesischer Führung, mit Pool, Hängematten, Leihrädern und -mofas. 151C My An C, My Thanh An, Tel. 075/383 88 00, http://bentrehoteloasis.com

AKTIVITÄTEN

Sinhbalo Adventure Travel. Delta-(Rad)Touren mit Homestay-Übernachtung. 283/20 Pham Ngu Lao, Saigon, Tel. 08/ 38 37 67 66, www.sinhbalo.com

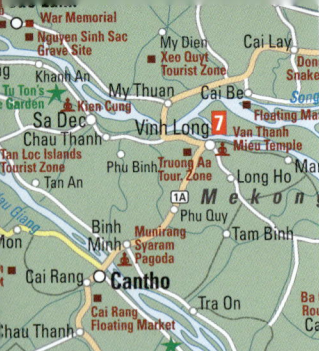

7 Vinh Long mit Sa Dec und Tra Vinh
Die »Stadt der neun Drachen«

Weithin sichtbar ist die 1500 Meter lange My-Thuan-Brücke über den Fluss Co Chien. Die von Australiern und Deutschen im Jahr 2000 erbaute Hängeseilbrücke – die erste im Delta! – gibt der Provinzhauptstadt Vinh Long ein modernes Antlitz. Ansonsten herrscht auch hier typisch vietnamesisches Treiben auf der Uferpromenade und auf Schwimmenden Märkten.

Vinh Long (auch: Cuu Long, »Neun Drachen«) im Herzen des Mekongdeltas verteilt sich auf einer Flussinsel zwischen die beiden Mekongarme Tien Giang und Hau Giang sowie dem Co Chien. An der Uferpromenade kann man in Cafés Platz nehmen und das Flusstreiben beobachten. Noch vor Sonnenaufgang geht das kunterbunte Gewusel aus Hunderten von Marktbooten los, etwa auf dem Cai Be Floating Market. An den langen Bambusstangen ist zu erkennen, was gerade im Angebot ist: In luftiger Höhe baumeln eine Kokosnuss, Mango oder Ananas, eine Gurke, Papaya oder Taro.

Auf den Spuren von Duras' *Der Liebhaber*

Von Weltliteraur inspiriert, wandeln die Reisenden im eher untouristischen Sa Dec am Tien Giang, 23 Kilometer westlich von Vinh Long: Originalschauplatz und Drehort des Oscar-gekrönten Films *Der Liebhaber* von Jean Jacques Annaud nach dem berühmten autobiographischen Liebesroman von Marguerite Duras (1914–1996). Man erinnert sich: die junge Jane March in der aufreizend-unschuldigen Rolle als jugendliche Margue-

Oben: Vinh Longs hübscher Tempel-Pavillon (Chua Anh Vuonh)
Unten: Man lässt sich einfach über die Mekong-Flussarme und Kanäle treiben bzw. stehrudern.

Vinh Long

rite Duras, die hier als Tochter einer französischen Lehrerin zwischen 1928 und 1932 lebte und sich in den 13 Jahre älteren Sohn einer reichen chinesischen Handelsfamilie verliebt hatte. Huynh Thuy Le musste schließlich standesgemäß eine ihm unbekannte reiche Chinesin heiraten, Duras zog nach Frankreich. Vierzig Jahre vergingen. Erst als sich der gealterte Mann während einer Paris-Reise 1971 bei Duras am Telefon meldete und seine lebenslange Liebe gestand, schrieb sie ihren wohl erfolgreichsten Roman. Duras-Fans können in der 1895 im Pagodenstil erbauten Villa mit prachtvollem Ziegeldach und Stuckfassade übernachten; in dem heutigen Sa-Dec-Museum an der Uferstraße gibt es zwei sehr einfache Gästezimmer.

Wer sich für Tempelbaukunst interessiert, sollte Tra Vinh besuchen (ca. 70 Kilometer südöstlich von Vinh Long): Sehenswert sind der mehr als hundertjährige Chua Samrong Ek, ein schönes Beispiel für kambodschanisch-buddhistische Tempelarchitektur mit mythologischen vogelähnlichen »garuda«-Wesen am Dach, und die Ong-Pagode am Ba-Om-See zu Ehren des heldenhaften rotgesichtigen General Quan Cong.

Chua Samrong Ek: Hier betet die buddhistische Khmer-Gemeinde.

SEHENSWÜRDIGKEITEN
Cai Be Floating Market. Tgl. ca. 5–17 Uhr, bei Vinh Long

Chua Ong. Tgl. 8–17 Uhr, Dien Bien Phu, Tra Vinh, ca. 70 km südöstlich von Vinh Long

Chua Samrong Ek. Tgl. 8–17 Uhr, etwas außerhalb von Tra Vinh, ca. 70 km südöstlich von Vinh Long. Sa-Dec-Museum. Tgl. 10–17 Uhr, 225A Nguyen Hue = Uferstraße, Sa Dec, 23 km westlich von Vinh Long,

ESSEN UND TRINKEN
Phuong Thuy. Sechsgängige Menüs mit Frühlingsrollen, Reisgerichten, Fisch, Meeresfrüchten und Huhn werden in dem beliebten Ausflugslokal am Fluss serviert. Tgl. 8–ca. 22 Uhr, 11 Thang 5=Uferstraße, Vinh Long, Tel. 070/382 47 86.

ÜBERNACHTEN
Mekong Lodge. Weit außerhalb versteckte Herberge mit 30 palmblattgedeckten Verandahütten am Flussufer, originelles Bad unter freiem Himmel und Schaukelstühle. Radtouren und Kochkurse sind im Preis enthalten (Mückenschutz mitnehmen!). An Hoa, Dong Hoa Hiep, Cai Be, Mobil-Tel. 09/33 44 93 91, Tel. in Saigon: 08/39 48 21 75, (115,-107), www.mekonglodge.com

INFORMATION
Cuu Long Tourist. 1 Thang 5= Uferstraße, Tel. 070/382 36 16, www.cuulongtourist.com.vn

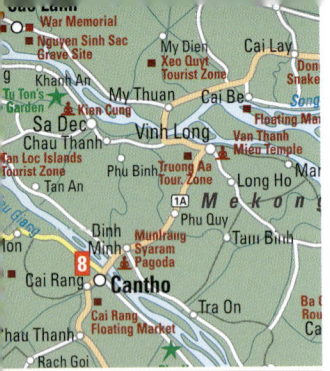

8 Can Tho
Im Herzen des Deltas

Can Tho ist das jugendlich-kommerzielle Herz des Mekongdeltas – inklusive bunt illuminierten Partyschiffen, Bars und urigen Kneipen mit Livebands. Von der Universitätsstadt kann man gut ausschwärmen in alle Deltarichtungen – zu »schwimmenden« Märkten, zum Vogelbeobachten in die Mangroven oder in den Fledermaustempel.

Can Tho ist die größte Stadt im Delta mit rund einer halben Million Stadtbewohner, darunter sehr vielen Studenten und einer großen kambodschanisch-stämmigen Khmer-Gemeinde. Die Stadt am Hau Giang mit eigenem Internationalen Flughafen gilt als pulsierendes Drehkreuz für Waren- und Touristenströme, aber auch als Industriezentrum mit Binnenhafen, umgeben von endlosen Reisfeldern und tropischen Obstplantagen. Weit über Vietnams Grenzen hinaus bekannt ist das angesehene Reis-Forschungsinstitut. An der lebhaften Ninh-Khieu-Uferpromenade herrscht vor allem am Abend ein tolles Ambiente; hier trifft man sich, um zu sehen und gesehen zu werden. Mit den dröhnend-blinkenden Restaurant- und Partyschiffen kann man ab 18 Uhr eine Runde auf den umliegenden Flüssen drehen (Karaoke inklusive). Oder man genießt ein kühles Bababa-Bier (»333«) oder einen Eiskaffee in einem der vielen Cafés bzw. Bistros. Sehr beliebt zum Stöbern zwischen zahllosen Ständen mit mundwässerndem Angebot und Obst, Kleidung und lauter buntem Schnickschnack sind die Nachtmärkte (ab 18 Uhr), z. B. der Can Tho Night Market an der Uferpromenade und der Tay Do Night Market (in der Ngo Duc Ke).

Oben: Des Deltas größte Stadt: Can Tho in der Dämmerung
Unten: Sehen und Gesehenwerden – Nachtschwärmer an der Ninh-Khieu-Promenade

Tempel und Pagoden

Einfach gut!

Die Stadt besitzt einige teils sehr alte Tempelstätten und Versammlungshäuser: Im Stadtzentrum lohnt die 1946 erbaute Munirangsyaram-Pagode einen Besuch, zu erkennen an dem beeindruckenden Angkor-Wat-Tor: Es ist einer der größten Khmertempel im Delta, und anders als im Mahayana-Buddhismus, der unter den Vietnamesen verbreitet ist, findet man hier bei den Theravada-Buddhisten (auch: Hinayana-Buddhisten) nicht die Darstellung von verwirrend vielen Buddhas und Bodhisattvas, sondern nur die des historischen Sakyamuni-Buddhas (im oberen Stock des Hauptgebäudes). Bildschön ist das etwas abgelegene 1870 erbaute Dinh Binh Tuy (Ancient House), indem auch Szenen für Duras´ *Der Liebhaber* (s. S. 64) gedreht wurden: Hier kann man vor allem während des viertägigen Thuong-Dien-Festivals Ende Mai/Juni die klassische vietnamesische Oper *Hat Boi* sehen, die mit Kostümen und Masken bzw. geschminkten Gesichtern dargeboten wird.

Auch die farbenprächtige kleine Ong-Pagode von 1894 nahe der Uferpromenade ist ein lohnenswertes Ziel mit vielen konfuzianisch-chinesischen Statuen und riesigen Räucherspiralen. Überraschend modern präsentiert sich das Stadtmuseum von Can Tho: von archäologischen Exponaten der Oc-Eo-Periode über Flora und Fauna bis hin zu Aquakulturen und Reiswirtschaft reichen die 5000 sehr anschaulichen Ausstellungsstücke.

Mitschippern, mithandeln...

Zu den touristischen Attraktionen ersten Ranges in der Umgebung gehören die Bootstouren auf den Mekong-Nebenarmen – etwa am frühen Morgen mit Besuch auf den schwimmenden Märkten von

ECO HOMESTAY AM MEKONG

»Homestay« und »Eco« sind Modebegriffe in Vietnam. Daher kann sich ein Homestay als authentisches »Community Homestay« mit Familienanschluss erweisen – aber auch als Villa mit Pool und Personal. Das Nguyen Shack Homestay ist ebenfalls eine clevere, aber gelungene Mischung: ein bisschen Familienatmosphäre, ein bisschen Öko. Das Warmwasser ist gespeist aus Solaranlagen, die rustikalen, pamblattgedeckten Hütten sind über schwingende Bambusbrücken zu erreichen, in der Hängematte baumelt man direkt am Wasser (Moskitoschutz mitbringen, Moskitonetze sind vorhanden). Man kann sich außerdem traditionellen Heil-Behandlungen hingeben, etwa mit Schröpfgläsern. Schwer zu erreichen, am besten man lässt sich in Can Tho abholen und bucht rechtzeitig.

Nguyen Shack Mekong River Homestay. Ong-Tim-Brücke, Thanh My, Thuong Thanh, Cai Rang, Mobil-Tel. 09/66 55 00 16, http://nguyenshack.com

Cai Rang, dem größten Warenumschlagsplatz mit unzähligen Booten, hoffnungslos überladenen Barken und Wohnschiffen (sieben Kilometer südwestlich) oder alternativ im ruhigeren Phong Dien (ca. 20 Kilometer südwestlich) und Phung Hiep, wo sieben Kanäle zusammenfließen (25 Kilometer südöstlich an der N1). Mittendrin tauchen – je später der Markttag – immer mehr Touristenboote auf. Die Marktfrauen servieren den Touristen auch gerne einen frischen Kaffee, eine dampfende Nudelsuppe, eine Kokosnuss oder kleingeschnittenes Obst – allerdings kostet nicht etwa ein kleines Tütchen Ananas 10 000 Dong, sondern die ganze Frucht.

Außerdem sind in der Region einige Storchen-reservate entstanden, beispielsweise das 13 Hektar große Bang Lang Stork Sanctuary, etwa 45 Kilometer nordwestlich von Can Tho. Tierisch geht es auch beim »Fledermaustempel« (Chua Doi, Chua Matoc) zu: Bei Soc Trang lebt eine Fledermaus-Kolonie in den Bäumen rund um den Tempel. Nachts kann man einige Exemplare mit beachtlicher Flügel-spannweite von bis zu 1,50 Metern beobachten.

Oben: Ein klassisch-schönes Gotteshaus: der buddhistische Munirangsyaram-Tempel
Unten: Buddha wartet hier auf seine Anhänger, vornehmlich aus der Khmer-Gemeinde Can Thos.

Infos und Adressen

Eines der vielen Lokale in Can Tho:
das bei Touristen beliebte Sao Hom

SEHENSWÜRDIGKEITEN

Bang Lang Stork Sanctuary (auch: Vuon Co).
Tgl. 6–18 Uhr, Thot Not (ca. 45 km nordwestlich
von Can Tho).

Cai Rang Floating Market. Tgl. 5–ca.13 Uhr,
7 km südwestlich von Can Tho, Boots-Charter
für Privatboote ab Ninh-Kieu-Pier.

Can Tho Museum. Fr–Mo 8–11 Uhr, außerdem
Di–Do 14–17 Uhr, Sa–So 18.30–21 Uhr, 1 Hoa Binh,
Tel. 0710/382 09 55.

Chua Doi (Chua Matoc). Tgl. 8–18 Uhr, Soc Trang,
ca. 65 km südöstlich von Can Tho.

Chua Ong-Pagode. Tgl. 7–18 Uhr,
32 Hai Ba Trung, Ninh Kieu.

Dinh Binh Tuy (Ancient House). Tgl. 8–13,
14–17 Uhr, Le Hong Phong, Binh Tuy,
ca. 6 km nördl. von Can Tho.

Chua Munirangsyaram. Tgl. 8–11.30,
14–17 Uhr, 36 Hoa Binh, Tel. 07 10/381 60 22.

ESSEN UND TRINKEN

An der Uferpromenade Hai Ba Trung reiht sich
ein Lokal ans andere, alle mit gleich gutem Ange-
bot/Preisen. Die Ly Tu Trong (»Hot Pot Alley«)
ist bekannt für ihre vielen Hotpot-Lokale
(tgl. 11–22 Uhr).

Mekong. In dem großen vietnamesischen Gartenlokal geht es stilvoll zu, die Kellnerinnen tragen
traditionelle »ao dais« (nicht verwechseln mit dem
einfachen gleichnamigen Stadtlokal!).
Tgl. 8–20 Uhr, 2/2 Nguyen Trai, An Hoi,
Ninh Khieu, Tel. 0710/369 91 79.

ÜBERNACHTEN

Kim Lan. Wohlfühl-Minihotel mit nettem Personal
und einer sagenhaften Penthouse Suite mit klei-
nem Dachgarten und Jacuzzi (8. St.).
138A Nguyen An Ninh, Tel. 0710/381 70 79,
http://kimlancantho.vn

AUSGEHEN

Ca phe 1985. Die originelle auf antik getrimmte
Café-Bar lohnt sich wegen der wirklich guten
abendlichen Konzerte von Jazz bis Pop-Balladen
(ab 20 Uhr). Tgl. 11–ca. 23 Uhr, 138 Huynh Cuong,
Tel. 0710/389 26 26.

INFORMATION

Can Tho Tourist. 50 Hai Ba Trung,
Tel. 0710/382 18 52, www.canthotourist.info

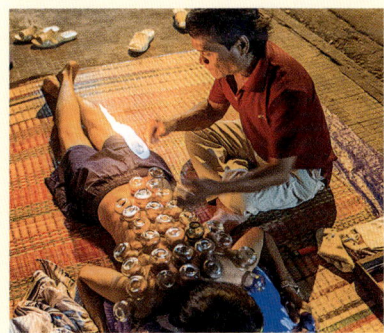

Trotz aller modernen Wissenschaften stößt man
in der Universitätsstadt Can Tho auch auf alte
Heilpraktiken wie das Schröpfen.

ECHT VIETNAM

Auf mehr als 4000 Jahre Geschichte können die Vietnamesen zurückblicken. Und wer heute in Saigon und Hanoi unterwegs ist, fragt sich erstaunt, ob die 90 Millionen dabei immer so ein Tempo vorgelegt haben. Wolkenkratzer wachsen mit jedem Wimpernschlag, der Verkehr ist ein aus Myriaden von Mofas und Motorrollern bestehender knatternder Irrsinn. Kleine Atempausen sind da unerlässlich; um der Kunst des Innehaltens zu frönen.

Frühsport auf Vietnamesisch

Kurz bevor das Chaos im Hier und Jetzt der vietnamesischen Großstädte ausbricht und Millionen Mofas auf den Straßen losknattern, herrscht noch einmal Ruhe vor dem Sturm. Um 5.30 Uhr noch vor dem Sonnenaufgang trifft man sich beim allseits beliebten Massenspektakel in den Parks und Grünanlagen: bei Jogging, Federball und Aerobic zu Disko- und Chacha-Rhythmen. Die Frühsportler absolvieren im Morgengrauen bei noch angenehmen Temperaturen ihre Übungen. Jeder kann hier mitmachen, es ist kostenlos und bringt Herz und Kreislauf in Schwung. Außerdem kann man dabei herrlich sein Yin und Yang ausbalancieren, etwa beim Tai Chi Chuan (auch: Thai –

Wer hier schneller vorankommen will, fährt kurzerhand auf dem Bürgersteig weiter …

Massen-Frühsport am Wasser: Der berühmte Hoan-Kiem-See liegt zwischen Alt-Hanoi und dem ehemaligen französischen Kolonialviertel eingebettet.

Cuc Quyen), das zumeist ältere Bewohner praktizieren. Die ursprünglich chinesische Kampfkunst, eine jahrtausendealte Selbstverteidigung, dient heute als eine Art Bewegungsmeditation entsprechend der taoistischen Philosophie: langsame fließende Figuren aus Abwehr- und Stoßtechniken, die ineinander übergehen. Atem und Bewegung lassen das Chi, die Lebensenergie, durch den Körper strömen. Und so dient Tai Chi der Entspannung und Konzentrationsfähigkeit, der besseren Beweglichkeit und Fitness. In Saigon: In den Parks Tao Dam (ca. 8–9 Uhr), Le Van Tam (Hai Ba Trung Ecke Dien Bien Phu, gegen kleine Gebühr beim Lehrer), Van Hoa (Nguyen Du) und »23.9.« (Pham Ngu Lao). In Hanoi: am Hoan-Kiem-See und Botanischen Garten.

Kaffee-»Meditation«

Bei all der Hektik in Saigon, Hanoi und anderswo sucht man sich am besten eine halbwegs ruhige Ecke, nimmt Platz auf dem Minischemel, bestellt einen »ca phe sua nong« und schaut dann zu, wie der vietnamesische Kaffee langsam, aber sicher, dick und bitter durch den verbeulten Blechfilter ins Glas tropft und sich dort mit der süßen Kondensmilch mischt. Das geschieht mit der Geschwindigkeit einer abbrennenden Räucherspirale – aber es hilft, Vietnams rasende Zeit zu entschleunigen, wenigstens ein paar Minuten lang…

Ahnenkult und Wahrsager

Die vietnamesischen Tempel und Pagoden sind hoffnungslos überbevölkert:

Allein schon die Zubereitung mit Blechfilter hat etwas Meditatives an sich!

mit Göttern und Dämonen, Buddhas und Schutzgeistern, Volkshelden und Höllenfürsten, Drachen, Einhörnern und anderen mythologischen Wesen. Und alle wollen mit Opfergaben besänftigt sein. Am wichtigsten sind die Ahnen, fast überall zu Hause steht ein Ahnenaltar. Damit die Geisterseele nicht zum bettelnden Poltergeist mutiert, spendieren die Hinterbliebenen meist an Feier- und Todestagen ein Schälchen Reis, Gemüse und Suppen. Kleine Geschenke aus Pappe für die Jenseitigen werden verbrannt: ganze Puppenhäuschen, Autos, Papiergeld, Blattgold, Hüte und Schuhe – alles was man eben im Jenseits so gebrauchen könnte. Am meisten qualmt es am 1. und 15. eines Monats in den taoistischen Tempeln in Cholon, dem alten Chinatown Saigons. Die Toten revanchieren sich mit mehr oder weniger weisen Ratschlägen vor allen wichtigen Lebensentscheidungen der Angehörigen – mit Hilfe eines Wahrsagers.

Anmutig!

Das reizvolle Gewand »ao dai« sieht man heute noch in den Großstädten bei Schülerinnen (in strahlendem Weiß), bei Hotel- und Bankangestellten und zu feierlichen Anlässen sowie bei Tempelpriestern. Als Kaiser Minh Mang vor rund 200 Jahren seinen weiblichen Untertanen verbot, Röcke zu tragen, war die Empörung groß – und das »lange Gewand« geboren. Die weltweit einzigartige Nationalkleidung der Vietnamesinnen besteht aus einer weiten Hose und einem engen, knielangen Oberteil mit Stehkragen und langen Ärmeln. Der Clou: die hüfthohen seitlichen Schlitze. Alles bedeckend und nichts versteckend, freut sich der (männliche) Betrachter. Früher waren die Farben übrigens traditionell festgelegt: gelb und gold für den Kaiser, weiß und schwarz für Trauernde, blau und lila für offizielle Würdenträger und Mandarine.

Beneidenswerte Esskunst

Beim Essen mit Stäbchen macht Übung den Meister. Aber es gibt einige Tipps, wie man es sich einfacher machen kann: Den Reis kann man ruhig wie die Vietnamesen auch direkt aus der erhobenen Schale (in der linken Hand) in den Mund schippen. Die endlos langen Nudeln lassen sich einfach abbeißen, kleinteilige feingehackte Speisen muss man nicht Korn für Korn zum Mund balancieren, sondern

Kokett-korrekt: die klassische »ao-dai«-Tracht

man schiebt sie auf die zusammengelegten Stäbchen. Bei der Nudelsuppe wird nur die Suppe mit dem Porzellanlöffel vertilgt. Manche Speisen darf man sogar mit den Händen essen, wie Glücksrollen und große Garnelen. Ach, und am Ende bitte nicht dic Reisstäbchen erleichtert in den übrig gebliebenen Reis stecken – das gilt als schlechtes Omen!

Sparsamkeit und Fleiß!

Die Vietnamesen bezeichnen sich gern als die Deutschen Asiens. Ein Traumland für jeden Investor, zumindest was die sprichwörtliche Strebsamkeit der Bevölkerung angeht. Auf Schritt und Tritt wird auf den Straßen gehämmert, gebohrt, gehobelt und gefeilt, gekocht und gebrutzelt. Mit ihrer Improvisationskunst haben die Vietnamesen nicht nur den Krieg gegen einen Goliath überstanden, sondern auch die Hungerjahre danach, sie haben Bombenschrott in Löffel und Werkzeuge verwandelt. Nur mit Fleiß konnten sich die Vietnamesen aus einem zerbombten und napalmverbrannten Land nach wenigen Jahren an die Weltspitze der Reisexporteure arbeiten (wortwörtlich auf dem Rücken der meist weiblichen Reisbäuerinnen).

Seit den 1990er-Jahren überrascht Vietnam mit fast zweistelligen Wachstumsraten. Und im Umgang mit den Touristen ist die Geschäftstüchtigkeit gepaart mit Hilfsbereitschaft und Ideenreichtum – und wer wollte den Vietnamesen verübeln, dass sie an den »tay«, den reichen »Langnasen«, auch ein bisschen mitverdienen ...

9 Chau Doc
Ein Schmelztiegel nahe der Grenze

Khmer-Tempel und chinesische Pagoden, Cham-Moscheen und Kirchen – in Chau Doc ist ein buntes Völkergemisch zu Hause. Noch bunter und voller wird es zum alljährlichen Pilgerfest am Sam-Berg. Doch berühmt wurde die Mekongstadt durch die Fischzüchter: Unmengen von Welsen zappeln unter den Hausbooten auf dem Hau Giang. Auch wenn man man nicht ins nahe Kambodscha will, lohnt ein Abstecher hierher.

Das Völkergemisch aus ethnischen Vietnamesen (Kinh), moslemischen Cham, kambodschanischen Khmer (oft zu erkennen an den karierten »krama«-Schals) und Chinesen macht die Mekongstadt Chau Doc (200 000 Einwohner) interessant, nicht nur für Fotografen oder Ethnologen. Die Stadt liegt am Hau Giang, dem unteren großen Arm des Mekong – oder auch Bassac, wie er auf kambodschanischer Seite heißt. Auf der anderen Flussseite befindet sich eine Pfahlbausiedlung der Cham, zu erkennen am kleinen Minarett der Mubarak-Moschee. Auf dem Fluss schwimmen die Häuser auf leeren Ölfässern, darunter sind Netze und Drahtgestelle für die Fischzucht befestigt. Wird das Wasser in der Trockenzeit flacher, ziehen die Fischzüchter mit ihren Hausbooten in die Flussmitte, wo ihre heißbegehrten »Untermieter« noch Luft zum Atmen haben. Jährlich werden hier mehr als 100 000 Tonnen Fisch und Shrimps gezüchtet und exportiert, auch nach Deutschland. Die Gegend ist aber auch für den Anbau von Pomelos berühmt, einer originellen Kreuzung aus Pampelmuse und Grapefruit. Auch diese werden nach EU-Standards exportiert.

Oben: Blick vom Sam-Berg über Reisfelder ins Nachbarland, nach Kambodscha
Unten: In Chau Doc leben viele Völker friedlich zusammen; das war nicht immer so…

Fischzucht am Hau Giang-Fluss

Gipfeltreffen
der Religionen

So leer die Stadt manchem Besucher
erscheint, alljährlich im Januar/Februar und
April/Mai wird es voll und betriebsam, und die
Hotels sind lange zuvor ausgebucht. Eines der
landesweit wichtigsten Pilgerziele mit vielen Tempeln ist der 230 Meter hohe Nui Sam, der sich
etwa fünf Kilometer südlich von Chau Doc erhebt.
Zu der auf dem Berg gelegenen 1820 erbauten
Via-Ba-Pagode (auch: Ba Chua Xu), einer der
populärsten im ganzen Land, strömen beim Pilgerfest zum chinesischen Neujahr und zum Via-
Ba-Fest um Mitternacht bis zu 2,5 Millionen
Besucher. Die Taoisten, Caodaisten, Christen und
Buddhisten sowie moslemische Cham reisen teils
aus dem Ausland an, aus Hongkong, Taiwan und
den USA. Wer den Berg bestiegen hat, lässt die
Augen weit über die sagenhafte Kulisse bis über
die Grenze nach Kambodscha schweifen: grün
glitzert die nasse Reiswasserlandschaft von Januar
bis April, golden leuchtet es zur Erntezeit im
Mai/Juni oder Oktober/November – am spektaku-
lärsten bei Sonnenuntergang, wenn die Sonne die
Szenerie/ in ein rotgoldenes Licht taucht. In einem
Nebengebäude im Haupttempel sind hinter Glas

Nicht verpassen

MIT DER REISBARKE DURCHS DELTA

Wer vom Fluss nicht ge-
nug bekommen kann, der
kann auch gleich auf dem Wasser übernachten: Mit dem schwimmenden Hotel »Mekong Eyes«, einer
alten umgebauten Reisbarke, erlebt
der Reisende das Delta und seine
Städte stilecht vom Wasser aus –
mittreibend im unendlichen Strom
des Delta-Alltags, vorbei an Stelzenhäusern und Reisfrachtern, schwimmenden Märkten und gigantischen
modernen Brücken. Reisfelder und
Obstgärten an den Ufern, üppiger
Mangrovenwald und letzte Dschun-
gelreste. Die aufgemalten Augen am
Bug gaben dem Schiff und dem Unternehmen seinen Namen – sie sollen traditionellerweise Glück bringen
und für eine stets hellwache Man-
schaft sorgen.

Mekong Eyes Cruise. 14 schöne
Doppelkabinen. Seminarstr. 33,
79102 Freiburg, Tel. 07 61/766 49 76,
in Vietnam: Tel. 07 10/378 35 86,
Mobil-Hotline: 09/33 36 07 86,
www.mekongeyes.com

Oben: Die Hang-Pagode besteht aus Höhlen-Schrein und Tempel-Pavillon.
Mitte: Die Bäuerin gehört der Cham-Minderheit an.
Unten: Fischzucht im Mekongdelta

die wertvollen Opfergaben zu sehen, etwa Perlen-ketten und sogar Goldbarren.

Ebenfalls nur wenige Kilometer südwestlich von Chau Doc befindet sich eine Gedenkstätte, die an die Massaker der Roten Khmer in Kambodscha erinnert: Die Roten Khmer drangen wiederholt in die vietnamesische Grenzprovinz ein, in Ba Chuc sind in nur zwei Wochen im April 1978 insgesamt 3157 Zivilisten auf grausame Weise getötet worden, von denen die hier ausgestellten Fotos zeugen. In einem futuristischen neuen Museum sind die Gebeine aufbewahrt.

Gondoliere mit Reishut

Ein beliebtes Ausflugziel mit vielen Wasservögeln im tiefen Mangroven- und Cajuput-Wald ist das Tra Su Cajuput Bird Sanctuary – hier herrscht eine fast mystische Stimmung, wenn man nicht gerade am Wochenende hierher kommt. Die Ausflugs-boote (»xuong ba la«) gleiten, gelenkt von grazilen Frauen, im Labyrinth stiller Kanäle dahin, wie auf einem grünen Teppich aus Wasserpflanzen. Rund-herum ragen die Wurzeln der Mangrovenbäume wie auf gespreizten Stelzen aus dem Wasser. Hier kann man Seidenreiher (*Egretta garzetta*) und Schwarzreiher erspähen, Störche, Enten und viele andere Wasservögel.

Chau Doc ist die letzte Stadt vor der kambodscha-nischen Grenze. Von hier ist es nur ein Tigersprung ins Nachbarland, die beiden so lange verfeindeten Länder fließen im Delta buchstäblich ineinander. Erst seit der Jahrtausendwende ist der Grenzüber-gang auch für Touristen geöffnet, und so setzen viele von hier mit Schnellbooten ihre Reise über den Mekong nach Kambodscha fort – beispiels-weise ganz stilvoll mit dem Speedboat des »Victoria-Hotel«.

Infos und Adressen

SEHENSWÜRDIGKEITEN

Ba Chuc. Tgl. 8–16 Uhr, ca. 55 km südwestlich von Chau Doc.

Tra Su Cajuput Bird Sanctuary. Beste Zeit: Juli bis Nov., tgl. 6–17 Uhr, Van Giao, Tinh Bien, ca. 25 km südlich von Chau Doc, An Giang, Tel. 076/387 74 23.

Via-Ba-Pagode (Ba Chua Xu). Tgl. 8–18 Uhr, Nui Sam, ca. 5 km südlich von Chau Doc.

ESSEN UND TRINKEN

Rund um die Markthalle an der Bach Dang kann man sich an Essständen und in den kleinen einheimischen Lokalen stärken.

Con Tien. Das zweistöckige »schwimmende« Lokal trumpft mit schöner Lage am Fluss und gutem Preis-Leistungs-Verhältnis für vier- bis fünfgängige Menüs, viele Meeresfrüchte und Fisch. Tgl. 10–21 Uhr, Tran Hung Dao, Tel. 076/386 88 91.

Memory Delicatessen. In dem WiFi-Café munden Kuchen und Süßigkeiten, aber auch Curries, Pizza und Burger. Tgl. 7–ca. 20 Uhr, 57 Nguyen Huu Canh, Tel. 076/629 37 69.

ÜBERNACHTEN

Hai Chau. Das Provinzhotel überzeugt mit 16 zweckmäßigen Schnäppchenzimmern (moderne Bäder) und hilfsbereitem Personal, einige Balkonzimmer, die nach hinten sind ruhiger. 63 Suong Nguyet Anh, Tel. 076/626 00 66, http://haichauhotel.com

Victoria Nui Sam Lodge. Nach 20 Jahren endlich fertig: die Luxusherberge auf dem Sam-Berg. Die rustikal-eleganten Bungalows sind über Treppen am Hang miteinander verbunden, auch aus dem Pool Traumpanorama. 1 Vinh Dong, Nui Sam, Tel. 076/357 88 88, www.victoriahotels.asia

INFORMATION

Mekong Chau Doc Travel. 14 Nguyen Huu Canh, Mobil-Tel. 09/18 66 92 36, www.mekongchaudoctravel.com

Traumpanorama in der Victoria Lodge auf dem Sam-Berg: Hier kommt der Cocktail mit einem Lächeln und weitem Horizont.

10 Ha Tien
Grenzgänge in der »Halong-Bucht des Südens«

Es ist noch gar nicht so lange her: Ha Tien war einst ein abgelegenes Schmugglernest an der kambodschanischen Grenze.
Das hat sich seit der Öffnung des nahen Grenzübergangs Xa Xia in 2007 auch für Touristen grundlegend geändert: Heute ist die kleine Hafenstadt ein Durchgangsort für Rucksackreisende auf ihrem Strände-Parcours von Zentralthailand über Kambodscha bis nach Südvietnam.

Das angenehme Küstenstädtchen (40 000 Einwohner) am Dong-Ho-Ostsee und Giang-Thanh-Fluss verbirgt sich im äußersten Südwesten Vietnams, ca. 10 Kilometer südlich der Grenze nach Kambodscha: Der Alltag ist geprägt von Landwirtschaft und Fischfang (bis auf eine riesige Zementfabrik), die Innenstadt besitzt einige schöne Kolonialgebäude im Altstadtkern zwischen den Straßen Tuan Phu Dat und Tham Tuong Sanh. Die meisten Touristen nehmen die modernen Katamaran-Tragflächenboote oder Fähren zur einstündigen Weiterreise auf die vorgelagerte Ferieninsel Phu Quoc (S. 82).

Des Deltas einzige Strände

Dabei lohnt die schöne Umgebung durchaus einen längeren Aufenthalt: Immerhin nennen die Vietnamesen die Gegend die »Halong-Bucht des Südens«: bekannt für die einzigen Strände am Festland im Mekongdelta und bizarre Felsformationen im Golf von Thailand. Vier Kilometer südlich der Stadt kann man sich auf der Landzunge von Mui Nai am Strand erholen, wo sich fotogene Felsgruppen im Meer erheben. Auch auf der Hon-Chong-Peninsula

Das mehr gestaffelte Dach der Chua Tam Bao-Pagode in Ha Tien scheint in den Himmel zu wachsen.

Einer der wenigen Badestrände im Delta: der Mui Nai Beach.

bei Bai Duong (ca. 20 Kilometer südlich) warten weitere Sandstrände mit Fischlokalen unter Kasuarinen, einem bedeutenden buddhistischen Tempel (Chua Hang) und einigen säulenartigen Felsnadeln im Meer, wie die Hon Phu Tu (»Vater-Sohn-Insel«).

Ein Hügel voller Grabmäler

Eine Handvoll geschichtsträchtiger Tempelgrotten, z. B. die Tach-Dong-Grotte, und einige wichtige Dynastie-Grabmäler aus dem frühen 19. Jahrhundert, etwa die der Familie Mac auf dem Nui Lang, sind vor allem für die vietnamesischen Besucher von Bedeutung. Die aristokratische Familie des chinesischen Ahnherren und Stadtgründers Mac Cuu hatte dem ersten Kaiser der Nguyen-Dynastie aus Hue, Gia Long (1762–1820, reg. 1802–1820), während des Tay-Son-Aufstands Zuflucht gewährt. Als Dank ließ Gia Long 1809 die Familiengrabstätte, das Mac-Cuu-Mausoleum, auf dem »Hügel der Gräber« nahe der Stadt erbauen: im traditionell – chinesischen Stil mit mehrfach gestaffelten Ziegeldächern, Wächterstatuen und den mythologischen Tieren wie Phönix, Drachen, Karpfen, Löwen und Tigern sowie filigranen Wandmalereien – mittlerweile rund 60 Gräber in schöner Lage. Im Stadtzentrum steht eine Statue des Helden Mac Cuu.

Infos und Adressen

SEHENSWÜRDIGKEITEN
Lang Mac Cuu. Tgl. ca. 7–18 Uhr, Nui Lang, am Ende der Mac Tu Hoang, ca. 3 km nordwestlich vom Zentrum.

ESSEN UND TRINKEN
Oasis. Beim Briten Andy gibt es deftiges Frühstück, britische und internationale Kost, Tgl. 9–ca. 21 Uhr, 42 Tuan Phu Dat, Tel. 077/370 15 53, www.oasisbarhatien.com

Thuy Tien. Das schwimmende Lokal bietet guten Kaffee und kleine vietnamesische Gerichte, WLAN inklusive. Tgl. 7–21 Uhr, Dong Ho, Tel. 077/385 18 28.

ÜBERNACHTEN
Hon Trem. Das kleine Spa-Resort liegt direkt am Meer. Die Balkonzimmer und Bungalows haben eine tolle Aussicht und große Bäder; mit großem Außenpool. Dorf Binh An, Tel. 077/385 43 31.

INFORMATION
Ha Tien Tourism. 1 Phuong Thanh, Tel. 077/395 95 98.

11 Rach Gia
In der geschichtsträchtigen Hafenstadt

Rach Gia gilt als »Sprungbrett« auf dem Weg zur Ferieninsel Phu Quoc. Abseits des touristischen Trampelpfades und des achtspurigen (!) Tran-Phu-Boulevards kann man in der Hafenstadt tatsächlich noch einige Preziosen und stille Ecken entdecken – in einer fast ausländerfreien Zone mit authentischem Flair ...

Die wohlhabende Hafenstadt am Golf von Thailand und dem »kanalisierten« Cai-Lon-Fluss erstreckt sich zwischen einem verwirrenden Geflecht aus Wasserhyazinthen-bedeckten Kanälen. Im Hafen schwanken mehr als hundert Kähne und Kutter – der Fischfang ist noch immer eine der wichtigsten Einnahmequelle der rund 200 000 Einwohner. Die Wasserwege sind gesäumt von Promenaden im Schatten von Palmen, etwa am Thoai-Ha-Kanal, und einem bunten Häusermeer, dessen Wellblechdächer in der Sonne glitzern. Aber auch beeindruckende Kolonialbauten und viele Gotteshäuser sind hier zu bewundern.

Eine wechselhafte Historie

Ein Rückblick: Das Mekongdelta war jahrtausendelang von verschiedenen Völkern Asiens besiedelt, hier bei Rach Gia kann man sich auf Spurensuche begeben. Die spärlichen Überreste der antiken Stadt Oc Eo (Funan-Reich; 1. bis 7. Jahrhundert) liegen zwölf Kilometer östlich von Rach Gia. Im Bezirk Thoai Son am 210 Meter hohen Nui Ba The begannen französische Archäologen 1942 mit den Ausgrabungen. Wegen des jährlichen Schwemmlandzuwachses befindet sich diese archäologische

Oben: Im Hafen von Rach Gia laufen auch die Boote nach Phu Quoc aus.
Unten: Am Thoai-Ha-Kanal kann man gemütlich an der Promenade flanieren.

Infos und Adressen

Stätte der Hafenstadt Oc Eo heute rund 30 Kilometer weit im Landesinneren!

Funan (bzw. Oc Eo) fiel im 7. Jahrhundert an das asiatische Reich Chen La, das wiederum im Reich der Khmer aufging. Für rund tausend Jahre beherrschten nun die Khmer aus dem Nachbarland Kambodscha unter der Hochkultur von Angkor das sumpfige Delta.

Im hübschen Historischen Museum von Rach Gia, einer prachtvollen reichlich mit Stuck verzierten Kolonialvilla, wird einiges der geschilderten Historie vorstellbar anhand von Ausgrabungsfunden wie Keramiken und Münzen und einem Wal-Skelett. Am nördlichen Ufer wartet der Nguyen Trung-Truc-Tempel in der Nguyen Cong Tru Street mit mehrfach gestaffeltem Dach: Hier ist Nguyen Trung Truc (gest. 1868) bestattet, ein lokaler Held aus dem antikolonialen Kampf gegen die Franzosen, der auch als Statue im Stadtpark schwertschwingend zu sehen ist. In der Nähe befinden sich mehrere sehenswerte Tempelstätten in der Quang Trung Street, z. B. die Phat-Long-Pagode der buddhistischen Khmer-Gemeinde mit farbenprächtigen Wandbildern aus dem Leben des Erleuchteten.

Wunderschöner Kolonialbau: Im Museum von Rach Gia geht man auf eine Zeitreise bis weit vor 1 500 Jahren.

SEHENSWÜRDIGKEITEN

History Museum. Mo–Fr 7.30–11.30, 13.30–16.30 Uhr, Sa 7.30–11 Uhr, 27 Nguyen Van Troi.

ESSEN UND TRINKEN

Ca Phe Tropical (Tropical Coffee). Gartenlokal zum Chillen: In der Oase genießt man Eis, vietnamesische Kaffeevariationen und Drinks auf zwei Blockhausetagen zwischen Bambus, Lampions, Sofas und Loungesesseln; auch gibt es einige kleine Gerichte wie Pizzas. Tgl. 6–22 Uhr, 316D Lam Quang Ky, Vinh Lac, Mobil-Tel. 09/33 55 41 71.

Quan So 1. Das BBQ-Restaurant ist abends gut besucht; hier brutzeln Meeresfrüchte, Fisch und Gemüse-Leckereien. Tgl. 8–22 Uhr, 82 Lac Hong, Tel. 077/394 11 18.

ÜBERNACHTEN

Hoa Binh Rach Gia Resort. An der Uferpromenade kann man es in dem schicken Hotel ein paar Tage aushalten: 80 komfortable Zimmer, ein großer Pool im tropischen Garten, gutes Lokal am Wasser. 3–7 Co Bac, Tel. 077/355 33 55, www.hoabinhrachgiaresort.com.vn

INFORMATION

Kien Giang Tourist. 11 Ly Tu Trong, Tel. 077/396 20 24.

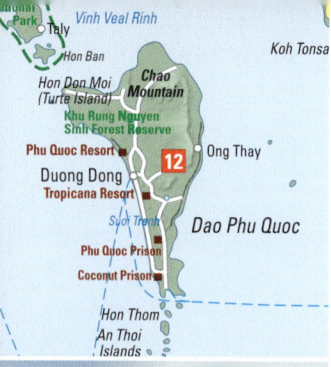

12 Phu Quoc
Die »Insel der 99 Berge«

Wer sich in Vietnam dahin wünscht, wo der Pfeffer wächst, landet unweigerlich auf Phu Quoc. Nicht das schlimmste aller Schicksale: Berühmt für ihre Pfefferplantagen und die Fischsauce Nuoc Mam, mausert sich die größte Insel Vietnams derzeit unaufhaltsam zum allseits beliebten Ferienparadies mit endlosen Stränden, Kokospalmen und Dschungelkulisse.

Die mit rund 60 000 Hektar größte Insel Vietnams mit rund 90 000 Insulanern schwimmt im Golf von Thailand und wird ihr Gesicht in den kommenden Jahren stark verändern. Grund sind die verlockenden Tauchreviere und vor allem die insgesamt 40 Kilometer langen Strände, an denen teils heute schon rege Bautätigkeit herrscht. Noch gibt es die kleinen familiären Bungalowanlagen und windschiefen Bretterbuden-Strandbars, oft nur zu erreichen über staubige oder schlammige Lateritpisten. Bis 2020 geplant ist eine »Special Economic Zone« mit Luxushotels, Kasino, Kreuzfahrtpier und nicht einem, sondern gleich drei Golfplätzen. Eine Art vietnamesisches Phuket schwebt den Planern vor, und dazu gehören nach einheimischem (bzw. US-vietnamesischem und chinesischem) Gusto auch gigantische Ferienhausanlagen und Apartmenttürme – bei näherer Betrachtung wird einem ganz schwindelig.

Berge und Wasserfälle

Doch noch immer bedeckt der bergig-wilde Nationalpark im Norden zu zwei Dritteln das Eiland. Das Gebiet ist Teil eines Welt-Biosphärenreservats der Unesco und größtenteils noch immer gesperr-

Oben: An den Stränden von Phu Quoc gibt es jede Art von Vergnügungen, von Wassersport bis Sundowner-Cocktails.
Unten: Die Insel, wo der Pfeffer wächst: Phu Quoc – echt scharf.

Einfach gut !

tes Militärgebiet – das einst verfeindete Nachbarland Kambodscha liegt quasi in Sichtweite, nur 12 Kilometer entfernt. Hier erheben sich bis zu 600 Meter hohe Berge, etwa der Chua, und majestätische *Dipterocarpus*-Baumriesen. Die 2001 gegründete Naturschutzzone besteht aus Mangroven an der Küste sowie Buschland und Grassavanne, wo sich mehr als hundert Vogelarten heimisch fühlen, z. B. Nashorn- und Eisvögel, Seeadler und Fischeulen, ebenso wie 28 Säugetierspezies, darunter Sambarwild, Zibet-Wildkatzen und Languren. Zur Flora zählen mehr als tausend Pflanzenarten, wie 23 Orchideengattungen. Abenteuerlustige können einige der bis zu fünf Kilometer langen Pfade »erwandern«, vorbei an meterhohen Brettwurzeln der Baumgiganten und zierlichen Rattanpalmen – und vielleicht lassen sich das eine oder andere Wildschwein, Eichhörnchen oder gar eine Kolonie Makaken blicken. Im Rahmen einer geführten Tour geht es zum nicht ausgeschilderten Da-Ngon-Wasserfall.

Strände ohne Ende

Der bekannteste Strand ist der 20 Kilometer lange Bai Truong: Der Long Beach an der Westküste hat die höchste Konzentration an Bungalows, Hotels und Beach Bars – aber derzeit leider auch nicht wenige Baustellen, was für fast alle Strände gilt... Doch bis zum tiefen Süden mit dem Fischerhafen An Thoi an der Südspitze der Insel wird die goldgelbe Sandpiste meist nur unterbrochen von Felsen und Fischerdörfern. Es findet sich immer ein schattiges Plätzchen unter Kokospalmen. Wer Trubel und Abwechslung braucht bezieht sein Quartier im nördlichen Abschnitt mit Luxushotels und dem weitläufigen Long Beach Village im Hinterland: kleine Läden, Bars und Restaurants. Je weiter südlich desto einsamer wird es. Im Norden

VIETNAMS BESTE TAUCHGRÜNDE

Auf der Insel muss man nicht »nur« am Strand liegen – PADI-Tauchschulen warten auf Erlebnishungrige, denn Phu Quocs Tauchrevier gehört zu den besten landesweit. An Korallenriffen tummeln sich Seepferdchen, Riffhaie, Stachelrochen, Barrakudas, Riesenkugelfische und Seeschlangen. Beliebt sind die Schildkröteninsel Hon Doi Moi im Nordwesten mit eher flachem Gewässer sowie das An-Thoi-Archipel mit 26 Inselchen im Süden. Hier herrschen meist optimale Konditionen mit Sichtweiten von bis zu 15 Metern (beste Tauchzeit: Nov. bis April).

Rainbow Divers. Der größte PADI-Tauchanbieter Vietnams, 11 Tran Hung Dao, Duong Dong, Mobil-Tel. 09/13 40 09 64, www.divevietnam.com

Vietnam Explorer PADI Dive Center. 36 Tran Hung Dao, Duong Dong, Tel. 077/384 63 72 und Mobil-Tel. 016/95 33 37 27, www.vnexplorer.jimdo.com

schließt sich der geschwungene und meist noch ruhige Bai Ong Lang an, der mit felsigen Abschnitten durchsetzt ist, sowie der sichelförmige Bai Vung Bau mit Strandlokal.

Auf dem Weg zu Phu Quocs schönstem Strand, dem Bai Sao im Süden, kann man das Phu Quoc Coconut Tree Prison Museum mit seinen Baracken nahe dem Ort An Thoi besichtigen: mit Wachtürmen, Fotos und lebensgroßen Figuren, die Soldaten, Wächter und die einst hier 40 000 inhaftierten Vietcong-Kämpfer darstellen. Die einst so idyllische Postkartenkulisse vom Bai Sao, dem schneeweiß leuchtenden »Sternen-Strand«, hat sich herumgesprochen: Mittlerweile zieht es täglich Hunderte Tagesbesucher hierher zum Strandvergnügen in

Oben: Phu Quocs Bevölkerung lebt meist noch vom Fischfang, wie hier im Dorf Ganh Dau.
Mitte: Aber auch mit den Touristen lässt sich einiges verdienen, etwa mit verlockendem Obst.
Unten: Kulinarische Opfergaben im Dorf Ham Ninh

GUT ZU WISSEN

STRANDVERGNÜGEN MIT TÜCKEN

So schön die Strände Phu Quocs auch sind: Mit mangelhafter Sauberkeit, Trubel und Jetskis muss der Sonnenanbeter rechnen, v. a. am gut besuchten Bai Sao. Rund um die Insel verstecken sich zwischen den Felsen lauter idyllische Mini-Strände, die aber oft nur nach einer Kletterpartie oder über staubige Pfade zu erreichen sind. Je einsamer der Strand, desto mehr Vorsicht ist geboten, etwa am idyllischen Bai Vung Bau, wo man gut auf seine Sachen aufpassen sollte.

Auf Insel-Entdeckungstour

Phu Quoc ist die größte Insel Vietnams: Auf Erkundung warten Strände und Fischerdörfer, wie Ganh Dau im Nordwesten, der Marktflecken Ham Ninh und An Thoi im Süden, Kaskaden und Höhlen sowie der Hauptort Duong Dong. Nicht verpassen zu probieren, sollte man die weit über die Insel hinaus bekannte Fischsoße (Nuoc Man). Diese ist dort aus der heimischen Küche nicht wegzudenken.

Ⓐ Duong Dong. In der Inselmetropole bummelt man rund ums Hafenbecken zur Dinh-Cau-Pagode, im Oktober findet hier auch das Tempelfest statt. Die lebhafte Kleinstadt ist als Zentrum des Handels auf der Insel bekannt.

Ⓑ Pfefferplantagen. Wenn man jemanden antrifft, der Englisch spricht, kann man sich durch eine der Plantagen führen lassen und frischen Pfeffer kaufen. Mo–Fr 8–ca. 16 Uhr, z. B. bei Duong Dong und Cua Can.

Ⓒ Suoi Tranh. Kleinere Wasserfälle und -strudel wie diese beliebte Quelle lassen sich im Südosten der Hauptstadt auf kurzen Spaziergängen erkunden, mit Badebecken in oder nach der Regenzeit im Oktober bis April. Tgl. 7–17 Uhr.

Ⓓ Nationalpark. Für Wanderungen startet man am besten im Norden nahe der Dörfer Ganh Dau, Rach Vem oder Rach Tram (Zugänge auch am Highway zwischen Duong Dong und Bai Thom, Wasser mitnehmen!). Tgl. 7–16 Uhr, www.phuquocislandguide.com

Ⓔ Phu Quoc Coconut Tree Prison Museum (Cay Dua Prison). In dem ehemaligen Gefängnis kann man sich ein Bild machen von der Zeit als Phu Quoc noch eine gefürchtete Gefängnisinsel war.

Ⓕ Paradiso. Sonnenanbeter können sich am Bai Sao eine Pause unter Palmen gönnen, in den Strandliegen lümmeln und Cocktails genießen, Kajaks und Windsurfbretter gibt es auch. Tgl. ca. 7–18 Uhr, am Bai Sao.

Ⓖ Ngo Chien Pearl Farm. Die Perlenfarm mit Ausstellung zieht meist asiatische Touristen zum Einkaufen an. Tgl. 10–16 Uhr, Ap Duong Bao, Xa Duong, ca. 8 km südlich von Duong Dong, Tel. 077/398 89 99.

Ⓗ Dinh Cau Night Market. Zum Abschluss schlemmt man sich auf dem Nachtmarkt in Duong Dong von Imbissstand zu Imbissstand: spottbilliger Fisch, Riesengarnelen und andere Meeresfrüchte, BBQ und Hotpots. Tgl. ab 17–ca. 21 Uhr, Vo Thi Sau.

Das Wasserpuppentheater gefällt nicht nur Kindern.

Hängematten, auf Sonnenliegen und Bananenbooten. Ausweichen kann man auf den lebhaften Fischerstrand Bai Kem an der äußersten Südspitze, wo Frühaufsteher auch einen Fischermarkt besuchen können.

Vom Beach in die »City«

Die »Attraktionen« in der Inselmetropole Duong Dong (ca. 60 000 Einwohner) am gleichnamigen Fluss halten sich in Grenzen: Um das Hafenbecken mit Leuchtturm und bunter Fischfangflotte lohnt sich ein Bummel mit Abstecher in die kleine Dinh-Cau-Pagode zur Thien-Hau-Meeresgöttin – das Tempelchen scheint auf den Felsen zu balancieren und ist im Oktober Mittelpunkt des alljährlichen Tempelfests. Außerdem kann man dem kleinen engagierten Heimatmuseum einen Besuch abstatten. In den Fischsaucenfabriken wird in der Woche vormittags demonstriert wie »nuoc mam« hergestellt wird, insgesamt immerhin rund zehn Millionen Liter pro Jahr: Die gesalzenen »ca om«-Sardinen werden in Fässern etwa ein Jahr gelagert und fermentiert, bevor der Sud in Flaschen abgefüllt wird. Acht Kilometer südlich von Duoung Dong lockt die Ngo-Chien-Perlenzucht bei Duong To Besucher an.

Infos und Adressen

Edle Perlen aus der Perlenzuchtfarm in Phu Quoc

ESSEN UND TRINKEN

725. Das einfache Strandlokal versorgt tagsüber die Ausflügler und Sonnenbadenden mit vietnamesischen Gerichten und kleinen Snacks. Tgl. 7–ca. 18 Uhr, Bai Ganh Dao.

Palm Tree. Beliebt ist das Tisch-BBQ in dem rustikalen Familienlokal, serviert werden auch Wiener Schnitzel, Burger, Pizza und Cocktails. Tgl. 10–22 Uhr, Beachstraße Tran Hung Dao, Bai Truong, Tel. 09/78 99 80 27.

Safari Restaurant & Bar. In der Kneipe von Lee und Sinh gibt es Burger und vietnamesische Kost, Bier und Weine, sonntags BBQ-Büfett, große Sport-Leinwand und Billard. Tgl. 12–2 Uhr, Du Ngoan, 167 Tran Hung Dao, Mobil-Tel. 09/05 22 46 00.

ÜBERNACHTEN

Chen Sea (vormals: Chen La). Allein die tollen Open-air-Duschen sind einen Aufenthalt in dem Luxushotel wert, das außerdem punktet mit großen Parkettzimmern in 36 Villen (Privatpool, Jacuzzi), Pool im Palmengarten, Liegewiese, Koch- und Salsakurse, Massage, Meditation und Tai Chi. Bai Xep, Bai Ong Lang, Tel. 077/399 58 95, www.centarahotelsresorts.com

Coco Palm Beach. Eher schlicht aber am schönsten Strand: 13 Ziegelstein-Häuschen verteilen sich in einem Tropengarten bei einer vietnamesischen Familie (Open-air-Bäder aus Natursteinen). Bai Ong Lang, Tel. 077/398 79 79, www.cocopalmphuquoc.com

La Veranda – MGallery Collection. Die elegante Herberge im Kolonialstil bietet 70 Balkonzimmer und Villen mit Meerblick, schöner großer Pool in einem üppigen Tropengarten. Bai Truong, Tel. 077/398 29 88, www.mgallery.com

INFORMATION

Phu Quoc Island Information Center. Unregelmäßig geöffnet, 26 Nguyen Trai, nahe Hafen in Duong Dong, Tel. 077/399 41 81.

Edel Wohnen: im La Veranda Resort

13 Nationalpark Ca Mau
Das letzte Paradies für Vögel

Vietnams südlichste Provinz Ca Mau ist ein Dorado für Ornithologen: Viele kommen den langen Weg hierher, nur um Störche, Pelikane oder andere Wasservögel zu beobachten. Das Vogelparadies ist nicht nur der südlichste Punkt Vietnams – hier am Kap, am Mui Ca Mau, endet auch Südostasiens Festland. Die gleichnamige Provinzhauptstadt hat sich als Vietnams größter Exporteur von Shrimps einen Namen gemacht.

Gehört das Mekongdelta zu den dichtbesiedeltesten Landesteilen, befindet man sich hier plötzlich in einem der menschenleersten Landstriche. 150 000 Hektar Sumpfgebiet bedecken die Provinz Ca Mau und U Minh, eines der weltweit größten zusammenhängenden Mangrovenwälder. Hier leben, wohnen und arbeiten die Vietnamesen auf dem Wasser, vorwiegend von Aquakulturen. Man kann im Städtchen Ca Mau am Ganh-Hao-Fluss den überdachten Markt am Phung-Hiep-Kanal und den farbenprächtigen Cao-Dai-Tempel in der Phan Ngoc Hien (Street) auf der anderen Kanalseite besichtigen. Für Vogelfreunde und Kinder lohnt sich der weitläufige Cultural Park, ein Minizoo mit Vögeln, Elefanten, Rehwild und Affen.

Ökologisch wichtige Mangrovenwälder

Die außerordentlich wichtigen Mangroven schützen die Küste als natürliche »Wellenbrecher« vor Erosion und Fluten, sie dienen als »Filter« gegen Salzwasser und als Lebensraum für viele bedrohte

Oben: Auch Wasserbüffel sieht man noch immer in Vietnam, wenn auch nicht mehr so oft bei der »Arbeit« im Feld, die heute oft auch Traktoren übernehmen…
Unten: Beim Bummel auf dem Markt in Ca Mau

Nationalpark Ca Mau

Viele Zugvögel zieht es in die Sümpfe im Mekongdelta.

Meerestiere und Vögel. Der 2003 gegründete und 100 Kilometer entfernte Nationalpark Mui Ca Mau (42 000 Hektar) am südlichsten Kap ist ein Unesco-Biosphärenreservat mit Pelikanen, Störchen und viele anderen Wasser- und Zugvögeln. Ebenso der 8000 Hektar große U Minh Thuong Nationalpark (35 Kilometer nordwestlich von Ca Mau): Im Boot gleitet man auf stillen Kanälen durch den Cajeput- (*Melaleuca*-) Wald, hier tummeln sich Otter, kleine Wildkatzen, Krokodile, Schlangen und andere Reptilien und Amphibien sowie 186 Vogelspezies, darunter Ibisse und Pelikane.

Ein Biotop in Gefahr

Die Produktion der ökologisch verheerenden Garnelenfarmen hat sich in den 1990er-Jahren verdoppelt. Aber auch für die umstrittenen Aquakulturen (Pangasius), Reisanbau und illegale Holzkohleproduktion wurden die Mangrovenwälder abgeholzt und in endlose Steppen verwandelt. Der mit 4842 Kilometern zehntlängste Fluss der Erde endet im Südchinesischen Meer in einer Schlickwüste. Die gigantischen Staudämme im oberen Flusslauf (China und Laos) sowie industrielle Sandminen graben ihm und den Reisbauern im Süden immer mehr Wasser ab. Der Meeresspiegel hingegen steigt an. So gehen pro Jahr 500 Hektar Land verloren.

Infos und Adressen

SEHENSWÜRDIGKEITEN

Cultural Park. Tgl. 8–17.30 Uhr, 2 km westlich des Stadtzentrums, kein Tel.

Mui Ca Mau Nationalpark (auch: Ngoc-Hien-Vogelschutzgebiet). Nur mit dem Boot ab dem Dorf Con Mui zu erreichen. Tgl. ca. 7–17 Uhr, ca. 100 km südwestlich von Ca Mau, Mobil-Tel. 09/387 05 44.

U Minh Thuong Nationalpark. Tgl. ca. 7–17 Uhr, Khanh Lam, ca. 35 km nordwestlich von Ca Mau, Mobil-Tel. 09/391 00 29.

ESSEN UND TRINKEN

Quan 257. Die Einheimischen schwören auf dieses unscheinbare Seafood-Lokal: riesige Krabben, Garnelen-Hotpot und Jakobsmuscheln vom Grill werden zu paradiesischen Preisen serviert. Tgl. 8–22 Uhr, 84 Phan Ngoc Hien Ecke 257 Ly Thai Ton, Tel. 078/03 83 21 94.

ÜBERNACHTEN

Nam Kieu. Das Minihotel bietet zweckmäßige Zimmer (Klimaanlage, TV, Minibar, teils Balkon) mit Bädern auf sechs Etagen, gutes Lokal. 151A Ngo Quyen, Tel. 078/03 58 97 77.

Ruby. In dem achtstöckigen Zwei-Sterne-Haus gibt es unterschiedliche Zimmer mit Klimaanlage und Duschbädern, westliches Frühstück und WLAN. 19–20A Hung Vuong, Mobil-Tel. 09/18 07 77 71.

INFORMATION

Ca Mau Travel. 1B An Duong Viong, Tel. 078/03 82 79 85, camautravel.vn

SÜDKÜSTE-VIETNAM

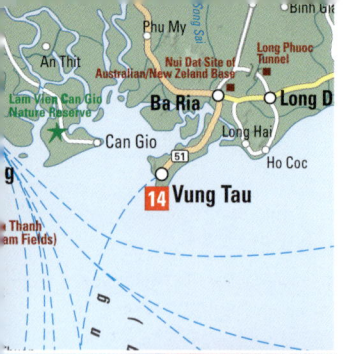

14 Vung Tau
Hafenstadt mit Surferszene

Wo sonst kann man einem Jesus schon über die Schulter schauen: Die 30 Meter hohe begehbare Jesus-Statue gibt der südvietnamesischen Hafenstadt einen Hauch von Rio de Janeiro. Baden könnte man hier auch, aber mal ehrlich: Strände gibt es andernorts schönere. Die Surfer allerdings wissen, wo die Wellen sich lohnen, und selbst aus Hawaii reist so mancher hier an ...

Die Hafenstadt (250 000 Einwohner) Vung Tau erstreckt sich auf einer hügeligen Halbinsel, die rund 120 Kilometer südöstlich von Saigon ins Südchinesische Meer ragt: eine »Sonderwirtschaftszone« mit reichen Ölvorkommen direkt vor der Küste, einem Tiefseehafen und Industriegebiet mit Öldocks, Werften und Fischverarbeitung im Norden der Halbinsel.

Rund um den Nho-Hügel

Einen Hauch von Rio verbreitet der »Catholic Buddha«, wie manch ein Reiseführer ihn nennt: 600 Stufen führen entlang von Bougainvilleen und intensiv duftenden Frangipani (*Plumeria rubia*; auch als Tempelblume oder westindischer Jasmin bekannt) auf den Nui Nho. Die riesige Jesus-Statue mit den weit ausgebreiteten Armen kann man im Innern über 130 Stufen erklimmen.

Ein paar hundert Meter weiter nördlich thront weithin sichtbar in 170 Metern Höhe auf dem Gipfel des Nui Nho der 1910 erbaute Leuchtturm. Wer ihn vom Ende der kurvenreichen Hügelstraße aus besteigt, wird mit einem Blick

S. 90/91: Am Mui Ne-Strand lässt man die Drachen steigen.
Unten: Vung Taus Jesus-Statue breitet über allen seine schützenden Arme aus. Im Innern kann man ihm bis auf die Schultern steigen ...

Stadtbummel

Im Verlauf der breit angelegten Küstenstraße gelangt der Spaziergänger zu den meisten Sehenswürdigkeiten Vung Taus.

A Jesus-Statue – Erst einmal Überblick verschaffen: Dazu steigt man die rund 600 Stufen auf den Nui Nho, im Innern der Statue sind es 130 Stufen. Tgl. 7.30–11.30, 13.30–17 Uhr (keine Shorts, Hot Pants, Trägerhemdchen usw.), Phan Chu Trinh.

B Leuchtturm - Auf dem Gipfel des Nui Nho in 170 Meter Höhe steht der 1910 erbaute Nui-Nho-Leuchtturm, auch diesen kann man über ein paar Stufen erklimmen – 360-Grad-Panorama! Tgl. 7.30–17 Uhr, Zufahrt über Ha Long Street.

C Chua Tinh Xa – Wegen des liegenden Buddhas ist das buddhistische Gotteshaus meist voll, aber auch sehr sehenswert. Von Weitem weist die

21 Meter hohe Flaggenstange den Weg. Tgl. 7–18 Uhr, Nui Nho, Tran Phu.

D Chua Thich Ca Phat Dai – Der weitläufige Tempel gibt einen anschaulichen Einblick in die Geschichte des Buddhismus und den Lebensweg Buddhas. Eine Seilbahn fährt auf den Berg hinauf, Tgl. 7–18 Uhr, Nui Lon, Tran Phu.

E Bach Dinh Museum (White Palace) – Maritime Schätze birgt die Ausstellung in dem ehemaligen französischen Gouverneurssitz. Tgl. 7 –11.30, 13.30–17 Uhr, 4 Tran Phu, Tel. 064/385 26 05.

F Lam Son Greyhound Racing – Hier gibt es zwölf Windhundrennen am Wochenende, bei denen man mit Einheimischen mitfiebern kann. Fr/Sa 19–22.30 Uhr, 15 Le Loi, Lam-Son-Stadion, Tel. 064/380 73 09.

SURF, SUP & MORE

Einfach gut !

Zwar gibt es in Vung Tau eine Reihe von Nightclubs, Karaoke-Bars und anderen zwielichtigen Etablissements, aber eine Bar hält sich seit 2006 als nächtlicher Fixstern der Traveller: Der Vung Tau Beach Club ist die einzige echte Strandbar und ein lebhafter Surfer-Treff. Hier versammelt sich die Szene bei BBQ und Snacks, kühlem Bier und leckeren Cocktails sowie mitreißenden Surfervideos. Lagerfeuer- und Themen-Partys gibt es immer freitags bis die Sonne wieder aufgeht. Nicht zu vergessen: Surf- und Kite-Ausrüstung sowie Unterricht, auch im trendigen SUP (Stand-Up-Paddling, dt. Stehpaddeln) sowie Hochseefischen. Eine gute Alternative zu den »Girlie-Bars« in Vung Tau …

Vung Tau Beach Club. Tgl. 8 Uhr bis open end, 8 Thuy Van, Bai Sau Beach (=Back Beach, gegenüber Sammy Hotel), Mobil-Tel. 094/302 19 01, www.vungtaubeachclub.com

übers Häusermeer bis weit ins Hinterland belohnt – bei guter Sicht über Kaffee- und Kautschukplantagen, Reisfelder bis hin zu den Sanddünen der Provinz Ba Ria Vung Tau.

Die 1969 bis 1974 am Westhang des Nui Nho erbaute Tinh-Xa-Pagode zieht viele Besucher wegen des zwölf Meter langen liegenden Buddhas an. Auf der Dachterrasse befindet sich das zwölf Meter lange, bepflanzte Drachenboot Thuyen Bat Nha, das das buddhistische Fahrzeug symbolisiert, mit dem die Menschen das »Meer des Leidens« durchqueren und überwinden können. Man beachte auch die dreieinhalb Tonnen schwere Glocke aus Bronze im Turm, die von den Gläubigen mit Wunschzetteln beklebt wird: Eine der Nonnen schlägt die Glocke mit einem Riesenbolzen an, damit die Wünsche in Erfüllung gehen.

Die Asche des Erleuchteten

Der interessante buddhistische Tempel Thich Ca Phat Dai befindet sich am Fuße des Nui Lon mit einem Park, in dem die verschiedenen Stationen aus Buddhas Leben anhand von großen Statuen dargestellt sind, etwa des auf Lotosblüten sitzenden Sakyamuni-Buddhas, der zweifellos den besten Blick über die Stadt hat. Der achteckige Bao-Thap-Turm soll des Erleuchteten Asche enthalten.

Der von den Franzosen 1898 erbaute strahlend-weiße Bach Dinh steht etwas oberhalb der Küstenstraße Tran Phu, eines der letzten schönen Kolonialgebäude: Der einstige Gouverneurssitz von Paul Doumer, in dem auch der letzten Kaiser Bao Dai und die südvietnamesischen Präsidenten Ngo Dinh Diem und Nguyen Van Thieu sich erholten, zeigt heute vor allem kunstvolle Mosaiken und maritime Ausstellungsgegenstände.

Infos und Adressen

Seaside Resort im Penthouse-Stil …

ESSEN UND TRINKEN

Ganh Hao 1+2. Seafood vom Feinsten in schönem Ambiente am Wasser, im Garten, am Pier oder klimatisiert drinnen – immer mit bester Aussicht. Tgl. 9–22 Uhr, 3 Tran Phu und 9 Ha Long (Uferstraße), Tel. 064/355 09 09, www.ganhhao.com.vn

Nine. Beliebtes Garten-Bistro und Bäckerei: gutes Frühstück, Brunch, Kuchen und Eis sowie italienisch-französische Küche. Tgl. 6–22 Uhr, 9 Truong Vinh Ky nahe Rex Hotel, Tel. 064/351 15 71.

ÜBERNACHTEN

Carmelina Beach. Für Familien mit Kindern gut geeignet ist das abgelegene Vier-Sterne-Hotel: Man wohnt in einem parkähnlichen Gelände in zweistöckigen Villen, am fast privaten Ho Tram Beach plätschert der schöne Salzwasserpool. Es gibt einen Spielplatz und Spa. Phuoc Thuan, Xuyen Moc (51 km von Vung Tau), Tel. 064/377 99 77, www.carmelinaresort.com

Petro House. Eleganter Kolonialbau mitten in der Stadt mit 71 preiswerten Komfortzimmern und Apartments, kleiner Pool im Innenhof, chinesisches Lokal und Kasino. 63 Tran Hung Dao, Tel. 064/385 20 14, www.petrohousehotel.com.vn

Pullman. Das noble erst 2015 eröffnete Designhotel bietet den gewohnten Fünf-Sterne-Komfort der Accor-Kette in 346 Zimmern, vier Restaurants und Bars, mit Konferenzzentrum und Pool. 15 Thi Sach, Tel. 064/355 17 77, www.pullmanhotels.com

Seaside Resort. Das stilvolle Resort liegt etwas steil am Hang und beeindruckt mit großem Pool und liebevoll dekorierten 50 Zimmern, besonders schön die acht »Penthouse-Suiten« mit Meerblick vom Balkon, zur Begrüßung gibt's einen Obstteller und Wein. 28 Tran Phu, Tel. 064/351 38 88, www.seasideresort.com.vn

INFORMATION

Vung Tau Tourist. 207 Vo Thi Sau, Tel. 064/385 64 45.

… mit windgeschütztem Pool und Schattenoase.

15 Phan Thiet – Mui Ne
Dünen und Canyons, Wellen und Wind

Ob Bodysurfen an der sonnenverwöhnten Küste oder Free Ride auf den Profi-Wellen, ob Kiten im perfekten Wind oder Stehpaddeln bei Flaute – die Mui-Ne-Halbinsel zieht viele Wassersportler und Sonnenanbeter an ihren 16 Kilometer langen Strand unter Kokospalmen. Im Hinterland wartet eine Wüstenlandschaft mit gold leuchtenden Sanddünen und Canyons, die nicht nur Foto-Amateure begeistern.

Ein Ausflug in die Zeit bevor Bikini, Flipflops und Surfbrett en vogue waren: Die Gegend um die heutige Hafenstadt Phan Thiet war über Jahrhunderte Teil des Herrschaftsgebiets der einst bedeutenden Cham, der einzigen moslemischen und heute noch existierenden Volksgruppe in Vietnam. Die charakteristischen Po-Shanu-Türme (an der Straße zwischen Phan Thiet und Mui Ne) zählen zu den ältesten Relikten aus dieser Epoche: das südlichst gelegene Cham-Heiligtum in Vietnam erhebt sich auf dem Ngoc-Lam-Hügel: Die drei kleinen der Königin Po Shanu gewidmeten Sandsteintürme stammen aus dem 8. Jahrhundert und sind weniger verziert als die berühmten Türme des ehemals hinduistischen Tempelkomplexes Po Nagar (s. S. 114) oder die Cham-Türme von Po Klong Garai (s. S. 106). Heute legen Gläubige im zentralen Turm am Lingam, dem Phallussymbol des Hindugotts Shiva, ihre Opfergaben nieder.

1306 stimmte der Dai-Viet-König Tran Anh Tong (1276–1320) aus der vietnamesischen Tran-Dynastie im Norden der Hochzeit zwischen seiner

Oben: Im Fischerhafen auf Mui Ne wabert das Aroma fangfrischer Meeresfrüchte durch die Luft.
Unten: Zu Ehren der Cham-Königin Po Shanu vor 1300 Jahren erbaut: Tempelturm bei Phan Thiet.

Nicht verpassen

Schwester Huyen Tran mit dem Cham-König Jaya Sinharvarman III. zu – im Austausch für drei Provinzen der Cham – und vergrößerte so auf friedliche Weise sein Reich. Als der Cham-Herrscher ein Jahr später verstarb sollte seine Gattin mit ihm verbrannt und bestattet werden. Doch die Königin von Champa konnte gerettet und nach Norden zurückgebracht werden. 1692 eroberte der Heerführer Nguyen Phuc Chu (1675-1725) die Region, die Cham waren zu dieser Zeit nur noch eine den Vietnamesen untergeordnete Minderheit im Reich der Nguyen-Fürstenfamilie aus Hue.

Von Walen, Fischen und Fischsauce

Die Provinzhauptstadt Phan Thiet mit rund 200 000 Einwohnern liegt am Ca-Thy-Fluss (rund 200 Kilometer westlich von Saigon) und ist bekannt für die Fischsauce »nuoc mam«, die in ganz Vietnam ausgeliefert wird und auf keinem Esstisch fehlen darf. Die Fischfangflotte zählt zu den größten in Vietnam – Frühaufsteher können rund um den Hafen an der Tran-Hung-Dao-Brücke dem Treiben mit zahllosen Kuttern zusehen. Auch ein Besuch auf dem wuseligen Fischmarkt lohnt am Morgen. Ansonsten hat die Hafenstadt nur wenige Attraktionen.

Ein hübscher pagodenartiger Wasserturm (1928 erb.) und das 1762 erbaute Van-Thuy Tu-Gemeindehaus sind die einzigen Sehenswürdigkeiten: In dem kleinen Tempel in der Fisherman Street ist ein 22 Meter langes Walskelett ausgestellt, das von Fischern verehrt wird. Der Kult um die Wale stammt von den Cham- und Khmer-Völkern. Sie huldigen bis heute den riesigen Meeressäugern als Schutzgötter, auch auf dem angeschlossenen Friedhof sind gestrandete

»FUN CUP«DER KITER

Wenn die Fischer schlafen gehen, kommen die Kitesurfer– Hunderte aus aller Welt alljährlich im Februar zum »Fun-Cup«. Mui Ne wird auch das Hawaii Vietnams genannt, einer der Hotspots der Surferszene weltweit: eine regenarme Region mit Windstärken zwischen 3 und 7, manchmal sogar 8. Dann kommen die Könner der Stufen 3 bis 6 auf ihre Kosten und jagen mit bis zu 80 Stundenkilometern übers Wasser. Beste Surferzeit sind September/Oktober bis Dezember und fürs Kiten ab November bis Mitte April; im Januar, wenn der Nordostmonsun schräg auflandig bläst, ist beides gut möglich. Insider wissen: beständige schräg auflandige Winde lassen den Enthusiasten kilometerlang auf langen Dünungswellen parallel zur Küste reiten.

Fullmoon Beach Resort/Jibes. www.fullmoonbeach.com.vn und www.windsurf-vietnam.com Wind Chimes Surf Center, www.kiteboarding-vietnam.com

Wale begraben. Etwas nördlich am Flussufer liegt die Duc-Thanh-Schule, heute mit Museum, wo kein Geringerer als Ho Chi Minh 1910 bis 1911 Chinesisch, Vietnamesisch und Kampfsportkunst gelehrt hat (als junger Mann noch unter seinem Namen Thanh). Eine große Statue erinnert an den Landesvater und Präsidenten, im Innern sieht man ein hölzernes Bett und Schreibtisch mit Tintenfass sowie ein paar heimatkundliche Ausstellungsstücke zu Flora und Fauna.

Mui Ne: Wie alles begann...

Doch der wahre Tourismusmagnet ist heute der palmenbestandene Strand auf Mui Ne. Bis vor rund 25 Jahren gab es landesweit keinen einzigen Strandbungalow. Auslöser für den Touristenboom soll die Sonnenfinsternis am 24. Oktober 1995 gewesen sein, als Mui Ne als einziger idealer Beobachtungsort in ganz Vietnam auserkoren worden war – und der Bilderbuchstrand somit auch von westlichen Investoren eher zufällig entdeckt wurde, da hatte ein deutsch-französisches Pärchen seinen Traum vom »Coco Beach«-Urlaubsdomizil schon wahrgemacht.

Mitte der 90er-Jahre des letzten Jahrhunderts stapfte man hier noch über eine Sandpiste, ein dichtes Palmendach über sich. Heute sorgt ein Schilderwald für Orientierung – unzählige Hotels, Cafés, Bars, Lokale und Taucherläden säumen den breiten mit Mosaiken ausgeschmückten Bürgersteig im Herzen von Mui Ne; es gibt Bustickets und Mietmopeds, Yoga und Massage (km 10–12). Viele Speisekarten liegen auch in Russisch vor, denn Mui Ne scheint inzwischen fest in der Hand von russischen Urlaubern zu sein. Weiter im Norden (ab km 16) rund ums Fischerdorf Ham Tien fühlen sich die Rucksackreisenden wie zu Hause.

Oben: Der Red Sand Canyon macht seinem Namen alle Ehre.
Unten: Phan Thiets fast 100 Jahre alter Wasserturm ist ein echter Hingucker.

Vom Strand in die »Wüste«

Wer früh aufsteht, erlebt die für Vietnam außergewöhnliche Naturkulisse mit Dünen und Canyons
noch in ihrem ursprünglichen und stillen Zustand –
ab neun Uhr wird es voll…

Ⓐ Thap Pho Shanu. Auf dem Weg nach Phan Thiet
vermitteln die drei Cham-Türme einen Eindruck
der einstigen Herrscher vom Reich Champa.
Tgl. 8–17 Uhr, Ngoc Lam, ca. 7 km westlich von
Ham Tien/Mui Ne.

Ⓑ Dinh Van Thuy Tu. Das tempelartige Gemeindehaus ist Anlaufstelle für Fischer und Seeleute, die
hier den »ca ong« verehren, den Wal als Schutzgott.
Tgl. 7–18 Uhr, Ngu Ong (Fisherman Street), Dinh
Tien Hoang, Phan-Thiet-City.

Ⓒ Ho-Chi-Minh-Museum. Neben der Duc-Thanh-
Schule befindet sich das typische kleine Museum
zu Ehren des Revolutionärs mit einigen Erinne-
rungsstücken. Di–So 7.30–11.30, 14–16.30 Uhr,
39 Trung Nhi, Phan-Thiet-City.

Ⓓ Red-Sand«-Canyon/Suoi Tien. Ein bisschen
texanische »Wild-West«-Atmosphäre herrscht in
der Mini-Schlucht bei Ham Tien (teils aufdringliche
»Freudenführer« und Händler).

Ⓔ Bao Trang/Bau Tranh. Die berühmten Sanddünen und drei Lotosseen liegen ca. 40 km nördlich
von Ham Tien, feste Schuhe, Wasser und Sonnenschutz sollte man mitnehmen. Am besten
5.30–6.30 oder 18 Uhr, Hoa Thang, Bac Binh.

Ⓕ Ke Ga. Wer sich auf die angerostete Wendeltreppe traut, hat nach 184 Stufen einen schönen Weitblick über Kap und Küste. Tgl. 8–16 Uhr, Ham Thuan
Nam, 25 km südwestlich von Mui Ne.

Ⓖ Ham Tien. Beliebt sind die kleinen Fischstände
südlich des Hafens in Ham Tien, v. a. abends wird
es hier voll beim Seafood-Schmaus (km 14–16).
Gekocht und gegrillt wird in improvisierten Küchen,
geschlemmt wird an Plastiktischen direkt am Meer.
Frischer geht's nicht!

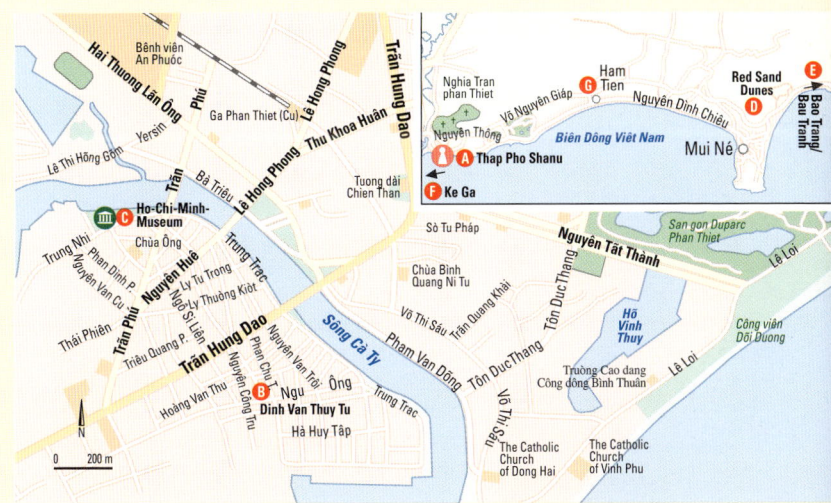

PER SEILBAHN ZU BUDDHA

Der Weg ist das Ziel – und wird von Buddha vielleicht belohnt: Ein tolles Ausflugziel in der Umgebung von Phan Thiet/Mui Ne ist der 700 Meter hohe Ta-Cu-Berg (auch: Takou) im gleichnamigen Naturschutzgebiet. Nach einer rund zweistündigen Wanderung durch den Wald ist der Gipfel erreicht. Hier ruht eine der längsten Buddhastatuen in Vietnam, der 49 Meter lange und drei Meter hohe Sakyamuni-Buddha (1963 bis 1966 erbaut), der auch viele Pilger ins mehr als 150 Jahre alte Kloster Linh Son Truong Tho zieht. Man kann auch in zehn Minuten mit der modernen Schweizer Seilbahn hochgondeln, während der Blick weit über die schöne Landschaft schweift.

Ta Cu Mountain. Kloster: tgl. 7–11, 13.30–17 Uhr, Seilbahn: 160 000 VND/=ca. 7 €, Ham Thuan Nam, Than Lap, ca. 30 km südwestlich von Phan Thiet.

Einfach gut !

Vietnamesische Klein-Sahara

Im kleinen Fischerhafen im Dorf Ham Tien herrscht früh morgens Trubel und Handel, er ist nicht zu verfehlen, immer der Nase nach: Körbeweise wechseln hier Muscheln, Fisch und Garnelen die Besitzer, wer will kann an den Fischständen und Imbissen fangfrische und spottbillige Jakobsmuscheln vom Grill verspeisen oder das Abendbrot hier gleich mitnehmen. Der Hafenanblick mit den farbenprächtigen Kuttern und Kähnen kann von Weitem idyllisch sein, mittendrin umwehen einen jedoch allerlei üble Gerüche.

GUT ZU WISSEN

»WERMUTSTROPFEN«

Je nach Jahreszeit, Wind, Wetter und Strömung kann der Strand teilweise stark erodiert und verschmutzt sein (besonders im Sommer und im östlichen Bereich). Und wer die umliegenden Fischerdörfer und -märkte besucht, sollte sich nicht an Müll, Dreck und allerlei Gerüchen stören – Fisch und Fischsauce riechen nun mal nicht wie Eau de Cologne und Vietnam ist nicht Schloss Neuschwanstein. Wer autenthisches Vietnam sucht, findet es in den Fischerdörfern.

Phan Thiet

Eine einstündige Wanderung im Hinterland des Fischerdorfs führt an einem Bach durch die rot leuchtenden und zerklüfteten Felsen des schmalen »Red-Sand«-Canyons bis zur Suoi Tien (Fairy Stream) – teils muss man durch den Bach waten – eine Quelle, die als Minikaskade inmitten üppig-tropischer Kulisse sprudelt. Doch die Hauptattraktion wartet am Ende der Halbinsel, ca. 40 Kilometer östlich von Ham Tien: Hier leuchten schon von Weitem die von Palmenwäldern und Südchinesischem Meer flankierten weißen Sanddünen. Man kann sich kaum sattsehen an dem schönen kontrastreichen Farbenspiel – am eindrucksvollsten morgens gleich nach Sonnenaufgang oder zum Sonnenuntergang. Im laut lärmenden dreirädrigen Quadbike und Jeep oder ökologisch-atmosphärisch sinnvoller in Plastiksitzschalen und zu Fuß geht es den Hang hinunter.

Über den mit Lotosblüten bedeckten Bau Tranh, den weißen Lotossee, bietet sich eine Ruderbootpartie an – eine idyllische Gegend aus drei Weilern, die seit den berühmten romantischen Gedichten von Nguyen Thong in 1867 landesweit verewigt sind.

Vietnams ältester Leuchtturm

Rund 25 Kilometer im Südwesten vom Mui Ne thront auf einer kleinen Felseninsel der 1897 von den Franzosen erbaute Leuchtturm vom Kap Ke Ga: mit 54 Metern der größte und älteste Leuchtturm Vietnams und noch immer in Betrieb. Man kann sich ein Boot chartern und die 184 Stufen auf der wackligen Wendeltreppe erklimmen. Den Ganh-Son-Canyon – ein altes US-amerikanisches Militärgelände am Festland – sollte man nur mit einem offiziellen Gästeführer aufsuchen, da hier gefährlicher Treibsand vorkommt.

Infos und Adressen

Die Bungalows des Coco Beach Resorts

ESSEN UND TRINKEN

Bamboo Bamboo. Spottbillig, winzig, familiär: Nudelsuppen, frischer Fisch sowie thailändische Currys werden hier serviert, manchmal dauert's etwas länger … Tgl. 8–22 Uhr, 81B Nguyen Dinh Chieu (Hauptstraße gegenüber vom Backpacker Hostel), Mui Ne, Mobil-Tel. 090/396 63 75.

El Latino. Latino-Rhythmen und Tanzunterricht (Donnerstagabend), mexikanische Leckereien, immer sonntags ist BBQ-Night. Tgl. 8–23 Uhr, 139 Nguyen Dinh Chieu, Mui Ne, Tel. 062/374 35 95.

Ganesh. Eine kleine Abwechslung gefällig? Das indische Lokal ist bekannt für authentisch-indische Küche, auch Vegetarier werden hier satt, freundlich-flinker Service. Tgl. 10.30–22.30 Uhr, 57 Nguyen Dinh Chieu, Mui Ne, Tel. 062/374 13 30.

Rung Forest. In dem alteingesessenen »Wald«-Lokal mit urigem Ambiente kann man vietnamesische Klassiker speisen bei Cham-Folkloreshows.

Tgl. 10–15, 18–ca. 23 Uhr, 67 Nguyen Dinh Chieu, Tel. 062/384 75 89.

Sandals. Man gönnt sich ja sonst nichts: Das Sandals ist eine feine Institution mit guter Weinkarte und originellem »Fusion-Food« bei Meeresrauschen und Kerzenlicht. Tgl. 7–23 Uhr, Happy Hour 18–19 Uhr, 24 Nguyen Dinh Chieu, im Mia Resort, Mui Ne, Tel. 062/384 74 40, www.miamuine.com

ÜBERNACHTEN

Anantara Mui Ne. Die Fünf-Sterne-Strandherberge bietet jeglichen Luxus in doppelstöckigen (Pool-)Villen in einem herrlichen Garten mit Lotusteichen, Golfen und »Wellnessen« kann man hier auch. 12A Nguyen Dinh Chieu, Mui Ne, Tel. 062/374 18 88, http://mui-ne.anantara.com

Cham Villas. Hier muss man frühzeitig buchen, das kleine Hideaway mit nur 18 palmwedelgedeckten Häuschen hat viele Stammgäste. Volker und Van leiten eine der schönsten kleinen Strandanlagen in Mui Ne, eine tropische Gartenidylle (mit deutscher Küche). 32 Nguyen Dinh Chieu, Tel. 062/374 12 34, www.chamvillas.com

Coco Beach Resort. Seit Jahrzehnten populär, die erste Bungalowanlage in Mui Ne überhaupt! Die 34 rustikalen Bungalows unter französisch-deutscher Leitung verteilen sich im Garten (bis heute: keine Fernseher!), Pool und Kinderbecken. 58 Nguyen Dinh Chieu (km 12,5), Mui Ne, Tel. 062/384 71 11,-3 www.cocobeach.net

Hoang Nga Guesthouse. Kleine Gartenoase in der zweiten Reihe: liebenswürdige vietnamesische Gastgeber, große saubere Reihenzimmer mit Duschbad und Klimaanlage, WLAN und selbstgebrannter Schnaps unterm Mangobaum – und das alles zum Schnäppchenpreis … Hier fühlt man sich wie bei Freunden zu Hause. 49 Huynh Thuc Khang, Mui Ne, Tel. 062/655 94 99.

Mui Ne Backpackers Resort/Backpacker Village. Rucksackreisende sind ja auch nicht mehr das, was sie mal waren – und so geht es hier ziemlich »luxuriös« zu: Kabel-TV, Privatbäder, Pool und Sonnenliegen im gepflegten Garten; ein paar Schlafsaalbetten gibt es auch. 88 Nguyen Dinh Chieu, Mui Ne, Tel. 062/384 70 47, www.muinebackpackers.com

White Sands. Die 25 Zimmer und Reihenhäuschen der Mittelklasse verteilen sich im Garten und am ruhigen breiten Strand einige Kilometer abseits des Trubels, schöne Zimmer mit Korbmöbeln, Pool, Strandbar. 8 Nguyen Thong (km 8), Phu Hai, Mui Ne, Tel. 062/374 11 75, www.whitesandresort.com

Xin Chao. Tien und Paul bieten in ihrem Hotel unterschiedlich große Zimmer rund um einen kleinen Pool, ein eigenes Indigo-Restaurant und eine gut ausgestattete Bar. 129 Nguyen Dinh Chieu, Ham Tien, Mui Ne, Tel. 062/374 30 86, www.xinchaohotel.com

AUSGEHEN

Joe's Art Café. Die meisten kommen zu Joe nicht wegen Kunst oder Speisekarte (Burger, Steaks, Mexikanisches, Eiscreme), sondern der guten Live-Bands wegen (tgl. ab 18.30 Uhr), gute Weine, Bier (auch deutsches) und Chocolate-Martinis gibt es auch. Tgl. 7–24 Uhr, 86 Nguyen Dinh Chieu, Mui Ne, Tel. 062/384 71 77, http://joescafemuine.com

Pogo Bar. Bei Billard oder Beach-Volleyball, Bier aus Eimern oder Shisha trifft man sich am Strand im Feuerschein – selbst wenn anderswo schon längst geschlossen ist. Tgl. ab ca. 9–1 Uhr, 138 Nguyen Dinh Chieu (km 16), Mui Ne, Mobil-Tel. 093/801 84 14, www.thepogobar.com

The Hot Rock. Kühles Bier, Wein und Gesang: In der kleinen preiswerten Open-air-Bar spielt und singt der Chef Mike selbst, wenn er nicht gerade seine Gäste bedient. Tgl. 16–23 Uhr, 79A Nguyen Dinh Chieu, Mui Ne, Mobil-Tel. 012/22 71 09 36.

EINKAUFEN

Phi Long Sandpainting. Die typisch vietnamesischen »Sandmalereien« (»tranh cat«) mit kunstvollen traditionellen Bildern und als individuelle Porträts erhält man in diesem Workshop: Die Motive werden aus verschiedenfarbigen Sandschichten hinter Glas aufgeschichtet, zum Beispiel Ho Chi Minhs Antlitz, weitere vietnamesische Motive wie Reisfelder oder ein Mächen im geschlitzten Hosenkleid »ao dai« oder auch der Weihnachtsmann… (ab 15 €). Alley 4444, Thu Khoa Huan Street, Than Hai, in Phan-Thiet-City, Tel. 062/36 25 14 78 und Mobil-Tel. 091/304 79 66.

INFORMATION

Viele Tourenveranstalterbüros entlang der Hauptstraße, außerdem: www.muinebeach.net http://muine-explorer.com

In der Cham Villa ist der Pool von Palmen gesäumt.

Con Dao Islands

Hon Tre Nho **16** Dong Bac Point
Con Dao Museum Hon Con Son
Hon Tre Lon Con Dao Hon Cau
Hon Ba Hon Bay Canh
Former French Prison Ca Map Point
Hon Vung **Con Dao Nat. Park**

16 Con Dao
Traumhafte »Teufelsinsel«

**Der abgelegene Archipel aus 16 Eilanden
entwickelt sich gerade erst als neue
Urlaubsdestination: Trendsetter ist das
»Six Senses Con Dao« mit einem ultra-
schicken Hideaway auf Con Son. Kein
Wunder: Dschungel und einsame Strände
am türkisschimmernden Ozean – und der
Butler bringt den Cocktail. So mausert
sich die einstige »Hölle auf Erden«, eine
ehemals berüchtigte Gefängnisinsel,
zu einem Badeparadies…**

Die bergige Hauptinsel Con Son (ca. 185 Kilometer
südlich von Vung Tau) hat eine eher unrühmliche
Vergangenheit: Sie wurde ab 1862 von den Franzosen und später von den Südvietnamesen und
Amerikanern als Internierungsstätte für politische
Gefangene und Regimegegner benutzt. Mehr als
12 000 Vietnamesen wurden in den als »Tiger-
käfige« bezeichneten Zellen des berüchtigten
Lagers gefangen gehalten und gefoltert. Zu den
berühmtesten Häftlingen gehörte Ton Duc Thang
(1888–1980), der Stellvertreter Ho Chi Minhs
und spätere Präsident Vietnams, der ganze
17 Jahre auf der »Teufelsinsel« inhaftiert war.
Heute kann man die beiden Gefängnisse Phu Hai
und Phu Thuong mit einem empfehlenswerten
Museum besichtigen.

Ein naturgeschütztes Juwel

Die rund 5000 Insulaner leben hauptsächlich als
Fischer, einige tausend vietnamesische Soldaten
sind hier stationiert (die von einigen Asien-Anrai-
nern beanspruchten und v. a. 2015 erneut stark
umstrittenen Spratley Inseln, die von Vietnam,

Oben: Meeresschildkröten
legen auf Con Dao ihre Eier.
Unten: Paradies und Hölle liegen
hier eng beisammen – das Gefängnis von Con Dao.

Con Dao

Phillipinen, Malaysia, Indonesien, China und Taiwan beansprucht werden, sind nicht weit entfernt). Korallenriffe umgeben die Eilande mit traumhaft schönen Sandstränden. In Zukunft soll der Tourismus auf Con Dao stärker ausgebaut werden. Am einsamen Bai Dam Trau auf Con Son kann man sich in Sonnenstühlen unter schachtelhalmblättrigen Kasuarinen in einem einfachen Strandlokal ausruhen – wer weiß, wie lange noch.

Das Archipel steht seit 1993 als rund 40 000 Hektar großer Meeresnationalpark unter Naturschutz und begeistert vor allem Taucher (am besten zwischen April und Mai). Das Inselreich zeichnet sich durch eine hohe Biodiversität in vier Ökosystemen aus – mit reichhaltiger Flora und Fauna: über tausend Pflanzenarten, 62 Vogelspezies, viele Warane und Makaken. An den Korallenriffen tummeln sich mehr als 1300 Gattungen von Meeresbewohnern, neben Delfinen und Walen auch zwei Meeresschildkrötenarten. Die Echte Karettschildkröte und die sogenannte »Suppenschildkröte« (Green Turtle) legen zwischen Mai/Juni und September an den Stränden ihre Eier ab – seit 1995 haben Tierschützer hier mehr als 300 000 Meeresschildkrötenbabys ins Meer entlassen und rund 1000 ausgewachsene Urviecher markiert. Ebenfalls vom Aussterben bedroht sind die bis zu 400 Kilogramm schweren Seekühe, die Dugongs.

Traumhafte Szenerie: Sonnenuntergang auf den Dao-Inseln

Infos und Adressen

SEHENSWÜRDIGKEITEN

Con Dao Prison Museum. Tgl. 7.30–11.30, 13.30–16.30 Uhr, 10 Nguyen Hue, Con Son.

ESSEN UND TRINKEN

Beach Club. Cocktails und Bier bei Meeresrauschen: Das Lokal im Con Dao Seatravel Resort ist wegen seiner hübschen Strandbar sehr beliebt. Tgl. 7 – ca. 22 Uhr, 6 Nguyen Duc Thuan, Tel. 064/363 07 68, seatravelresort.condaogp.com

Thu Ba. Vor allem Seafood-Liebhaber kommen hier auf ihre Kosten: bei Thunfischsteaks, Fisch in schwarzer Pfeffersauce, Hummer oder Krabben. Tgl. 10–21 Uhr, Vo Thi Sau, Tel. 064/383 02 66.

ÜBERNACHTEN

Six Senses Con Dao. Luxuriöse Anlage mit Rund-um-die-Uhr-Verwöhnservice durch den eigenen Butler in Strandvillen mit Pool. Bai Dat Doc, Tel. 064/383 12 22, www.sixsenses.com/sixsensescondao

Con Dao Camping. Zelten muss hier niemand, auch wenn die spitzgiebeligen Strandhütten im Schatten der Kasuarinen ein bisschen danach aussehen. 2 Nguyen Duc Thuan, Tel. 064/383 15 55, www.condaocamping.com

INFORMATION

Vung Tau. Fähren ab Vung Tau nur im in den Sommermonaten; beste Reisezeit November bis Juni, tgl. Flüge aus Saigon (45 Min.).

Oben: An dem berühmten Cham-Heiligtum Po Klong Garai halten alle Busse.

17 Phan Rang – Thap Cham

Im Reich Champa – das Erbe der Cham

In der Gegend um Phan Rang sind die Strände ausnahmsweise mal Nebensache: Zwar besitzt auch diese Stadt einen wunderschönen kilometerlangen Sandstrand, den wochentags fast verwaisten Ninh Chu Beach. Doch die Hauptattraktion der Region sind die markanten Cham-Türme von Po Klong Garai – die 700 Jahre alten Ruinen sind steinerne Zeitzeugen der damals bedeutenden Cham-Hochkultur.

Phan Rang – Thap Cham

Die Doppelstadt Phan Rang-Thap Cham (200 000 Einwohner) hat außer einem kleinen Cham-Museum mit einigen Ausgrabungsgegenständen wie Tonscherben, Statuen und Schmuck sowie dem authentischen Treiben abseits des Touristenstroms keine besonderen Sehenswürdigkeiten. In der Umgebung warten kleine Kunsthandwerksdörfer der Cham auf Besucher, in den Dörfern Bau Truc und My Ngiep werden die alten Traditionen wiederbelebt, man kann Töpferwaren kaufen und den Produktionsprozess an den Öfen beobachten. Vom Kaufrausch und Ruinen-Sightseeing kann man sich erholen am herrlich langen Ninh-Chu-Strand (sechs Kilometer südöstlich der Stadt).

Phallussymbol und Mutterbrust

Doch zurück zu den Cham: Die Cham waren im 4. bis 13. Jahrhundert eines der mächtigsten Völker in Südostasien. Ihr Champa-Reich erstreckte sich von der südlichen Küstenregion Vietnams bis ins heutige Kambodscha. Zu den Hinterlassenschaften gehören einige der wichtigsten und schönsten Ruinenstätten, von den einst 250 Tempelstätten sind leider nur noch rund 20 in Vietnam erhalten: z. B. das Unesco-Weltkulturerbe My Son (s. S. 156) und das Cham-Heiligtum Po Nagar in Nha Trang (s. S. 114). Einen guten Überblick bietet das hervorragende Cham-Museum im zentralvietnamesischen Da Nang (s. S. 160).

Das Volk der Cham machte in den vergangenen Jahrhunderten einen bemerkenswerten Wandel in seiner Religion durch. In den historischen Stätten ist der hinduistische Glaube in Architektur, Götterbildern und Symbolen unverkennbar: Die Cham verehrten den Hindugott Shiva und seinen stilisierten Phallus (Lingam) und die Uroja die »göttliche Mutterbrust«: Der Lingam steht für Männlich-

keit und Schöpfungskraft, die Urmutter Uroja
für Fruchtbarkeit. Heute gehören die letzten rund
100 000 Cham in Vietnam dem Islam an, allerdings
in einer gemäßigten Variante: Es gibt keine Pilger-
fahrten nach Mekka, statt fünfmaligem Beten am
Tag gibt es nur ein Freitagsgebet, und gefastet
wird zu Ramadan auch nur drei Tage lang...
Das hält die Cham nicht davon ab, ihre vier farbenfrohen Feste im Januar, März, Oktober und Dezember an ihren heiligen Türmen mit rituellen Handlungen und Opfergaben zu feiern – beispielsweise
wird der Reitstier von Shiva (Nandi) zum Neujahrsfest »gefüttert«, um eine gute Ernte zu erbitten.

Wo Shiva tanzt...

Die vier noch erhaltenen Türme von Po Klong Garai
wurden Ende 13./ Anfang 14. Jahrhundert auf dem
Trau-Hügel (auch: Cho'k Hala) erbaut, Auftraggeber
war König Jaya Sinhavarman III. (gest. 1307). Nach
den My-Son-Ruinen sind dies die letzten Überreste
dieser Hochkultur, die hier als Königreich Pandu-
ranga vor rund 700 Jahren bestand. Bereits zuvor
waren sechs Türme zu Ehren des legendären und
gottgleich verehrten Königs Po Klong Garai (1151
bis 1205) errichtet worden, der zugleich als Shiva
und Gott des Wassers verehrt wurde.

Über dem Eingang sieht man einen tanzenden Shiva mit sechs Armen, den Nataraja. Darauf erhebt
sich der 20 Meter hohe dreistöckige Hauptturm
(»kalan«): Die Fassade ist verziert mit Cham-In-
schriften, aus den Nischen schauen Götterfiguren.
Das Dach besteht aus in drei Stufen ansteigenden
Ecktürmen in Lotosform. Im Innern befindet sich
der Lingam (Mukhalingam), das phallusartige
Symbol für Shiva, und sein Reitstier Nandi. Südlich
davon erkennt man die Bibliothek an ihrem geschwungenen Satteldach mit büffelhornförmigen
Enden.

Oben: Traumkulisse am Ninh-Chu-
Strand südöstlich von Phan Rang
Mitte: Das Gesicht dieser Cham-
Frau erzählt eine lange Geschichte.
Unten: Sogar Weintrauben
gedeihen hier an der Küste
bei Ninh Chu.

Infos und Adressen

Ein Kunsthandwerksdorf der Cham mit eigener Töpferei: Bau Truc

SEHENSWÜRDIGKEITEN

Cham Museum. Mo–Fr 8-11, 14.30–16.30 Uhr, 17 Nguyen Trai, Phan Rang.

Thap Po Klong Garai. Tgl. 7.30–18 Uhr, N20 Richtung Da Lat, ca. 8 km westlich von Phan Rang.

ESSEN UND TRINKEN

Com Ga Phuoc Thanh. Authentisch, lecker und supergünstig: In dem einfachen Stadtlokal genießt man »Com ga«-Gerichte (Reis mit Huhn, Pho mit Huhn usw.). Tgl. 7–22 Uhr, 3D Tran Quang Dieu, nahe dem Stadtpark in Phan Rang, Tel. 068/382 47 12.

Ninh Chu Bay Beach Club (Coral Beach Seafood). Strandlokal am nördlichen Ende der weit geschwungenen Bucht: BBQ, Snacks (teure »German Bratwurst«!), Drinks, Billardtisch und Massagepavillon. Tgl. 10–23 Uhr, am Highway 702, Mobil-Tel. 093/384 75 95, www.ninhchubay.com

ÜBERNACHTEN

Bau Truc. Backstein-Bungalows im Cham-Stil am schönen langen Ninh Chu Beach: In der Woche hat man Pool und Open-air-Lokal für sich alleine, am Wochenende viele Vietnamesen und Trubel bei Karaoke, BBQ und Seafood-Schmaus. Bai Ninh Chu, Van Hai, Yen Ninh, Tel. 068/387 40 47, www.bautrucresort.com

Saigon Ninh Chu. In dem modernen Hotel wohnen die Gäste auf fünf Etagen in etwa 100 unterschiedlichen Zimmern direkt über dem Ninh Chu Beach oder in den zehn Gartenbungalows. Großer Pool, schönes Strandlokal. Khanh Hai, Ninh Hai, Tel. 068/387 60 00,-03, www.saigonninhchuhotel.com.vn

FESTE

Kate. Im Oktober begehen die Cham das dreitägige Neujahrsfest mit folkloristischen Tänzen, einer Prozession und rituellen Handlungen in den Tempeltürmen.

INFORMATION

Ninh Thuan Tourist. »16 Thang 4« (Street), Phan Rang, Tel. 068/382 85 06,-10, www.ninhthuantourist.com

Der Elefant läuft immer mit.

18 Nha Trang
Vietnams schönster Stadtstrand

Der älteste Badeort Vietnams hatte schon viele illustre Badegäste. Kein Wunder, denn in der Stadt und Umgebung verlocken eine Vielzahl an kilometerlangen feinen Stränden, unzählige vorgelagerte Inseln und nicht zu vergessen: die hervorragenden Tauchgründe, die schon Jacques-Yves Cousteau in den 1930er-Jahren begeistert haben. Wassersport und Inselhopping, Fireshows und Lagerfeuer-Partys gehören in Nha Trang dazu.

Die rund 1200 Jahre alten Po-Nagar-Ruinen am Nordufer des Song Cai zeugen von der einstigen Hochkultur der Cham in der Region, als die heutige Provinzhauptstadt (ca. 400 000 Einwohner) noch Kauthara genannt wurde (»Fluss der Schilfe«). Rund ein Jahrtausend später war die Stadt im französisch-kolonialen Protektorat Annam ein beliebter und mondäner Badeort – der letzte Kaiser Bao Dai verbrachte seine Erholungszeit in einer Villa, in der man heute als Tourist logieren kann. Die Kolonialherren ließen sich in der handgezogenen Rikscha in ihren weißen Anzügen und Tropenhelmen die Promenade entlangrollen, Jahrzehnte später gefolgt von US-Marines auf Surfbrettern.

Französische Spuren

Die meisten Spuren hinterließen die Franzosen: z. B. die gotische Kathedrale mit herrlichen Arkaden, die Nha Tho Nui (1928–1933) mit farbenprächtigen Buntglasfenstern an der Ecke Nguyen Trai und Thai Nguyen und das 1923 gegründete Ozeanografische Institut. Besondere Berühmtheit

Nha Trang ist eine moderne Metropole mit kilometerlangem Sandstrand. Die Küstenstadt trägt zu Recht den Beinamen »Nizza von Fernost«.

erlangte der Arzt, Naturforscher und Entdecker Dr. Alexandre Yersin (1863 bis 1943), der 1892 von hier aus ins damals undurchdringliche Hochland nach Westen aufbrach und den Luftkurort Da Lat (s. S. 122) mitgegründet hatte: Der Franzose mit Schweizer Abstammung und Entdecker des Pesterregers lebte ab 1893 in Nha Trang und hatte in seinem Labor, dem späteren Pasteur-Institut, ein nach ihm benanntes Serum gegen die Pest entwickelt. Der bedeutende Naturforscher und Wissenschaftler wird von den Vietnamesen in Nha Trang und Da Lat bis heute mit Straßennamen und einem winzigen Museum in seinem damaligen Wohnsitz im Pasteur-Institut verehrt. Yersin hatte das Gesundheitswesen Vietnams mitverbessert, die Kaffee- und Kautschukpflanzen in Vietnam eingeführt und sogar mit fundiertem meteorologischen Wissen Taifune vorausgesagt – so verdankten ihm viele Fischer und Seefahrer in Nha Trang ihr Leben.

Vom Hafen an den Strand

An der Cai-Mündung im Norden schwanken die bunten Kutter und Kähne der bedeutenden städtischen Fischfangflotte und ebenso im Hafenviertel von Cau Da am Südende der Stadt. Kleinere und größere Kreuzfahrtschiffe legen hier an, die Skyline wächst täglich – aber es gibt sie noch: die »thung-chai« (Fischer) in ihren halbrunden Bambuskörben. Noch heute wird in den traditionellen runden Korbbooten mit Netzen gefischt – sie bestehen aus geflochtenen Bambusstreifen, mit Harz abgedichtet und wasserfest gemacht.

Die Hafenstadt Nha Trang verlockt mit einem überraschend sauberen (je nach Jahreszeit) lang gestreckten Sechs-Kilometer-Stadtstrand, der am Horizont von bläulich schimmernden Bergen mit Wattewolken begrenzt wird. Das türkisfarbene

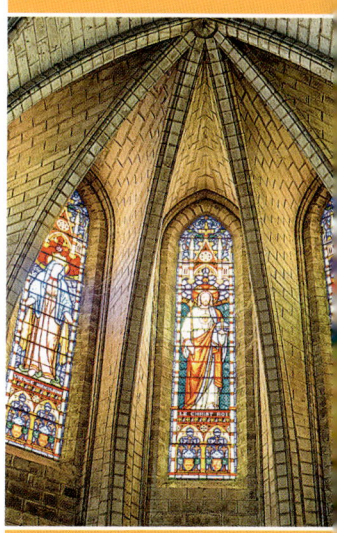

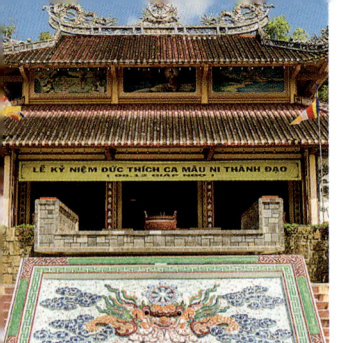

Wasser glitzert und der weiße Strand blendet, für Rundumversorgung ist gesorgt: zahllose fliegende Händler, Masseurinnen und wandelnde Schulterjoch-Bars und Garküchen versorgen die Sonnenbadenden entlang des schönsten Stadtstrandes in Vietnam – von frischem Kokosnusssaft, Drachenfrüchten, Bratnudeln und eisgekühltem Bier bis hin zu Massagen, Pediküre und Zöpfeflechtereien.

Nach Sonnenuntergang knattert ein nicht zu bändigender Strom aus Zweirädern auf der palmengesäumten Uferpromenade Tran Phu: In den Strandclubs und Kneipen geht es auch nachts hoch her, etwa bei den Beach Partys am Wochenende. Hier dauert die Happy Hour manchmal den ganzen Tag! Die Drinks sind spottbillig und werden bis gegen Morgengrauen ausgeschenkt, die meisten Bars reihen sich südlich des Zentrums aneinander im Kneipenviertel rund ums Backpackerviertel in den Straßen Nguyen Thien Thuat, Tran Quang Khai und Biet Thu.

Buddha und die Muttergöttin

Am Fuß des kleinen Stadthügels Trai Thuy thront weithin sichtbar die 24 Meter hohe weiße Buddhastatue auf einem Lotosblatt. Die Long-Son-Pagode von 1886 hat drei Ebenen: In der Pagode unten werden ein bronzener Sakyamuni-Buddha und eine vielarmige Quan Am, die Göttin der Barmherzigkeit, verehrt. Über eine Treppe mit rund 150 Stufen gelangt man zuerst zu einem weiteren liegenden Buddha und einer riesigen Glocke, die von Tempeldienern angeschlagen wird. Die Statue wurde 1964 bis 1965 als Symbol gegen das diktatorische Regime von Ngo Dinh Diem gebaut, im sieben Meter hohen Lotosblütensockel sind sieben Mönche und Nonnen mit Bildern verewigt, die sich aus Protest gegen die Repressionen

Oben: Die Long-Son-Pagode, ein buddhistischer Tempel, steht am Fuße des Berges Trai Thuy.
Mitte: Das Dach der Pagode im Detail.
Unten: Radler an Vietnams schönstem Stadtstrand

Sightseeing
im »Nizza Vietnams«

Nicht nur Trubel und Vergnügungen bietet die Hafenstadt, man kann hier auch auf den Spuren berühmter Persönlichkeiten wandeln, sei es des letzten Kaisers von Vietnam, Bao Dai, oder des Pestbazillus-Entdeckers Alexandre Yersin.

Ⓐ Chua Long Son. Der weiße Buddha auf einer Lotosblüte erhebt sich weithin sichtbar in der Pagode auf dem Trai-Thuy-Hügel, man muss nur 152 Stufen erklimmen. Tgl. 7–18 Uhr, Thai Nguyen.

Ⓑ Alexandre Yersin Museum. In der kleinen Ausstellung, Yersins ehemaligen Wohnsitz im Pasteur Institut (S. 111), erfährt der kulturinteressierte Besucher anhand von Möbeln, Fotos und Dokumenten mehr über den bedeutenden Forscher, der den Pesterreger und Teile Vietnams entdeckt hat. Mo–Fr 8–11, 14–16.30 Uhr, 8–10 Tra Phu, Tel. 058/382 24 06.

Ⓒ Thap Ba (Po Nagar). Das Cham-Heiligtum ist der gleichnamigen Schutzgöttin geweiht und besteht aus vier Türmen, die zwischen dem 7. und 12. Jahrhundert errichtet wurden. Tempelbesuch nur in angemessener Kleidung, Schuhe vor dem Betreten der Türme ausziehen! Tgl. 6–18 Uhr, über die Xom-Bong-Brücke im Norden der Stadt.

Ⓓ Veranda. Für eine ausgiebige Mittagspause an der Promenade empfiehlt sich das moderne klimatisierte Lokal mit westlichen Speisen. Tgl. 7–22 Uhr, 66 Tran Phu, Tel. 058/352 74 92.

Ⓔ Bao Dai's Villa (Bao Dai Palace). Im Gartenlokal der einstigen Königsherberge, heute ein relativ schlichtes Hotel, lässt es sich gemütlich vietnamesisch speisen bei schönem Ausblick aufs Meer. Tgl. 7–21 Uhr, Cau Da, Vinh Nguyen, am südlichen Ende der Tran Phu, Tel. Lokal: 058/359 07 53 und Mobile-Tel. 091/409 55 13.

LUXUSENKLAVE MIT ÖKOFEELING

Einfach gut!

Vor lauter Naturmaterialien und nagelloser Bauweise in den nur 35 rustikalen Pool-Villen kommt der Gast nicht umhin, sich irgendwann zu wundern, warum nicht auch das Telefon und die HiFi-Anlage aus Rattan oder Bambus sind … Das Mobiliar wirkt sogar ein bisschen wie von Flohmärkten oder am Strand aufgelesen. Alles schlicht, aber im positiven Sinn: fast alles im Lande hergestellt – ob die Bioseife, die Lampenverkleidung aus recyceltem Papier oder der Badebottich im Open-air-Bad. Das auf einer Halbinsel weit abgelegene Six Senses ist übrigens nur per Bootsfahrt zu erreichen. Aber natürlich hat jeder Urlaubs-Robinson WLAN, um bei zu viel Honeymoon-Romantik und Öko-Idylle auch in die Realität entfliehen zu können.

Six Senses Ninh Van Bay. Ninh Van Bay, Ninh Hoa, ca. 50 km nördlich von Nha Trang, Tel. 058/352 42 68, www.sixsenses.com/SixSenses-NinhVanBay

verbrannt hatten, zum Beispiel Thich Quang Duc.

Vom Buddhimus zum Hinduismus

Im mehr als tausend Jahre alten Heiligtum von Po Nagar mit seinen vier gedrungenen Ziegelsteintürmen hat man die seltene Gelegenheit in Vietnam einen einst hinduistischen Tempel zu bewundern: Die im Nordturm verehrte Gottheit Po Nagar, die göttliche Urmutter (»Uroja«) und Fruchtbarkeitsgöttin des Cham-Volkes, ist zwar eher von zweifelhaftem künstlerischen Wert, aber der tanzende Shiva, der »Nataraja«, über dem Portal des Nordturms ist ein Meisterwerk! Er wirkt so lebendig, fast sieht man wie seine vier Arme um ihn herumwirbeln… Die viel besuchten Cham-Türme (7.–12./13. Jahrhundert) erheben sich im Norden der Stadt auf dem kleinen Cu-Lao-Hügel über dem Cai-Fluss. Im Innern des Hauptkalans sitzt Po Nagar (auch: Yang Po Nagar, Thien Yana): eine barbusige schwarze Sandsteinfigur mit zehn Händen, die unter einem gelben Gewand symbolische Objekte ihrer Macht und Intelligenz tragen –

GUT ZU WISSEN

INSELTOUREN MIT KATERRISIKO

Die Inselhopping-Touren sind ein Klassiker in Nha Trang. Doch man sollte wissen: Je billiger der Ausflug (etwa 6 US$ für einen ganzen Tag), desto älter und voller das Boot, desto überfüllter der Schnorchelplatz und schlechter das Essen, von den »Cocktails« ganz zu schweigen. Nicht selten artet der Törn der berüchtigten »Mama«-Touren aus in ein feucht-fröhliches Karaoke-Wettsaufen mit Billigfusel. Lieber ein paar Dollar mehr ausgeben oder gleich ein eigenes Boot chartern und die Verpflegung nach Gusto gestalten.

sie wird auch als Göttin Uma, die Inkarnation der Frau Shivas (auch: Durga, Parvati, in Sanskrit Bhagavati), betrachtet und gilt heute als Schutzgöttin der Stadt. Der Kopf ist eine leider etwas missglückte Kopie, nachdem die französischen Kolonialherren den Originalkopf gestohlen hatten.

Inselhopping

Hon Tre ist unter den rund 70 vorgelagerten Eilanden die mit 30 Quadratkilometern größte Insel: Die »Bambusinsel« liegt in Sichtweite vor Nha Trang und wurde mit einem mehrstöckigen Luxusresort, dem »Sofitel Vin Pearl Resort«, und einem überteuerten Disneyland-artigen Vergnügungspark bebaut – inklusive Wasserrutschen und Rodel(!)bahn, Mini-Zoo, Delfinshow und Aquarium, Märchenschlössern und Karussells. Seit 2006 führt eine drei Kilometer lange Seilbahn vom Festland südlich von Nha Trang übers Meer – weltweit die längste über Wasser. Ein Ausflug hierher ist für Familien mit Kindern empfehlenswert, für Tier- und Umweltschützer eher weniger…

Per Bootsausflug geht es noch zu anderen Inseln wie Hon Lao (»Affen-Insel« mit ebensolcher Kolonie), Hon Tam (»Seidenraupen-Insel«), Hon Mieu (mit Fischzuchtstation und Aquarium), Hon Yen (»Schwalbeninsel«) und Hon Heo (letztere mit Wasserfällen) oder Hon Mun (»Elfenbein-Insel« mit etwa 350 Arten von Korallen und 150 Fischspezies). Nicht umsonst hat Nha Trang die höchste Konzentration an Tauchschulen in Vietnam: Es gibt 25 Tauchreviere. Bei der kleinen Halbinsel nahe der bergigen Peninsula Hon Gom tauchte schon in den 1930er-Jahren Jacques-Yves Cousteau. Mit etwas Glück kann man hier Walen und Walhaien begegnen, ebenso Rochen (April bis Juli).

Geheimtipp

SCHLAMMBADEN MIT FUNFAKTOR

Die heißen Mineralbäder von Thap Ba nördlich von Nha Trang sind ein großer Familien-Wochenendspaß für die Einheimischen, die mit Kind und Kegel anreisen. Wer etwas mehr Ruhe haben will, kommt früh in der Woche, um Wellness und Entspannung auf vietnamesisch zu erleben: in heißen Schlammbottichen (37 bis 38 Grad) und Heißwasserquellen (40 Grad), in Pools und unter Jet-Duschen, Sauna und Massagen gibt es auch. Im »100 Eg Mud Bath« macht die Schlammschlacht auch mit Kindern viel Spaß.

Thap Ba Hot Springs. Tgl. 7–19 Uhr, Eintritt ab 150 000 VND/=ca. 6 €, Paar-Schlamm-Badewannen: 600 000 VND/=ca. 24 €, 15 Ngoc Son, Ngoc Hiep ca. 10 km nördlich von Nha Trang, Tel. 058/383 53 35, www.thapbahotspring.com.vn
100 Egg Mud Bath. Tgl. 8–18 Uhr, 300 000 VND, Nguyen Tat Thanh Blvd., Tel. 058/371 17 33, www.tramtrung.vn

Vor den frechen Makaken auf Monkey Island sollte man sich in Acht nehmen.

Infos und Adressen

Solche Souvenirs – falls es echtes Krokodilleder ist – können Probleme bereiten, spätestens beim europäischen Zoll …

ESSEN UND TRINKEN

Lac Canh. Bei Einheimischen und Urlaubern gleichermaßen beliebt ist das unprätentiöse, von Grillschwaden vernebelte BBQ-Lokal: Fisch, Meeresfrüchte und Rindfleisch-Barbecue auf dem Tisch-Grill. Tgl. 10–22 Uhr, 44 Nguyen Binh Khiem, Tel. 058/382 13 91.

Lang Viet. Im Backpackerviertel mit mundwässerndem Büfett und à la carte: Hier speist man vietnamesische Köstlichkeiten open-air (auf Gras unter Kokospalmen), es gibt auch klimatisierte »VIP«-Rooms, ein Spielzimmer und nebenan Eiscreme. Tgl. 7–ca. 2 Uhr, 18 Tran Quang Khai, Tel. 012/380 35 93.

Lanterns. Ob Hot Pot, BBQ oder Currys: In dem spottbilligen Touristenlokal ist es meist voll, es lohnt sich frühzeitig zu kommen oder zu reservieren, denn auch der Service ist nett, professionell und flott. Frühstück und Kochkurse gibt es auch. Tgl. 7–22 Uhr, 34/6 Nguyen Thien Thuat, Tel. 058/247 16 74, www.lanternsvietnam.com

Mix. Wie wäre es zur Abwechslung mit riesigen griechischen Vorspeisentellern, Grillspezialitäten und Meeresfrüchten bei Kristos und seiner vietnamesischen Frau. Allerdings: Hier darf geraucht werden. Tgl. 11–22 Uhr, 77 Hung Vuong, Tel. 058/656 32 31.

ÜBERNACHTEN

Azura. Eines von vielen Hochhaus-Minihotels für Preisbewusste entlang und hinter der Promenade, dieses ist erst 2015 eröffnet worden und hat Stil: 35 teils etwas kleine strandnahe Balkon-Zimmer mit WLAN und einfachen, aber »gläsernen« Bädern (mit Vorhang, teils Fenster mit Weitblick aus dem 12. Stock). 4/3 Tran Quang Khai, Tel. 058/352 28 00.

Evason Ana Mandara Nha Trang. Einzige und noble Strandherberge direkt am Meer: Im weitläufigen Garten wohnt man in 74 luxuriösen Bungalows und Villen, mehrere Pools, PADI-Tauchschule, Wassersport, Tennisplatz. 86 Tran Phu, Tel. 058/352 22 22, www.sixsenses.com/evason-ana-mandara-nha-trang

Fusion. 2015 eröffnete Designherberge mit internationalem Personal und entsprechendem Service in fast »gläsernen« Pool-Villen und Suiten, der Clou: originelle Open-air-Bäder mit »hängenden« Badewannen und Hängematten mit integriertem Sonnenschutz! Cam Ranh, außerhalb zwischen Nha Trang und Ninh Chu, Tel. 058/398 97 77, www.fusionresortnhatrang.com

Ha Van. Schnäppchenhotel mit gutem Preis-Leistungs-Verhältnis für geräumige Zimmer auf vier Etagen, nettem hilfreichen Personal (unter französischer Leitung), sehr gutes Lokal »Yen's« (tgl. 7–21.30 Uhr) und Dachbar »Rooftop Lounge« (tgl. 7–ca. 23 Uhr) mit Billardtisch, Shisha und DJ. 3/2 Tran Quang Khai, Tel. 058/352 54 54, www.havanhotel.com

La Paloma. Etwas abseits des Stadtzentrums und der Partyzone: Dank Bu und seiner Frau Duong kann man sich in der familiären Palmenoase mit

Pool wohlfühlen. 1 Hon Chong,
Tel. 058/383 12 16 und Tel. 058/386 65 90.

Jungle Beach. Weit abgelegene All-inclusive-
Backpackeridylle am breiten Strand: eine Art
Homestay, wo alle gemeinsam essen, die Hütten
haben einfache Bastmattenwände (teils zum
Hochlappen oder Rollos). Hon Khoi, ca. 60 km
nördlich auf der Hon-Heo-Peninsula,
Tel. 058/362 23 84 u. Mobil-Tel. 091/342 91 44,
www.junglebeachvietnam.com

AUSGEHEN

Crazy Kim's. Bekannt wie ein bunter Hund:
Die vietnamesisch-kanadische Besitzerin kümmert
sich seit Jahrzehnten um ihre Gäste (und um
Straßenkids) – vom Frühstück bis zum Absacker,
mit Tapas bis Pizza, immer gute Weine, Musik
und Stimmung. Tgl. 9 Uhr–spät, 19 Biet Thu,
Tel. 058/352 30 72,
https://crazykimvietnam.wordpress.com

Sandals/Sailing Club. Das Sandals ist seit
Jahren populär: Schmausen, Schwofen, Fireshows
und Beach Party mit Lagerfeuer (Sa) sowie Mode-
schau, Crossover-Speisen (japanisch-italienisch-
griechisch-vietnamesisch-indisch); die Preise sind
gesalzen. Tgl. 7.30–23 Uhr, Partys bis ca. 2 Uhr,
72 Tran Phu, Tel. 058/382 46 28,
www.sailingclubnhatrang.com

AKTIVITÄTEN

Tauchen. Es gibt mehrere PADI-Tauchschulen,
führender Veranstalter ist Rainbow Divers.
c/o Rainbow Bar, 24-Stunden-Hotline-Mobil-
Tel. 091/340 81 46,
www.divevietnam.com

INFORMATION

Khan Hoa Tours. 1 Tran Phu, Tel. 058/352 81 00,
www.nhatrangtourist.com.vn

Tänze der Cham-Kultur.
Vinpearl Water Park. Tgl. 8–17 Uhr,
600 000 VND/ca. 60 €!, Hon Tre,
http://vinpearlland.com

FESTE

Bei einem dreitägigen Fest zwischen März und
Mai wird Po Nagar in einer Prozession zum Meer
gebracht und gereinigt, begleitet von traditionellen
»boi«-Gesängen und »bong«.

Das Evason Ana Mandara in Nha Trang ist ein Beachfront Resort der Superlative.

Oben: Der sehenswerte Long Khanh-Tempel in Quy Nhon
Unten: Der Hafen von Quy Nhon hat eine große wirtschaftliche Bedeutung.

19 Quy Nhon
Jenseits des Touristenpfades

Industriepark, zwei Containerhäfen und eine Schiffswerft – klingt nicht gerade nach einem Ort zum Verweilen. Doch wer auf seiner Nord-Süd-Passage durch Vietnam eine Badepause einlegen will, kann sich an den schönen Stränden in der Umgebung von Quy Nhon erholen – in einer authentisch-vietnamesischen Küstenstadt ohne allzu viele »Langnasen«.

Die Provinzhauptstadt Quy Nhon (auch: Qui Nhon; 300 000 Einwohner) liegt am Cai-Fluss und jenseits des Touristenpfades. Der Tourismus gewinnt seit Kurzem eine immer größere Bedeutung: Qui Nhon hat als ehemalige US-Luftwaffenbasis einen Flughafen mit langer Startbahn und lässt daher die Vietnamesen auf viele Touristen mit Direktflügen aus dem Ausland hoffen. Die schönen Strände in der Umgebung werden derzeit als potenzielles Touristenziel entdeckt und mit anspruchsvollen, luxuriösen Strandhotels bebaut. So ruhig Quy Nhon tagsüber wirkt, nachts geht an der farbenfroh-illuminierten Seepromenade Nguyen Hue die Post ab: Karaoke, »bia hoi« und Pilsner fließen in Strömen in den Cafés und Kneipen. Das landesbeste Tuong-Theater hat hier übrigens auch seinen Sitz und nennt sich Binh Dinh Opera.

Das Reich Vijaya

Die Stadt selbst hat keine herausragenden Sehenswürdigkeiten, aber für Fans der Champa-Historie und Cham-Architektur ist es ein lohnendes Reiseziel: Quy Nhon war einst Sitz des Cham-Hafens Sri Banoi. In der Provinz Binh Dinh erstreckte sich zwischen 1000 und 1471 das Reich Vijaya

Tuong-Masken im Provinzmuseum Binh Dinh

(35 Kilometer nördlich von Quy Nhon). Fast 500 Jahre konnten sich die Cham hier im Landessüden mit ihrer Hauptstadt Vijaya gegen die Vietnamesen (die Viet) aus dem Norden und die Khmer aus dem Westen behaupten – die Cham nahmen 1371 und 1377 sogar die Hauptstadt Thang Long (das heutige Hanoi) ein und zerstörten sie – bis das Vijaya-Gebiet 1471 von den Vietnamesen erobert wurde.

Viele Überreste der Cham-Kultur aus dem 11. und 12. Jahrhundert sind in der Nähe im Nordwesten und Westen von Qui Nhon noch zu sehen: Etwa 20 Kilometer entfernt im Norden die vier teils restaurierten »Silbertürme« von Banh It (auch: Thap Bac) auf einem Hügel, die mit Garuda-Figuren verzierten Zwillingstürme von Thap Doi (zwei Kilometer nördlich des Zentrums), die drei durch die Khmer-Architektur deutlich beeinflussten Thap Duong Long (»Elfenbeintürme«) mit Fresken von »naga«-Schlangen und Elefanten sowie der Thap Canh Tien (auch: Cha Ban, der »Kupferturm«) in der Nähe des Dorfes Dap Da (26 Kilometer nördlich von Quy Nhon). Einige überraschend gut erhaltene Cham-Relikte sind ausgestellt im Binh-Dinh-Provinzmuseum; außerdem sind dort eine Bronzetrommel der Sa-Huynh-Epoche vor circa 4500 Jahren und bunte Tuong-Masken zu bestaunen.

Infos und Adressen

SEHENSWÜRDIGKEITEN
Binh-Dinh-Museum. Mo–Fr 7.30–11.30 Uhr, 14–17 Uhr, 28 Nguyen Hue, Tel. 056/382 24 52.

Thap Doi. Tgl. 8–11, 13–16 Uhr, am nördlichen Rand des Stadtzentrums.

ESSEN UND TRINKEN
Dong/Seafood 2000. Hier munden Fisch oder Meeresfrüchte. Tgl. 8–ca. 22 Uhr, 26 Nguyen Loc, Tel. 056/382 48 77.

Seaview Café. Auf zum Sundowner auf der Dachterasse! Tgl. 7–ca. 22 Uhr, 24 Nguyen Hue, Tel. 056/382 01 00, www.saigonquynhonhotel.com.vn

ÜBERNACHTEN
Avani Quy Nhon Resort & Spa. Luxuriöses Strandresort. Ghenh Rang, Bai Dai, 16 km südlich von Qui Nhon, Tel. 056/384 01 32, www.avanihotels.com

HOCHLAND

20 Da Lat
»Stadt des ewigen Frühlings«

Die Sommerfrische im Hochland ist beliebt bei vietnamesischen Flitterwöchnern und Blumenfreunden, aber auch bei Outdoor-Sportlern und Golfspielern – zu Füßen der legendenumwobenen Berge, wo schon der letzte Kaiser den Golfschläger geschwungen hatte. Die Franzosen hinterließen rustikale Kolonialvillen und Bao Dai seinen Art-déco-Sommerpalast. Unbedingt probieren: die sirupartige Erdbeermarmelade und den süßen Erdbeerwein.

Da Lat (auch: Dalat, 200 000 Einwohner) liegt zwischen rund 2300 Meter hohen Bergen und bietet

S. 120/121. Das Dalat Palace Hotel verzaubert mit seinem tollen Ausblick.
Oben: Im Botanischen Garten von Da Lat sprießt und spritzt es!

ein angenehmes Klima: Die Bauern leben vom Anbau von Reis, Gemüse und Obst, sogar Blumenkohl, Spargel, Pflaumen und Pfirsiche gedeihen hier. Im Frühling ist die Gegend ein einziges Blumenmeer, nicht nur im Botanischen Garten – vor allem Orchideen, Gladiolen und Rosen. Die meisten Sehenswürdigkeiten und Ausflugsziele befinden sich in der waldreichen Umgebung der Stadt, darunter die für westlichen Geschmack etwas kitschigen Vergnügungsstätten wie das »Tal der Liebe« und der »Seufzer-See«.

Ein französischer Abenteurer und Entdecker

Der Reiz des Hochplateaus ist erst 1893 von einem Franzosen entdeckt worden: Dr. Alexandre Yersin (1863–1943, s. S. 111) gründete hier 1897 eine Forschungs- und Wetterstation – nachdem seine ersten Expeditionen durch das dschungelige Hochland bis ins Nachbarland Kambodscha von Malariaschüben, Angriffen wilder Elefanten und Banditen begleitet waren. Der Arzt und Abenteurer war angeblich der erste Europäer, der einen Fuß in das Siedlungsgebiet der vietnamesischen Bergstämme in dieser Gegend gesetzt hatte. Die Berichte über seine waghalsigen Unternehmungen geben Yersin bis heute eine heldenhafte Aura, Straßen und zwei Schulen sind nach ihm benannt. Yersin berücksichtigte bei der Namensgebung das Volk der Lat, das seit Jahrhunderten in dem Tal lebt, das durch den 1919 künstlich geschaffenen Xuan-Huong-See überflutet wurde.

Kolonialherren und der letzte Kaiser

Die französische Aristokratie vergnügte sich hier am Kaminfeuer, beim Golfspiel und der Jagd auf

Geheimtipp

DES TIGERS WASSERFALL

Ein schöner Ausflug kombiniert eine Wanderung mit der gut besuchten und fotogenen Linh-Phuoc-Pagode in Trai Mat, die reich mit Keramik verziert ist. Hierher gelangt man zuerst vom hübschen historischen Bahnhof Da Lats mit einer hölzernen Eisenbahn, die mit mindestens 20 Fahrgästen alle zwei Stunden ins acht Kilometer entfernte Trai Mat fährt. Von dort läuft man sieben Kilometer zum eher wenig besuchten Tiger Cave Waterfall (teils ausgeschildert) mitten im Kiefernwald. Eine Treppe mit 350 etwas glitschigen Stufen führt zum Fuß der 25 Meter hohen Kaskade mit Badepool (am besten mit einem Guide, nach und nicht während der Regenzeit).

Alter Bahnhof. Tgl. Züge nach Trai Mat 7.45–16 Uhr (letzte Bahn zurück: 17.30 Uhr), Quang Trung Street.

Chua Linh Phuoc: 8–17 Uhr. Thac Hang Cop (Tiger Cave Waterfall): tgl. 7.30–17 Uhr, ca. 14 km östlich von Da Lat.

Geheimtipp

GIPFELSTÜRMEN – MIT ODER OHNE JEEP

Für den 2167 Meter hohen Langbiang-Berg braucht man weder Wanderstiefel noch Bergsteigererfahrung. Die meisten fahren mit Jeeps nur bis zur Radarstation (»first summit«) mit Cafeteria und »Zebra«-(Pony)-Reiten auf 1950 Metern. An der Weggabelung geht es rechter Hand weiter zu Fuß die letzten 2,2 Kilometer zum Gipfel: auf einem schönen mit blauen Pfeilen und Infotafeln ausgeschilderten Pfad durch den Kiefernwald, entlang von roten Rhododendren und wilden Orchideen. Oben angelangt, belohnt eine 360-Grad-Aussicht über hügelige Kulisse mit sattgrünen Wäldern, einem Feldermosaik aus feucht glänzenden Reisfeldern und Gemüsebeeten sowie tiefblauen Seen. Ein »Gipfelsturm«, den (fast) jeder schaffen kann …

Langbiang (Nui Ba). 12 km nördlich von Da Lat, Lac Duong, NP-Tel. 063/383 90 88 und 063/383 93 99, 9 km, 4–5 Std., Pullover mitnehmen, bei Regen nicht zu empfehlen!

Großwild – lediglich Bao Dai (1913 bis 1997) durfte sich dazugesellen. Der Sommerpalast des letzten Kaisers Vietnams, der 1933 bis 1938 im Art-déco-Stil erbaute Dinh 3, kann heute im Süden der Stadt besichtigt werden: Die 26 Räume mit Schreibtisch, Büsten, Piano, Schlafgemächern, Badezuber und Jagdtrophäen sind überraschend wenig glamourös. Für eine kleine Zeitreise in die Kaiserzeiten können sich die Besucher als Regent verkleiden, fürs Foto versteht sich. Zu den Hinterlassenschaften der Kolonialherren gehören die Kathedrale (1931 bis 1942 erbaut) in der Tran Phu, die Universität, das Pasteur-Institut und das »Dalat Palace Hotel« sowie die vielen Villen im rustikalen Landhausstil, von denen heute nicht wenige als Pensionen, Homestays und Cafés dienen.

Zu Besuch bei Buddha

Mitten in einer Teeplantage thront auf einem Hügel im Norden die Linh-Son-Pagode, ein angenehmes kleines Kloster (gegründet 1936) mit achteckigem Turm, es dient gleichzeitig als buddhistische Lehrstätte von Da Lat. Zwei steinerne Drachen flankieren die Treppe zum Haupt-

GUT ZU WISSEN

REGEN BRINGT SEGEN…

Das angenehme Hochlandklima und die Blumenpracht in und um Da Lat haben natürlich einen kleinen Nachteil: Hier oben regnet es nicht selten, dicke Regenwolken verschleiern oft die tolle Sicht. Aber dafür grünt es hier auch so schön, und »exotische« Obst- und Gemüsesorten wie Spargel und Erdbeeren gedeihen einzig hier! Da hilft nur abwarten in einem der zahllosen Kaffeehäuser der Stadt oder gleich ein feuchtnasses Abseiling am Wasserfall …

Unterwegs in der Blumenstadt

Ⓐ Bao-Dai-Sommerpalast (Dinh 3). Im nüchternen Art-déco-Stil dieser Residenz kann man einen Abstecher in die Welt des letzten Kaisers unternehmen, inklusive Verkleidung als solcher. Tgl. 7.30–11.30, 13.30 –16.30 Uhr, 2 Le Hong Phong, Tel. 063/382 6858.

Ⓑ Hang Nga Villa. Das skurrile Bauwerk mit ebenso bizarrem Inhalt ist Pension und Galerie zugleich. Tgl. 8.30–19 Uhr, 3 Huynh Thuc Khang, Tel. 063/382 20 70, www.crazyhouse.vn

Ⓒ Nhat Lien. In dem Künstlerlokal mit Terrasse und vielen Skulpturen werden auch Vegetarier satt, Tgl. 10–21 Uhr, 17 Huynh Thuc Khang, Mobil-Tel. 017/677 72 56.

Ⓓ Chua Thien Vien Truc Lam. Zur Pagode gehören ein schöner Bonsaigarten und ein Meditationszentrum. Tgl. 7.30–11.30, 13.30-17 Uhr.

Ⓔ Chua Linh Son. Die Pagode mit dem farbenprächtig verzierten Turm ist unbedingt einen Besuch wert. Tgl. 8–17 Uhr, 120 Nguyen Van Troi.

Ⓕ XQ Historical Village/QX Art House. In der Kunstgalerie mit Cafés und Folkloremusik kann man den Kunsthandwerkern zuschauen und Souvenirs kaufen. Tgl. 10–17 Uhr, 258 Mai Anh Dao, nördlich von Da Lat, auf der Straße zum Tal der Liebe, Tel. 063/383 13 43, www.xqvietnam.com

Ⓖ »Tal der Liebe« (Thung Lung Tinh Yeu). In dem Vergnügungspark tummeln sich u. a. Picknickfreunde und Romantiker. Tgl. 8–18 Uhr, ca. 5 km nördlich von Da Lat.

Ⓗ »Seufzer-See« (Ho Than Tho). Tretboote, Ponys und Wanderwege locken am Wochenende viele Besucher an. Tgl. 8–18 Uhr, ca. 6 km östlich von Da Lat.

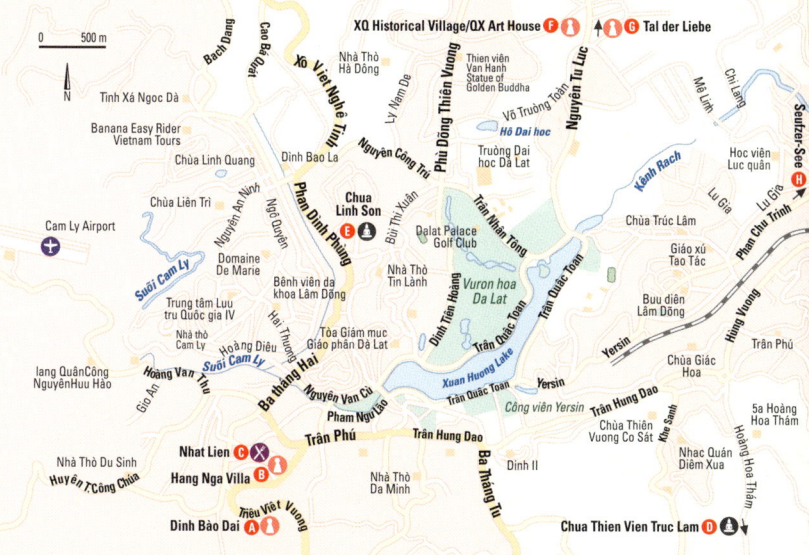

gebäude, im Innern befindet sich ein Sakyamuni-Buddha aus Bronze. Die Eingangstür weist beachtenswerte Perlmuttarbeiten auf. Etwa fünf Kilometer südwestlich des Stadtzentrum liegt die gut besuchte Pagode Thien Vien Truc Lam, die auch per Seilbahn zu erreichen ist. Das buddhistische Gotteshaus bietet einen fantastischen Blick über den benachbarten Berg und den 1982 angelegten Stausee Tuyen Lam (auch: Quang Trung). Das Meditationskloster beherbergt einen vergoldeten Buddha sowie holzgeschnitzte Szenen aus dem Leben des Erleuchteten und eine wunderschöne fein ziselierte Bronzeglocke.

Gipfelsturm und Kaskaden

Zu den weiteren Attraktionen und Outdoor-Abenteuern wie Canyoning oder Abseiling in der Umgebung Da Lats gehören neben den Seidenweberdörfern und Teeplantagen die rund vierstündige Wanderung auf den 2167 Meter hohen Langbiang (s. S. 124). Nicht zu vergessen die imposanten Wasserfälle - einer der schönsten ist der rund 100 Meter breite Lien Khuong (etwa 30 Kilometer südlich von Da Lat an der N 20): Das Wasser des Da-Nhim-Flusses rauscht in der Regenzeit aus circa 20 Metern Höhe über die Felsen. Weniger besucht, aber nicht weniger spektakulär sind die mächtigen Elephant Falls beim Dorf Nam Ban (ca. 30 Kilometer südwestlich von Da Lat, N 20 Richtung Buon Ma Thuot), mit Kletterpartie!

Oben: Da Lat lockt mit angenehm-europäischem Klima (inklusive Regen).
Mitte: Zen-Kloster Trúc Lâm
Unten: Touristen-Bespaßungsprogramm mit Elefantenreiten am Prenn-Wasserfall bei Da Lat.

Infos und Adressen

Originell: das Dalat Train Café

ESSEN UND TRINKEN

Dalat Train Cafe. Beim alten Bahnhof bietet das Café in einem hölzernen Eisenbahnwaggon tagsüber kleine Gerichte wie Pizza, Burger und einheimische Speisen sowie Kaffee und Kuchen. In dem hübschen rustikalen Landhaus von 1935 werden vier ruhige und wohnliche Kaminzimmer vermietet. Tgl. 8–18 Uhr, 1 Quang Trung, Tel. 063/381 63 65, www.dalattrainvilla.com

Quan An Cu Duc. Die Einheimischen schwören auf das etwas versteckte BBQ-Lokal mit Kantinen-Charme: Wer des Vietnamesischen nicht mächtig ist, bestellt einfach was beim Nachbarn auf dem Tisch-Rost brutzelt: Ziege, Krokodil oder Tintenfisch am Spieß mit leckeren Gemüsen. Tgl. 9–ca. 22 Uhr, 6A Nguyen Luong Bang, Mobil-Tel. 098/810 71 29.

ÜBERNACHTEN

Ana Mandara. Stilvoll wohnt man in den 17 restaurierten Kolonialvillen: antik möblierte Zimmer mit Badewannen auf Löwenpranken, »In-Villa-Dining« und Butler, beheizter Pool, ein exklusives Restaurant und Weinkeller, Spa und Kids Club. Le Lai, Tel. 063/355 58 88, www.anamandara-resort.com

Dalat Palace (vormals Sofitel). Zentral und doch ruhig auf einem Hügel am See: Die koloniale Luxusherberge ist eine Klasse für sich und beherbergt die Gäste in 43 eleganten (Balkon-)Zimmern mit Kronleuchtern, alten historischen Badewannen und WLAN. 12 Tran Phu, Tel. 063/382 54 44, www.dalatresorts.com

Terrasse des Roses. Eine Villen-Oase: Hier wohnt man in romantischen Parkettzimmern mit Balkons über dem Garten, Kamin und Hollywoodschaukel. 35 Cao Ba Quat, ca. 3 km nördlich vom Stadtzentrum, Tel. 063/356 52 79, www.terrassedesroses-villa.com

INFORMATION

Da Lat Tourist. 1 Le Dai Hanh und in Nr. 7 in der Straße »3 Thang 2«, Tel. 063/382 38 29, www.dalattourist.com.vn

Stilvolle Lobby: das Dalat Palace Hotel

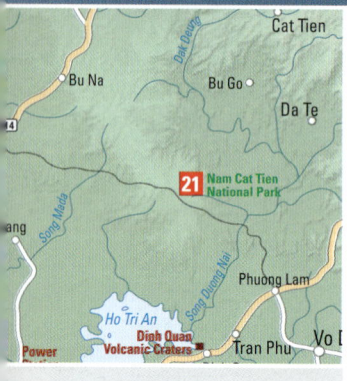

Oben: Idyllische Abendstimmung im Nationalpark Cat Tien, wo zahllose endemische Wasservögel zu beobachten sind

21 Cat-Tien-Nationalpark mit Bao Loc
Auf der Pirsch durch die Savanne

Ob Schwarzbär, Krokodil oder Python, Rebhuhn oder Pfau – einer der größten Nationalparks Vietnams wartet auf echte Abenteurer und Tierfreunde. Vor allem Ornithologen kommen hier auf ihre Kosten. Das riesige Sumpf- und Dschungelareal steht wegen seiner Artenvielfalt seit 2001 unter dem Schutz der Unesco!

Der rund 80 000 Hektar große Cat Tien Nationalpark verteilt sich über die drei Hochlandprovin-

Cat-Tien-Nationalpark

zen Lam Dong, Dong Nai (Teil des Dong Nai Nature Reserve) und Binh Phuoc nahe der kambodschanischen Grenze. Das 1992 gegründete Schutzgebiet gehört zu den artenreichsten und größten in Vietnam – ein Biosphärenreservat der Unesco. In Stufen fällt das Nationalparkgelände aus den Truong-Son-Bergen nach Süden in die Ebene ab, durchschnittliche Höhe etwa 700 Meter, überragt von einigen majestätischen Dipterocarpen und »tung«-Baumriesen im immergrünen tropischen Regenwald. Die Landschaft besteht aus Savannen, Seen und Flüssen (z. B. dem Dong Nai), Wasserfällen, Lagunen und ausgedehnten Sumpfgebieten und Bambuswäldern.

Wildtiere in Gefahr

In einem Besucherzentrum gibt eine kleine Ausstellung einen Überblick über Flora und Fauna mit rund 1500 Tierarten. Der Nationalpark war weltweit berühmt für seine letzte kleine Festland-Population von asiatischen Java-Nashörnern – bis das letzte Exemplar 2010 von Wilderern erschossen wurde! Im dichten Busch und den Bambuswäldern tummeln sich außer den Myriaden von Schmetterlingen auch Elefanten, Gibbons und »Gaur«-Wildbüffel, insgesamt sind es mehr als hundert Säugetierarten – darunter angeblich sogar noch Leoparden und indochinesische Tiger, die man natürlich bei einer Tagestour nicht sieht, weil sie sich in die Tiefen des Dschungels an die kambodschanische Grenze zurückgezogen haben.

Außerdem wurden 150 Reptilien- und Amphibienspezies, 160 Süßwasserfisch- sowie 460 Schmetterlingsarten aufgelistet sowie rund 1600 verschiedene Pflanzenarten gezählt, darunter 170 medizinisch verwertbare und 52 Orchideenarten.

Nicht verpassen

EIN PARADIES FÜR ORNITHOLOGEN

In dem weiten in der Regenzeit überfluteten Grasland und Sumpfgebiet versammeln sich besonders im Winter rund 350 Vogelarten – darunter viele Zugvögel aus westlichen Gefilden. Anzutreffen sind beispielsweise verschiedene Storchspezies, wie der seltene Wollhalsstorch (*Ciconia episcopus*) mit seiner auffälligen schwarzen »Kappe«, der prächtige Ährenträgerpfau (*Pavo muticus Imperator*) sowie unzählige Kormorane, Wildgänse, Spechte, Sumpfhühner und buntschillernde Eisvögel. Fast alle vietnamesischen Vögelgattungen sind hier übrigens vertreten, als besondere Raritäten gelten der braune Pfaufasan (*Polyplectron germaini*), der Grünscheitelpitta und das endemische, nur hier vorkommende Davidwaldrebhuhn.

129

Dem Gibbon auf der Spur

Auf eigene Faust können die Besucher mit dem Leihrad über die meist schattigen Pfade radeln oder einen dreistündigen Spaziergang auf einem fünf Kilometer langen Dschungelpfad zum 2500 Hektar großen Crocodile Lake (Bau Sau) unternehmen, der zur Ramsar-Schutzzone gehört: Man passiert Luftwurzeln und imposante bis zu 50 Meter hohe »tung«-Bäume (*Tetrameles nudiflora*), die ihre mannshohen und brettflachen Wurzeln in den Weg stellen. Mit etwas Glück lassen sich Gibbons und Languren blicken. Jedenfalls sieht man hier mehr Wildlife als bei der »Night Safari« auf dem laut scheppernden Laster ... Die hier beheimateten Siamesischen Krokodile mussten seit 2000 erst wieder angesiedelt werden, nachdem sie fast ausgerottet worden waren – heute tummeln sich hier wieder etliche Exemplare, die man am besten morgens gegen 8 oder nach 17 Uhr beobachten kann. Empfehlenswert sind der »Gibbon Trek« (ab 4.30 Uhr, sogar mit »Geld-zurück«-Garantie!) und ein Besuch in den beiden angeschlossenen Rehabilitationszentren: dem britisch geführten Primate Center (EAST) und dem Auswilderungsprojekt für asiatische Schwarzbären und Wildkatzen (WAR Bear Reserve).

Weiterfahrt nach Da Lat

Auf der Bao-Loc-Hochebene rund um die gleichnamige Stadt erstrecken sich weite Teeplantagen und Maulbeerfelder – eine fast Toskana-ähnliche, sanft geschwungene Hügellandschaft mit weiß blühenden Kaffeesträuchern und intensiv duftenden Frangipani-Bäumen. Hier kann man beeindruckende Wasserfälle, etwa den ca. 50 Meter hohen Thac Dambri, und kleine Tee- und Seidenfabriken besuchen, etwa in Cu Xa (ca. 25 Kilometer südlich von Da Lat), wo die Seidenproduktion demonstriert wird.

Oben: Affen und Gibbons fühlen sich hier heimisch.
Unten: Majestätisch: der Thac Dambri-Wasserfall auf der Hochebene bei Bao Loc.

Infos und Adressen

SEHENSWÜRDIGKEITEN
Cat Tien Nationalpark. Tgl. 8–17 Uhr, möglichst mehrere Tage vorher einen Guide buchen (ca. 10–20 €/Tag), Tan Phu, Dong Nai, ca. 160 km nordöstlich von Saigon, 175 km südwestlich von Da Lat, Tel. 061/366 92 28, www.namcattien.org, www.namcattien.vn

Bear Rescue Center (WAR). Beim Hauptquartier, www.wildlifeatrisk.org

Primate Center (EAST): Voranmeldungs-Tel. 061/366 91 59, auf Dao Tien (Gibbon Island), www.wildlifeatrisk.org

Reisezeit: November/Dezember bis März/April (Trockenzeit).

Mitnehmen: Badesachen, Wanderschuhe, ggfs. Blutegelstrümpfe (in der Regenzeit Juni/Juli–Nov.), langärmelige Hosen und T-Shirts, Fernglas, Taschenlampe, Regenjacke, Sonnen- und Mückenschutz, evtl. Moskitonetz für alle Fälle. (Cat Tien ist Malariagebiet!).

ESSEN UND TRINKEN
Dipterocarpus (Cay Dau)/Yellow Bambus (Tre Vang). Die beiden großen Restaurants bieten einfache vietnamesische Kost. Tgl. 9–ca. 19 Uhr, nahe dem Hauptquartier, Tel. 061/366 91 74.

Zeit für eine (echt vietnamesische) Kaffeepause, Tee ist auch immer dabei …

Himmlisch gebettet – hier in der Forest Floor Lodge.

ÜBERNACHTEN
Bei einem zweitägigen Trek wird im Dorf Dac Lua in einem sehr einfachen Homestay übernachtet oder im Talai Longhouse mit Schlafsaal (Matratzen, Moskitonetze, Gemeinschaftsbäder). Zelte gibt es auch zu mieten.

Forest Floor Lodge. Diese rustikal-designte Herberge liegt im Nationalpark und bietet durchaus luxuriöse Bungalows mit Himmelbetten, Parkett oder komfortable Zelte mitten im Wald, es gibt auch ein gutes Restaurant. 1 km vom NP-Hauptquartier, Tel. 061/366 98 90, www.vietnamforesthotel.com

Green Bamboo Lodge. Einfache Bambushütten in toller Lage direkt am Fluss und gemauerte Häuschen in zweiter Reihe, alle mit Veranden. Hamlet 4, nahe Nationalparkeingang und Fährpier, Mobil-Tel. 097/334 63 45, http://greenbamboolodge.com

VIETNAMS
einzigartige Fauna

Nicht nur Südostasiens letzte wilde Elefanten sind Teil der einzigartigen Fauna Vietnams.
Der hier ist allerdings recht zahm und verspielt.

Das Land der tausend unbekannten Tierarten gleicht einer wilden unzugänglichen »Lost World«. Nach elf Jahren Krieg, nach Millionen Tonnen Napalmbomben, Sprengstoff und Granaten waren die Tierschützer in aller Welt in heller Aufregung als man rund 20 Jahre nach Kriegsende zwei gänzlich neue Säugetierarten entdeckte – die antilopenähnliche Saola und den Muntjak-Hirsch – ausgerechnet in Vietnam! In den teils verminten abgesperrten Dschungelregionen hatte sich die bedrohte Tierwelt Indochinas offenbar ihr Reich zurückerobert ...

Nur so lässt sich erklären, warum in Vietnam - mit rund 90 Millionen Einwohnern eines der dicht besiedeltesten Länder der Erde – sich einige zoologische Kuriositäten in schwer zugänglichen, meist bergigen Grenzregionen zu den Nachbarländern Laos und Kambodscha behaupten konnten, darunter die schätzungsweise letzten hundert wild lebenden Elefanten Vietnams (Cat Tien Nationalpark, S. 128), die kleiner sind als ihre afrikanischen Verwandten. Noch 50 Indochina-Tiger sollen sich in sechs vietnamesischen Provinzen tummeln, dazu gesellen sich in den 30 Nationalparks und mehr als 130 Naturschutzgebieten Wildtiere wie die asiatischen Schwarzbären, Zibet-Wildkatzen, Marder, Gibbons, Krokodile und das prähistorische Schuppentier Pangolin. Vietnam bietet somit Lebensraum für insgesamt 280 Arten von Säugetieren, darunter viele endemische und vom Aussterben bedrohte Tiere.

Die schöne Saola sorgt immer wieder für Schlagzeilen: Experten schätzen die Zahl der erst 1992 neu entdeckten Saola-Exemplare auch: *Vu-Quang-Rind; Pseudoryx nghetinhensis* auf maximal 400 oder lediglich ein paar Dutzend. Doch diese extrem scheuen Huftiere blieben wieder zwei Jahrzehnte quasi von der vietnamesischen Wildnis »verschluckt« – bis 2013 erstmals eine Bewe-

gungskamera das nachtaktive Wildrind mit den langen Hörnern aufnahm. Es gehört zu den seltensten und ältesten Tieren der Welt. Nur zwei Jahre nach der Entdeckung der Saola konnten die Wissenschaftler 1994 im gleichen Nationalpark ein weiteres neues Säugetier finden: den Muntjak-Hirsch *Megamuntiacus vuquangensis*, der hier fast doppelt so groß ist wie sein aus Indien bekannter Verwandter.

2005 folgte als (Wieder-) Entdeckung der wieselartige Sonnendachs *Melogale cucphuongensis*, diesmal in den Wäldern Cuc Phuongs.

Die im Duett singenden Gibbons
Und so ging es Schlag auf Schlag, vor allem bei den Primaten: 1992 entdeckten deutsche Wissenschaftler die schwarzweißen Delacour-Languren auch: *Panda-Langur, Trachypithecus delacouri*, s.S. 228, eine längst ausgestorben geglaubte Art, die aussehen, als würden sie weiße Shorts tragen, dann die Grauen Kleideraffen *Pygathrix cinerea* und schließlich 2011 die Weißwangen-Schopfgibbons *Nomacus leucogenys*, die in den schwer zugänglichen Wäldern im Pu Mat Nationalpark im bergigen Norden entdeckt wurden – diese 450-köpfige Kolonie gilt als die einzige bekannte überlebensfähige Population dieser Gattung weltweit. Sie sind für

ihren Duett-Gesang berühmt, mit dem die lebenslangen Pärchen sich einander vergewissern und ihr Revier abstecken, so vermuten die Wissenschaftler.

Überraschungen gab es auch in der Vogelwelt, erst 1994 mit der Wiederentdeckung von zwei Vogelarten, die ebenfalls beide jahrzehntelang als ausgestorben galten und nun die rund 850 Spezies ergänzen. Vietnam ist ein Dorado für Ornithologen, denn neben Exoten wie dem endemischen Halsbandhäherling (*Garrulax yersini*) lassen sich auch imposante Nashornvögel und Schlangenadler oder viele Zugvögel in Vietnam beobachten. Nicht zu vergessen: mindestens 180 Reptilienarten, mehr als 80 Spezies von Amphibien und etwa 2600 Fischarten sowie mehr als 6000 verschiedene Insektenformen bereichern die vietnamesische Fauna – doch quasi monatlich werden neue

Blütenpracht aller Arten…

Arten in den Dschungeln, Höhlen, Karstbergen und Flüssen entdeckt, allein in den vergangenen zehn Jahren über tausend neue Arten, hauptsächlich Insekten und Reptilien.

Wildtiere in Gefahr

Aber es gibt auch negative Meldungen: Erst 2010 rotteten Wilderer die letzten in Vietnam lebenden Java-Nashörner im Cat-Tien-Nationalpark aus. 2011 wurde in der Provinz Binh Duong sogar ein domestizierter Elefant aus Gier wegen seiner Stoßzähne getötet. Kein Wunder: In Vietnam wird der weltweit höchste Kilopreis für Elfenbein gezahlt: 1500 US$. Weiterhin werden Gibbon-Babys als Haustiere gehalten, nachdem die Mütter erschossen wurden, und Affenhirn gilt als Delikatesse. Heilbringend nach jahrtausendealtem chinesischem Aberglauben (»traditionelle Medizin«) sind der »potenzsteigernde« Tigerpenis und Schildkröteneier für ein langes Leben. Tigerknochen wird zu Rheumasalbe verarbeitet, Rhinozeroshorn zu Mittelchen gegen Nasenbluten, Fieber, Schlaflosigkeit und sogar Epilepsie. Nicht nur Zähne, Knochen und Hörner werden als medizinische Ingredienzen verwertet, der Aberglaube treibt absurde Blüten, und vor allem der Tiger wird regelrecht ausgeschlachtet aufgrund seiner »heilenden« Körperteile: Im Nachbarland Laos wird die Nasenhaut des Tigers gegen Hundebisse verwendet.

Erst 1994 ist Vietnam dem Washingtoner Abkommen über Artenschutz beigetreten. Damit ist der Handel mit bedrohten Tier-

Wild lebende Krokodile stehen seit den 1970er-Jahren weltweit unter Artenschutz.
So gelten sie heute nicht mehr als gefährdet.

arten zwar offiziell verboten, doch eine Lücke im Gesetz erlaubt es weiterhin, Elfenbein aus der Zeit vor dem Verbot zu verkaufen – aber wer soll Alter und Herkunft nachweisen?

Trotz immer mehr Aufzucht- und Auswilderungsprojekten (etwa in Cuc Phuong) machen Wilderer der Tierwelt weiterhin zu schaffen. Die Ironie der jüngsten Entdeckungen: Seit den weltweiten Schlagzeilen über die Saola hat sich der Wert dieser seltenen Tiere leider auch extrem gesteigert - tot oder lebendig! Selbst wenn die Wilderer nur Wildschweine und Hirsche als Nahrungsmittel erlegen, könnte die Saola ebenfalls in die Fallen geraten – ihre Hörner sind bereits auf Märkten in Hanoi und Saigon sowie in einigen Wohnstuben als Trophäen gesichtet worden. Dennoch ist der World Wildlife Fund (WWF) sicher: Vietnam ist eines der biologisch wich-

tigsten Länder in Asien und für Tierforscher ein echtes Dorado. Die abgelegenen und bisher wenig erforschten Wälder halten sicher noch die eine oder andere zoologische Überraschung bereit…

Grüner Nackenstachler (*Acantosaura capra*)

135

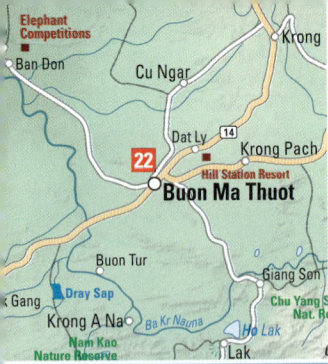

22 Buon Ma Thuot
Im Land der Elefantenfänger

Buon Ma Thuot gilt als die Kaffeemetropole Vietnams, umgeben von Plantagen in herrlicher Hügellandschaft. Die Stadt abseits der Touristenpfade bietet sich an als ruhige Ausgangsbasis für Exkursionen in die Umgebung mit beeindruckenden Wasserfällen und zu den Dörfern der teils noch heute matriarchalisch organisierten Minderheitenvölker, wo man auf Elefanten reiten kann.

Den Reiz der Provinzhauptstadt Buon Ma Thuot (200 000 Einwohner) macht vor allem die wunderschöne Landschaftskulisse mit spektakulären Wasserfällen in der Umgebung aus. Hier trifft man noch auf Angehörige von insgesamt 44 Hochland-Volksgruppen, beispielsweise die Ede, Mnong (auch: M'Nong), Jarai, Tay und Lao. Auf dem Programm der Ausflüge stehen: Elefanten reiten, Nationalparks und Wasserfälle besuchen, den guten einheimischen Kaffee ausprobieren und Reisschnaps mit langen Bambushalmen trinken.

Oben: Elefantenreiten kann man auch mitten im Dak-Lak-See.
Unten: Eine Mnong-Frau beim Kochen, traditionell auf der Feuerstelle im Wohnzimmer.

GUT ZU WISSEN

REINE SHOW(S)
Das Buon Don Tourist Centre in Ban Don ist eine ziemliche Touristenfalle und nur gegen Eintritt zu besichtigen. Auch das touristische Geldverdienen auf dem Rücken der Elefanten mag nicht jedermanns Sache sein, immer mehr deutsche Veranstalter boykottieren solche reinen Shows mit Elefantenreiten usw. Wen es tröstet: Im Yok Don Nationalpark (S. 140) soll der Umgang mit den Tieren etwas weniger kommerziell und pfleglicher sein (www.prowildlife.de).

Buon Ma Thuot

Ein Highlight in Buon Ma Thuot ist das Ethnologische Museum, das sich in einem architektonisch auffälligen Bau verbirgt, einem traditionellen Langhaus »modern« nachempfunden. Hier sollte man nicht die einzigartige Gong-Kollektion verpassen, deren Gong-Musik seit 2005 zum (immateriellen) Unesco-Weltkulturerbe gehört – aber auch sonst ist das Museum sehr anschaulich: Fotos, farbenfrohe Trachten und viele Alltags- und Haushaltsgegenstände geben einen guten Eindruck vom Alltag der hier lebenden Minderheiten.

Bei den Elefantenzüchtern

Im eher touristischen »Elefanten«-Dorf Ban Don (auch: Buon Don) nordwestlich von Buon Ma Thuot werden Elefanten schon seit Jahrhunderten von den Ede und Mnong gejagt und domestiziert. Ein fast schon legendärer Jäger vom Stamm der Mnong aus dem 19./20. Jahrhundert war Khunsonuk (auch: Y Thu Knu, Khunjunop; ca. 1850–1924), dessen Grab heute etwas außerhalb des Dorfes im Norden besichtigt werden kann: »Der König der Elefantenfänger« soll in seinem Leben insgesamt 244 Dickhäuter gefangen und gezähmt haben. Elefanten dienten in den Kriegen als Reittiere, auch als Transporttiere auf dem Ho-Chi-Minh-Pfad, die rund 50 heute hier lebenden Exemplare werden noch beim Transport von Hölzern als Lastentiere eingesetzt, jedoch zunehmend als Reittiere bei Volksfesten und Folkloreshows. Jedes Jahr im dritten Mondmonat (März) rennen die schwergewichtigen Dickhäuter am Serepok-Fluss in Ban Jun im März/April um die Wette – beim Elefantenrennen auf einem 500-Meter-Parcours. Ein weiteres Elefantenspektakel findet alljährlich im November in Ban Don statt, wo die Riesen auch Fußball spielen.

Geheimtipp

KAFFEE-HOCHGENUSS

Im Trung Nguyen Coffee Museum (»Coffee Village«) sitzt man nicht nur sehr schön in einem Nachbau eines hölzernen Langhauses oder auf der Veranda am Teich in vielen kleinen Cafés und genießt Kaffeesorten aus aller Welt. Eine Ausstellung zeigt den Weg vom Kaffeestrauch bis in die Kaffeekannen. Mehr als 10 000 Sammlerstücke des Hamburger Traditionsrösters Jens Burg sind ebenfalls ausgestellt: Kaffeemaschinen, Kaffeemühlen und Dosen aus Kolonialwarenläden. Natürlich gibt es auch frisch geröstete Bohnen von der Kaffeehauskette Truong Nguyen. Wem es hier zu teuer ist: Überall in der Stadt bekommt man guten frisch gerösteten Kaffee!

Trung Nguyen Coffee Museum & Coffee Bar. Museum: tgl. 7–17 Uhr, Kaffeehäuser: 7–20 Uhr, 222 Le Thanh Tong, ca. 3 km vom Stadtzentrum in Buon Ma Thuot.

Am 500 Hektar großen Dak-Lak-See (Ho Dak Lak, ca. 50 Kilometer südlich von Buon Ma Thuot) kann man ebenfalls auf Elefanten durch den flachen Bereich des Sees reiten. Der zweitgrößte natürliche Binnensee Vietnams erstreckt sich zu Füßen der umliegenden Berge. Die Mnong fischen hier mit Netzen und Körben, sammeln Lotosblütenknospen, Schnecken und Flussschlangen. Noch gibt es hier keinen Touristenrummel mit rosafarbenen Schwantretbooten und Souvenirständen. Im Frühjahr werden Bootsrennen veranstaltet, Besucher können Ausflüge im Ruderboot unternehmen, Vögel beobachten, darunter Kraniche und Störche, oder ihr Glück beim Angeln versuchen – der See ist bekannt für seinen Fischreichtum. In der Nähe werden Übernachtungen in sehr einfachen Homestays angeboten, etwa bei den Mnong, die noch nach matriarchalischen Traditionen leben: So zieht der Mann beispielsweise nach der Hochzeit zur Familie seiner Frau.

Mächtige Kaskaden

Die Wasserfälle sind die größten Attraktionen in dieser Region: Der Dray-Sap-Wasserfall (»Wasserfall des Nebels«) versprüht seine Gischt im Südwesten von Buon Ma Thuot auf mehr als 100 Metern Breite, am eindrucksvollsten gegen Ende oder nach der Regenzeit. Noch imposanter sind die weiter östlich gelegenen Dray-Nur-Kaskaden, wenn ihre Wassermassen mit mehreren Schweifen aus 20 Metern Höhe über eine breite Steilwand gischtend in ein großes Becken herabstürzen. Ein weiterer Wasserfall befindet sich bei Ban Don Thanh Ha: die Bay-Nhanh-Wasserfälle. Die Wasserfälle sind auch beliebte Picknickplätze bei den Vietnamesen. Natürlich spricht nichts dagegen, sich mit eigenen Proviant auf den Weg zu machen und das Naturspektakel beim Schlemmen im Freien zu genießen.

Oben: Der Dray-Sap-Wasserfall ist eine der größten Attraktionen in Buon Ma Thuot
Mitte: Die Trinkgefäße der Hochlandvölker, hier im Dak-Lak-Museum …
Unten: Eine Frau aus dem Mnong Dorf beim Kochen

Infos und Adressen

Pho Nuong – ein populäres Barbecue-Lokal

SEHENSWÜRDIGKEITEN

Ethnologisches Museum. Tgl. 7.30–11.30, 13.30–16.30 Uhr, 12 Le Duan, Tel. 0500/385 04 26.

Thac Dray Nur. Tgl. 7–17 Uhr, ca. 20 km südwestlich von Buon Ma Thuot.

Thac Dray Sap. Tgl. 7–17 Uhr, 30 km südwestlich von Buon Ma Thuot, mit Restaurant.

ESSEN UND TRINKEN

Hanoi Bakery. Die stadtbekannte Bäckereikette verlockt mit farbenfrohen Süßigkeiten, wie Torten und Eiscreme, Snacks, frische Baguettes und »banh mi«-Sandwiches. Tgl. 6–21 Uhr, 123–125 D Le Hong Phong und 24 Ha Huy Tap Ecke Le Thanh Tong, Tel. 0500/385 36 09.

Pho Nuong. Das spottbillige BBQ-Gartenlokal überzeugt mit großer Speiseauswahl und netter Bedienung, hier kann man sogar frisches Seafood im Hochland essen. Tgl. 9–21 Uhr, 150 Hung Vuong, neben Dam San Hotel, Tel. 0500/396 99 99.

ÜBERNACHTEN

Dakruco. Hochhaushotel mit 119 gut ausgestatteten und sehr geräumigen (Balkon-)Zimmern in allen Kategorien, mit WLAN, Pool, Spa, Tennisplatz und Restaurant. 30 Ngyuen Chi Thanh, Tel. 0500/397 08 88, www.dakrucohotels.com

Dam San. Das vierstöckige Business-Hotel bietet 60 ordentliche ruhige Zimmer, Pool im Garten und Reisebüro. 212 Nguyen Cong Tru, Tel. 0500/385 12 34, www.damsanhotel.com.vn

AKTIVITÄTEN

Elefantenreiten. Am Dak-Lak-See (ca. 50 km südlich von Buon Ma Thuot) und in Ban Don (ca. 45 km nordwestlich) kann man sich durch die Gegend schaukeln lassen: ca. 25–30 € für eine gebuchte Tour ab Buon Ma Thuot; Elefantenreiten je nach Saison ca. 300 000–500 000 VND/=ca. 12–20 € pro Elefant und Stunde.

INFORMATION

Daklak Tourist. 53 Ly Thuong Kiet, Tel. 0500/385 22 46, www.daklaktourist.com.vn

Im Homestay am Dak-Lak-See schläft man traditionell auf dem Boden.

Oben: Im Yok-Don-Nationalpark kann man noch auf wild lebende Elefanten treffen.

23 Yok-Don-Nationalpark
Heimat der Elefanten

Wildnis, Trekking und Safaris: Die letzten Tiger und gar Leoparden wird man zwar selbst im größten Nationalpark Vietnams wohl nicht zu Gesicht bekommen – aber dafür jede Menge Elefanten! Die Wälder sind Heimat für viele weitere bedrohte Tierarten. Und das artenreiche Kambodscha ist auch nur einen »Tiger«-Sprung entfernt.

Der 1991 gegründete Nationalpark ist mit 115 000 Hektar der größte Nationalpark in Vietnam, leider

Yok-Don-Nationalpark

in den jüngsten Jahren auch stark abgeholzt. Unter den hier siedelnden Hochlandstämmen am meisten verbreitet sind die Lao, Mnong (auch: M`Nong), Nung, Tay und Jarai sowie vor allem die Ede (auch: Rade), die vom Gemüseanbau (Reis, Mais, schwarzer Pfeffer) und der Zucht von Vieh und Elefanten leben. Immer noch gelten teils matriarchalische Traditionen mit der Frau als Familienvorstand, mancherorts leben die Familien noch in den charakteristischen Pfahlbauten, die bis zu 30 Meter lang sein können, etwa in den Dörfern Buon Jang Lanh (auch: Yang Len) und Buon Tur. Eindrucksvoll ist der Friedhof etwa 500 Meter nördlich vom Nationalparksbüro, wo vor allem die Jarai-Gräber mit ihren Holzstatuen von Menschen und Tieren sowie Stoßzähnen und Skelettteilen von Büffeln als Grabbeigaben ausgestattet sind.

Auf den Spuren der Dickhäuter

Der bei Ornithologen beliebte Nationalpark wird vom Srepok-Fluss auf seinem Weg nach Kambodscha durchquert. Hier wachsen mehr als 800 Baumarten, darunter stattliche Dipterocarpen-Baumriesen, verschiedene Bambusarten und viele Orchideen. Besucher können sich mit den Rangern auf Spurensuche begeben oder auch die Handvoll domestizierter Elefanten beim Baden und Füttern beobachten. Bei Bootsausflügen, Expeditionen auf dem Elefantenrücken oder Wanderungen (6–16 km) sieht man einige der rund 250 Vogelarten, vielleicht sogar den Halsbandspecht oder den seltenen Giant Ibis und Kahlkopfgeier, den Nashornvogel, Pfauen und Fasane. Rund 90 Säugetierarten tummeln sich in den Mischwäldern, davon sind etwa die Hälfte vom Aussterben bedroht. Die Blätter der Bambushölzer sind Leckerbissen für Elefanten: Ein paar Dutzend wilde Dickhäuter sollen in den grasreichen Wäldern des Nationalparks noch leben.

Infos und Adressen

Yok-Don-Nationalpark.
Einige Tage vorher anmelden, nach Mr. Gioi fragen, beste Zeit: Nov.– März, tgl. 7–17 Uhr, ca. 40 km westlich von Buon Ma Thuot, 4 km nördlich von Ban Don, Tel./Fax 0500/378 30 28, -49, http://yokdonnationalpark.vn

ESSEN UND TRINKEN
Im Nationalpark versorgt eine Kantine die Gäste (tgl. 7–19.30 Uhr); es gibt auch einen Markt und ein einfaches Ausflugslokal (Voi Con).

ÜBERNACHTEN
Zimmer und Zelte beim Hauptquartier; in Hängematten kann man im Wald übernachten. Oder in Ban Don (ca. 4 km nördlich, (HL 22/s. S. 141).

AKTIVITÄTEN
Neben Elefantenreiten sind ein- bis vierstündige Touren, aber auch zweitägige Ausflüge machbar, obligatorisch mit Guides oder Rangern; außerdem werden Folkloreshows oder Kochkurse bei den Ede vermittelt.

INFORMATION
Daklak Tourist. 53 Ly Thuong Kiet, Buon Ma Thuot, Tel. 0500/385 22 46, www.daklaktourist.com.vn

Ede-Kids im »Elefanten-Dorf«
Ban Don

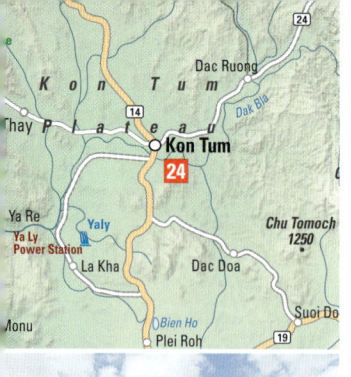

24 Kon Tum
Wo der Ho-Chi-Minh-Pfad verlief

Die Reise führt in eine der ärmsten und dünn besiedeltesten Regionen Vietnams – und eine der meistbombardierten im Vietnamkrieg! Denn hier verlief der legendäre Ho-Chi-Minh-Pfad. In den Minderheitendörfern stehen noch traditionelle Langhäuser und einige alte Holzkirchen der französischen Missionare.

Die Route entlang der N 14 passiert Kautschuk- und Pfefferplantagen, Kaffeesträucher und Wälder im dünn besiedelten Hochplateau zum etwa 240 Kilometer nördlich von Buon Ma Thuot gelegenen Kon Tum (auch Kontum; ca. 100 000 Einwohner). Die eher verschlafene Provinzhauptstadt erstreckt sich auf rund 500 Metern Höhe am Dakbla Fluss und wurde 1860 von französischen Missionaren gegründet. In der Region gibt es noch fast 600 Minderheitendörfer von acht verschiedenen Hochlandethnien, heute zumeist Katholiken.

Holzkirchen und Langhäuser

Ein originales Relikt ist die Kirche Tan Huong, die 1865 auf Stelzen gebaut wurde, mit Buntglasfenstern in der Nguyen Hue Street – eines der ältesten Gotteshäuser in Vietnam. Eine weitere dreischiffige pittoreske Holz-Kirche aus dem Jahr 1913 steht auf derselben Straße rund 500 Meter östlich. Bemerkenswert sind die einzigartigen Grabstätten der Jarai (auch: Gia Rai) auf den Friedhöfen der Umgebung: Die Gräber entpuppen sich als Mini-Häuser mit einem Bambuslatten- oder Maschendrahtzaun und Holzfiguren in verschiedenen Stellungen, etwa im Jarai-Dorf

Oben: Die Jarai bestatten ihre Toten in kleinen Häuschen mit Holzstatuen.
Unten: Eine junge Mutter in Plei Ku

Im Dorf der Bahnar fährt man mit »Ochsenstärken«.

Plei Phun (circa 40 Kilometer südwestlich von Kon Tum). Viele Angehörige der Jarai und der Bahnar haben noch ihre traditionellen »nha rong«-Gemeinde-Langhäuser mit den steil aufragenden strohgedeckten Dächern bewahrt, so auch im Dorf Konkotu.

Ho-Chi-Minh-Pfad

Kon Tum liegt quasi auf dem Ho-Chi-Minh-Pfad, jenem insgesamt 16 000 Kilometer langen und weit verzweigten Straßen- und Wegenetz, das sich zum Teil auf südlaotischem und kambodschanischem Gebiet befand. Auf diesen bergigen Trampelpfaden brachten nordvietnamesische Kämpfer pausenlos (militärischen) Nachschub in den Süden – zu Fuß, per Drahtesel, auf dem Elefantenrücken und Ochsenkarren, später auch mit alten sowjetischen Lastern. Mitten im Dschungel, gut getarnt oder in der Erde vergraben, befanden sich Kommandozentralen, Sanitätsstationen, Tankstellen, Werkstätten und sogar versenkbare Brücken. Mindestens zwei Millionen Tonnen Sprengstoff und Agent Orange sind von den US-Truppen über diesem größtenteils nicht-vietnamesischen Gebiet zwischen 1965 und 1973 abgeworfen worden – mehr als im Zweiten Weltkrieg!

Infos und Adressen

ESSEN UND TRINKEN
Dakbla. Uriges Lokal mit vorwiegend vietnamesischen Gerichten.
Tgl. 7–21 Uhr, 162 Nguyen Hue,
Tel. 060/386 25 84.

ÜBERNACHTEN
Indochine. Das etwas klotzige Provinz-Hotel am Fluss bietet 63 Zimmer, Pool und ein gutes Café/Bistro sowie tolle Aussicht. 30 Bach Dang,
Tel. 060/386 33 34,
www.indochinehotel.vn

Thinh Vuong. Das überraschende Minihotel liegt in einer ruhigen aber zentralen Allee, mit geschmackvollen Zimmern (PCs, WLAN, Balkons!) und gutem Frühstück. 16 B Nguyen Trai,
Tel. 060/391 47 29.

INFORMATION
Tourist Information. Beim Besuch der ethnischen Dörfer sollte man sich mit einem sprachkundigen Guide auf den Weg machen, z. B. mit Nguyen Do Huynh, der auch Homestays in Konkotu vermittelt und Wanderungen anbietet: Mobil-Tel. 090/511 20 37,
www.vietnamhighlands.com

ZENTRUM

25 My Lai
Ein Ort der Trauer

Man muss nicht Vietnamkriegsveteran sein, um die Gedenkstätte in My Lai zu besuchen. Die Gegend galt als Hochburg des Vietcong, und so erlangte das Dorf My Lai traurige Berühmtheit, die Weltöffentlichkeit war schockiert: Die Berichterstattung über das Massaker der US-Armee ließen das öffentliche Meinungsbild Anfang der 1970er-Jahre in den USA vollends kippen. Heute kommen knapp 40 000 Besucher pro Jahr hierher – im Gedenken an die unschuldigen Opfer.

Das Dorf My Lai liegt etwa 120 Kilometer südlich von Hoi An (s. S. 148) nahe der Provinzhauptstadt Quang Ngai. Die Anreise führt vorbei an grün leuchtenden Reisfeldern und windschiefen Häuschen unter Bambusstauden und Palmen. So idyllisch-friedlich war es hier nicht immer: Kindern sollte man einen Besuch des »Son My Memorial Park« nicht zumuten. Erholen kann man sich nach der emotionalen *tour de force* am My Khe Beach.

»Den Kommunismus zerstören«

16. März 1968: In My Lai und drei Nachbardörfern sollte die »Charlie«-Kompanie unter Leutnant William Calley »rote« Vietcong-Soldaten aufspüren. Das Resultat des nur 90-minütigen »search and destroy«-Einsatzes wurde erst 1969 in den USA bekannt, als Beteiligte öffentlich darüber sprachen und Fotos vorlegten: Die US-Soldaten hatten insgesamt 504 Dorfbewohner niedergemetzelt – Männer, Frauen und Kinder, ja selbst Haustiere. »Im Kampf getötet«, so lautete die Meldung Calleys. Er wurde als Einziger 1971 in einem

S. 144/145: Frauen in landestypischer Tracht mit festlichem Kopfschmuck
Oben: Gedenkstätte in My Lai

Museum im Son My Memorial Park

US-Gerichtsverfahren in erster Instanz zu lebenslanger Haft verurteilt und dann von US-Präsident Nixon begnadigt. Seine erschreckende Begründung für die Taten vor Gericht: »Wir waren nicht da, um menschliche Wesen zu töten. Wir waren da, um eine Ideologie zu töten (…), um den Kommunismus zu zerstören.« Mehr als 40 Jahre nach dem Massaker hat Calley in 2009 die Tat erstmals öffentlich bereut. Die Wunden des Krieges sind heute verheilt: »Nach Kriegsende hassten wir die Amerikaner, heute haben wir keine Rachegefühle«, sagt der letzte Überlebende von My Lai, Pham Thanh Cong, damals elf Jahre alt und heute Museumsdirektor.

Kriegsverbrechen und Mitgefühl

Ein Denkmal am Eingang erinnert heute an das grausame Geschehen. Auf dem parkartigen Gelände sieht man Namenstafeln und Grabplatten der Ermordeten, einige Hausnachbauten mit Einschusslöchern und Brandspuren. Ein Museum zeigt einen Dokumentarfilm und Fotos des US-Armee-Fotografen Ronald L. Haeberle, einige überlebensgroße Figuren in militärischer Montur und persönliche Gegenstände der damaligen Dorfbewohner. Hier werden übrigens auch ein US-Soldat und der Hubschrauberpilot Hugh Tompson geehrt, die 16 Vietnamesen das Leben retteten, indem sie sie vor dem Kugelhagel bewahrten.

Infos und Adressen

SEHENSWÜRDIGKEITEN
Son My Memorial Park/Museum. Tgl. 8–11.30, 13.30–17 Uhr, ca. 12 km nordöstlich von Quang Ngai.

ESSEN UND TRINKEN
My Tra Riverside. In dem überdachten Open-air-Hotellokal kann man gemütlich am Fluss sitzen. Tgl. 7–22 Uhr, Tra Khuc Brücke, in Quang Ngai, Tel. 055/384 29 85.

Thien An Riverside. In der »Skybar« des Provinzhotels speist man gut mit Weitblick auf dem Dach. Tgl. 7–22 Uhr, 1 An Duong Vuong, in Quang Ngai, Tel. 055/371 44 68, http://thienanriversidehotel.com

ÜBERNACHTEN
My Khe. Ordentliche Zimmer mit einfachen Duschbädern und Open-air-Lokal. Tinh Khe, Tel. 055/384 33 16, http://mykheresort.com.vn

Sa Huynh Beach. Einsames Resort an der N1, mit Ziegeldachhäusern, Pools, Strandlokal – schöne Meereslage, leider etwas nachlässiger Service … Thon Tan Loc, Chau Huyen Duc Pho, Tel. 055/386 03 11, http://sahuynhresort.com.vn

26 Hoi An
Die Stadt der Lampions

Ein Highlight jeder Vietnam-Reise – malerisch, wenn auch immer weniger authentisch. Vom chinesischen Handelshafen Faifo im 17. Jahrhundert wandelte sich das Städtchen zum Unesco-Weltkulturerbe und schließlich zum quirligen Touristen-Hotspot. Ein Open-air-Museum zwischen alten Kaufmannshäusern und Tempeln in lampiongeschmückten Gassen. Und der endlose Cua Dai Beach ist auch nicht weit…

Im Hafenstädtchen Hoi An (80 000 Einwohner) am Thu-Bon-Fluss scheint die Zeit stehen geblieben: Die drei schmalen Parallelstraßen im historischen Ortskern sind gesäumt von einstöckigen Ladenhäusern mit Kolonnaden in allen möglichen Bonbonfarben, von traditionellen chinesischen Versammlungshäusern und Tempelchen unter rosa blühenden Bougainvilleen. Rund 800 historisch erhaltenswerte und teils restaurierte Bauten gehören seit 1999 zum Weltkulturerbe der Unesco. Zu den auffälligen architektonischen Besonderheiten gehören die Dachziegel nach Yin-Yang-Muster und die über den Haustüren wachenden »mat cua«-Augen (zwei runde, am Ende verzierte Holzbolzen, die in das Gebälk geschlagen wurden). In den Innenhöfen der Versammlungshallen sieht man eine verschlungene Figur: den Wohlstand und Erfolg verheißenden Karpfen (»ca chep«) bei seiner Verwandlung in einen unsterblichen Drachen.

Seide gegen Waffen

Schon die Cham nutzen den Ort vor rund tausend Jahren als Hafen, ebenso die vietnamesische Tran-Dynastie ab dem 15. Jahrhundert.

Ein architektonisch-historisches Schmuckstück: die Japanische Brücke.

Lampions in bunter Vielfalt

200 Jahre später gehörte Hoi An unter dem Namen Faifo (auch: Hai Pho, »Ort am Meer«) zu den wichtigsten Handels-häfen in Asien: Im 16. bis 18. Jahrhundert herrschte hier reges Treiben in den Kaufmanns- und Lagerhäusern: Seide, Brokat, Elfenbein, Porzellan, Tee und Arekanüsse, Zimt und Zucker wurden getauscht gegen Waffen, Kanonen, Schwefel und Blei aus Europa. Vor allem Chinesen und Japaner hatten ihre Handelsniederlassungen, Laden- und Wohnhäuser, Familienkapellen und tempelartigen Versammlungshallen errichtet. Als der Thu Bon Ende des 18. Jahrhunderts zunehmend versandete und die Schiffe immer größer wurden, übernahm das nördliche Da Nang (s.S. 160) am Han-Fluss die Funktion als internationaler Handelshafen. Hoi An verlor an Bedeutung und geriet in Vergessenheit – bis in die 1980er-Jahre, als die ersten Touristen kamen…

Vom heutigen Handel und Wandel

Auch heute wird hier heftig gehandelt – allerdings mit den Touristen: »cyclo-Taxi?«, »motorboat?«, »you like buy, you like drink?« – gefühlte hundertmal lässt der durch die Gassen

Nicht verpassen

»HOI AN BY NIGHT«

Bei Vollmond in Hoi An werden die elektrischen Lichter ausgeschaltet, die Mopeds müssen draußen bleiben. Die Altstadt ist ein einziges natürliches Lichtermeer, das sich schillernd im Wasser des Thu Bon widerspiegelt. Die Gassen erstrahlen im Schein von Tausenden Lampions, flackernden Windlichtern und Lichterketten. Winzige Lichterschiffchen und illuminierte Figurenboote (mythologische Tiere wie Drachen und Schildkröten) sowie Paddelboote gleiten auf dem dunklen Fluss. Mit (für westliche Ohren etwas »schräger«) traditioneller Musik und Performances begehen die Vietnamesen ihr Vollmond- und Laternenfest – ein touristisches Spektakel, aber durchaus romantisch.

»Hoi An by night«. Jeden Monat am 14. Tag des Mondkalenders, ca. 17.30–22.30 Uhr.

RADELN, KOCHEN, SCHLEMMEN

Bei einem wunderbaren Halbtagesausflug aufs Land ins »Tra Que Herb Village« kann man gleich mehrere beliebte Hoi-An-Aktivitäten miteinander verbinden: Per Radtour geht es zuerst entlang von Reisfeldern und Wasserbüffeln ins Dorf Cam Ha. Hier lernt man im Gemüsefeld die einheimischen Zutaten und Kräuter kennen. Kaum ein Besucher, der in Hoi An nicht einmal den Wok oder Kochlöffel schwingt und Fingerfertigkeit beim Zubereiten von Frühlingsrollen beweist, so auch hier: schnippeln und rollen, sautieren und brutzeln (lassen), bis das ganze Mahl zum Abschluss gemeinsam in dem familiären Landhaus verspeist wird. Fuß- und Nackenmassagen gibt es auch – und ausnahmsweise mal keine Souvenirs …

Tra Que Herb Village. Kosten: ca. 500 000 VND/=ca. 20 €, Cam Ha, Mobil-Tel. 091/402 30 44 (Mr. Tuan), www.traque-herbvillage.com

schlendernde Flaneur zwischen der Japanischen Brücke und dem Markt den Geschäftssinn der Vietnamesen an sich abprallen – immer schön geduldig lächelnd, denn natürlich wollen die Hoianer nur am großen Boom ihrer Heimatstadt teilhaben. Kaum ein Wohnhaus das nicht zu Galerie, Souvenirshop, klimatisierter Schneiderboutique oder schickem Café umgewandelt wurde. Wenigstens auf der anderen Seite des Thu-Bon-Flusses auf der An-Hoi-Flussinsel wird es etwas ruhiger: keine fliegenden Händler, keine Pose sitzenden »Models« oder Cyclo-Fahrer. Hier gibt es noch kleine meist namenlose Cafés sogar mit Flussblick, wo man auf dem schmalen Hocker sitzt und der »ca phe sua da« (Eiskaffee) auch nur die Hälfte kostet …

Opiumpfeife und Mondkalender

Die Scharen von Besucher zieht es als Erstes an die beeindruckende Japanische Brücke – ein rosa getünchtes Bauwerk im schlichten japanischen Stil. Sie führt mit Ziegeldach über einen Seitenkanal des Thu Bon und verband vor mehr als 200 Jahren das chinesische Viertel mit dem der japanischen Händler. Mehrfach zerstört und wiederaufgebaut ist dies dennoch ein Meisterwerk der Brückenbaukunst. Die Statuen von zwei Hunden stehen auf der westlichen Seite und zwei Affen auf der östlichen – der Bau wurde vermutlich nach dem chinesischen Mondkalender im Jahr des Affen begonnen und im Jahr des Hundes beendet.

Etwa in der Mitte der Tran Phu entlang der teakhölzernen Shophouses lohnt sich ein Besuch im Quan-Thang-Haus: Von den etwa 80 alten, teils noch bewohnten Handelshäusern wurde die Nr. 77 eines der ältesten, im Jahr 1690 erbaut. In dem schlauchartigen Haus führte vor rund 20 Jahren

Rundgang

Ⓐ Japanische Brücke. Das etwa 300 Jahre alte Bauwerk ist ein beliebtes Fotomotiv und Wahrzeichen von Hoi An. Die 18 Meter lange Brücke über den Thu-Bon-Fluss verband einst das japanische und chinesische Stadtviertel. Man beachte auch den kleinen taoistischen Schrein am nördlichen Ende (Schrein: Sammelticket, tgl. 8–18 Uhr). Tgl. 24 Stunden geöffnet, Tran Phu.

Ⓑ Hoi Quan Quang Dong (auch: Guangdong). Die 1884 erbaute Versammlungshalle der Chinesen aus Kanton ist noch heute das religiöse Zentrum mit vielen Symbolen, Miniaturlandschaften und Altären voller Götterfiguren. Tgl. ca. 8–18 Uhr, 176 Tran Phu.

Ⓒ Quan-Thang-Haus. Das Kaufmannshaus aus dem Jahr 1690 bietet mit seinen Innenhöfen, Wohn- und Küchenbereich mit Brunnen einen guten Einblick in die Wohnkultur und Architektur damals und heute. Tgl. 8–17.30 Uhr, 77 Tran Phu.

Ⓓ Hoi Quan Phuoc Kien. Die Versammlungshalle der Chinesen aus Fujian ist der Meeresgöttin Thien Hau gewidmet, die die Seeleute beschützt – ein Wandbild stellt dies eindrücklich dar. Tgl. ca. 8–18 Uhr, 46 Tran Phu.

Ⓔ Chua Quang Cong (auch: Chua Ong). Der 1653 erbaute Tempel ehrt den legendären General Quang Cong aus dem 3. Jahrhundert. Tgl. 6.30–18 Uhr, 24 Tran Phu.

Ⓕ Hong Phuc. Für die Mittagspause findet sich immer ein Plätzchen in einem der zahllosen Lokale an der Uferpromenade, etwa in diesem zweistöckigen Lokal, wo man die berühmte »cao-lau«-Spezialität (eine spätzleartige Nudelsuppe) ausprobieren kann. Tgl. 9–22 Uhr, 86 Bach Dang, Tel. 0510/386 25 67.

Ⓖ Tan-Ky-Haus. Zu den meistbesuchten Kaufmannshäusern gehört das schmucke zweistöckige Haus aus dem 18. Jh. mit seinen filigranen Schnitzereien, Perlmuttintarsien und Antiquitäten. Tgl. 8–12, 14–17.30 Uhr, 101 Nguyen Thai Hoc.

Ⓗ Traditional Art Performance Theatre. Das engagierte Minitheater zeigt ganztägig mehrere etwa halbstündige Aufführungen von traditionellen Folklore-Tänzen, chinesischer Oper und traditionellen Klängen, z. B. auf der einsaitigen »dan bau«. Tgl. 9–21 Uhr, 39 Nguyen Tai Hoc, 2. Stock, Tel. 0510/386 11 59.

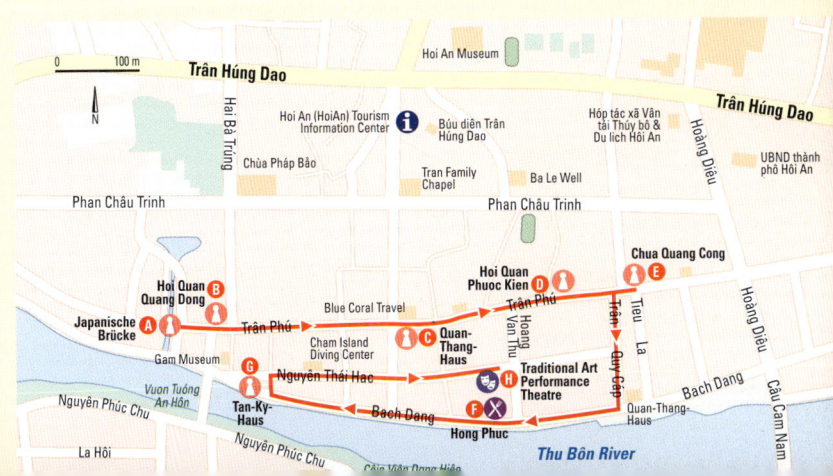

Oben: Hier sieht man, wie sich der »ca chep«, ein Karpfen, in einen Drachen verwandelt.
Mitte: Die »mat cua«-Augen wachen über Hoi Ans Türen.
Unten: Beeindruckend sind auch die traditionellen Apotheken in Vietnam.

noch der alte Hausherr Diep Bao Hung, ein ehemaliger Weber, persönlich durch das Haus und erzählte Anekdoten. Er zeigte beim Rundgang auf eine Ecke, wo schon seine Ahnen aus damals sieben Generationen sich zur Nachtruhe zurückzogen hatten: »Auch mein Großvater hat hier immer seine Opiumpfeife geraucht.« Die Nachkommen heute sind eher etwas »kontaktscheu« – kein Wunder bei dem Andrang – und falls sich gerade mal wieder zu viele Besucher in den winzigen Räumen und Lichthöfen über die hohen hölzernen Schwellen drängen, sollte man einfach später wiederkommen, am besten mit einem guten Guide, um die herrlich geschnitzten Türen und Säulen, die chinesischen Schriftzeichen an den Dachbalken und die Wandmosaike in Ruhe bewundern zu können.

Die Welt der Götter und Drachen

Nur ein paar Schritte weiter südlich entlang der Tran Phu herrscht in der traditionellen Versammlungshalle der Fujian (auch: Fukien)-Chinesen (Nr. 46) friedliche Ruhe, wenn nicht gerade feiertags die Pauken ertönen.
Am Dach leuchten die roten ineinandergreifenden »Yin-Yang«-Ziegel, und der »ca chep«-Karpfen verwandelt sich im Innenhof gerade in einen unsterblichen Drachen. Dazu muss er allerdings erst drei Tore passieren und drei Prüfungen bestehen – denn nichts im Leben geschieht von allein und ohne eigenes Zutun! Schwelende Räucherstäbchen tragen die Wünsche und Gebete der Besucher zu Thien Hau, der Meeresgöttin und Schutzpatronin der Seeleute. Am Ende der Straße nahe dem Markt herrscht der Geist des legendären Generals Quang Cong (198–249) als große Pappmaché-Figur in der Chua Quang Cong (auch: Chua Ong), einem 1653 von den Chinesen erbauten farbenprächtigen Tempel.

Tan-Ky-Haus

Das mehr als 200 Jahre alte Tan-Ky-Haus in der Nguyen Thai Hoc bezeichnen viele als das schönste aller Privathäuser. Erbauer und Urahne war ein wohlhabender chinesischer Händler, der mit Seide, Holz, Tee und Gewürzen handelte. Die beiden hölzernen »mat cua«-Augen bewachen auch hier den Eingang, vorne war einst der Laden, hinten am Fluss der frühere Lagerraum, bis vor wenigen Jahren noch Wohn- und Speisebereich der Familie, heute ein Souvenirladen. Man sollte sich Zeit nehmen, um die Details zu betrachten: chinesische Verse in Perlmutt an den schwarzen Jackfruit-Säulen, filigrane Holzschnitzereien, wie die ebenfalls Gück verheißende Fledermaus, die symbolträchtigen Balken, die Schreine für die Vorfahren und den »Erleuchteten«. Trotz aller Glückssymbole wird das Gemäuer regelmäßig zur Regenzeit überschwemmt.

Altstadtbummel

In der Altstadt wandelt man durch alte Handelshäuser, Museen und malerische Pagoden, pausiert in Cafés und begegnet geschäftstüchtigen Schneidern und Kunsthandwerkern.

Geheimtipp

LAMPIONS SELBST GEMACHT

Nach Lampions stöbern kann jeder, aber selber machen? – Man braucht ein bisschen Fingerfertigkeit, einen hübschen schillernden Seidenstoff, ein Gestell, Schere und guten Kleber – und fertig ist das schöne Souvenir oder auch Weihnachtsgeschenk. Bei der australischen Lifestart Foundation unterstützen die Bastler zugleich ein Behindertenprojekt. Beim alten Herrn Huynh, einem »Pionier« der Laternenmacher Hoi Ans, kann man das Lampionbasteln auch lernen (leider nicht in Englisch). In dem Familienbetrieb bekommt man aber auch schöne originelle Stücke.

Lifestart Foundation. Kurse für ca. 33 US\$, 14 Nguyen Thai Hoc, Mobil-Tel. 016/73 55 94 47, www.lifestart-foundation.org.au

Huynh Van Ba Lanterns. Mo–Fr 8–16.30 Uhr, Kurs: 100 000 VND/ca. 4 € (am besten mit Dolmetscher), 126 Tran Hung Dao, Tel. 0510/391 02 01 und Mobil-Tel. 093/536 01 97.

GUT ZU WISSEN

NUR NOCH MIT SAMMELTICKET!

Die Zeiten des kostenlosen Flanierens durch die Altstadtgassen sind passé. Wer kein Sammelticket hat (gilt für fünf von 18 Stätten) muss Eintritt zahlen: Der liegt zwar bei verkraftbaren 120 000 VND/5 Euro – auch dann, wenn man abends nur in Bars chillen will. Doch die malerische Kulisse in einem einzigartigen Häuser-Ensemble muss natürlich auch instandgehalten werden. Fast jedes Jahr sorgt die Regenzeit für neue Schäden…allemal gut investiertes Geld!

Infos und Adressen

SEHENSWÜRDIGKEITEN

Keramikmuseum. Für Archäologie-Fans ein lohnendes Ziel mit vielen antiken Töpferwaren und chinesischen Keramiken, teils zerbrochen aus Schiffswracks, sowie herrlichen Wandmosaiken in einem klassischen Kaufmannshaus aus 1851. Tgl. 8–17 Uhr, 80 Tran Phu.

ESSEN UND TRINKEN

Belleville. Bar & Lounge, Steaks & Tapas: Hier speist man vornehmlich französisch-vietnamesisches in einem schicken zweistöckigen Haus auf der Flussinsel An Hoi, Happy Hour 16–20 Uhr. Tgl. 15–ca. 22 Uhr, 40 Nguyen Phuc Tan, Tel. 0510/392 50 00, www.bb-hoian.com

Bao Han. Das alteingesessene kleine Lokal hat viele Stammgäste: Phis Küche überzeugt vom Bratreis über schmackhafte Hotpots bis hin zu den frischen Meeresfrüchten – und gute Weine gibt es auch. Tgl. 10–21.30 Uhr, 17 Cua Dai (Strandstraße nahe Palm Garden Hotel), Tel. 0510/350 14 40.

Before and Now. Pizza und Pasta, Steaks und Salate: Bei westlichen Touristen beliebtes italienisch-vietnamesisches Lokal. Die Portionen könnten größer sein; es gibt auch Frühstück, Kuchen und Billardtisch. Tgl. ca. 9–23 Uhr, 51 Le Loi, el. 0510/391 05 99, http://beforeandnow.net

Mango Mango. US-Vietnamese Duc Tran kreiert Fusion-Food zwischen Chili- und Schokoladensauce in einer hübschen Lokal-Bar auf der anderen Flussseite, auch gute Cocktails, gehobene Preise. Tgl. 9–23 Uhr, 45 Nguyen Phuc Chu, Tel. 0510/391 18 63, www.themangomango.com

Son Hoi An. Vietnamesisches »Slowfood« zwischen Palmen und Reisfeldern: In rustikalem Garten-Ambiente munden die liebevoll dekorierten Speisen (auch Vegetarisches, Pizza und Burger) bei Phan und ihrem Team. Tgl. 9–21 Uhr, 232 Cua Dai (Straße zum Strand), Tel. 0510/386 11 72.

Viettown. Das schöne Gartenlokal bietet Platz für 500 Gäste, zumeist Touristengruppen, bis zu siebengängige Menüs, etwas gehobene Preise. Nebenan kann man Kunsthandwerkern über die Schulter schauen und Seidenwaren kaufen. Tgl. 8–22 Uhr, 127 Phan Chu Trinh, Tel. 0510/391 71 35, http://viettownrestaurant.com.vn

Zentralmarkt. Auch auf dem mittlerweile sehr touristischen Markt ein paar Schritte weiter kann man Hausmannskost wie Reispfannkuchen (»banh xeo«), »banh-bao«-Teigtaschen und andere lokale »Spätzialitäten« (wie »cao lau«) probieren. Tgl. ca. 6.30–16 Uhr, östliches Ende der Uferstraße Bach Dang und der Tran Phu.

ÜBERNACHTEN

Ancient House. Was für eine Oase: Die Herberge bietet 52 gemütliche Balkonzimmer rund um den üppig begrünten Minipool. 377 Cua Dai, Tel. 0510/392 33 77, www.ancienthouseresort.com

Green Heaven. Altstadtnah und ruhig: kleines freundliches Mittelklassehotel mit komfortablen Zimmern und Pool im Innenhof. 21 La Hoi, An-Hoi-Flussinse, Tel. 0511/396 29 69, www.hoiangreenhavenresort.com

Palm Garden. Die 214 wunderschönen Balkonzimmer in zweistöckigen Häusern verteilen sich im weitläufigen Tropengarten, 14 Bungalows direkt am Meer, mit Open-air-Bädern und Shuttle-Bus nach Hoi An. Cua Dai (An Dang Beach, ca. 5 km von Hoi An), Tel. 0510/392 79 27, www.palmgardenresort.com.vn

Rock Villa. Nur sieben strandnahe Homestay-Zimmer: Das moderne Haus mit Pool im Garten liegt toll am De-Vong-Fluss, familiär-entspannte Atmosphäre, kostenlose Räder und Reisetipps von Besitzerin Tram. Unit 3, Thanh Tay, Cam Chau, nahe 171 Cua Dai), Tel. 0510/392 47 97, www.rockvillahoian.vn

The Nam Hai. Chic as chic can be: Hier erwartet man nicht umsonst perfekten Service in minimalistischen Pool-Villen mit Butler, ultimativer Luxus zu ultimativen Preisen ... Dien Duong, ca. 8 km nördlich von Hoi An, Tel. 05 10/394 00 00, www.ghmhotels.com

AUSGEHEN

Q Bar. Hippe Musik, coole Cocktails: die Bar verbirgt sich in einem der ältesten Shophouses der Stadt mit asiatischer Küche und entspannter Chill-Atmosphäre. Tgl. 10–24 Uhr, 94 Nguyen Thai Hoc, Tel. 0510/391 19 64.

EINKAUFEN

Mr. Xe. Bei diesem Schneider passt es! Passgenau, pünktlich, korrekte Preise. 71 Nguyen Thai Hoc, Tel. 0510/391 03 88.

Nightmarket. Souvenirs und Essstände, Kunsthandwerk und bunter Schnickschnack – Handeln (bei Souvenirs) ist hier oberste Pflicht. Tgl. ab ca. 18–22 Uhr, Nguyen Hoang.

Reaching Out. In der Behindertenwerkstatt kann man schöne Mitbringsel wie Handtaschen, Textilien und Modeschmuck erstehen – und gleichzeitig Gutes tun. Mo–Fr 8.30–21 Uhr, Sa/So 9.30–20 Uhr,103 Nguyen Thai Hoc, www.reachingoutvietnam.com

AKTIVITÄTEN

Climbing (Klettern). Als neue Hotspots entwickeln sich derzeit die Gegend bei Hoi An und südlich von Da Nang in den Marmorbergen. Phat Tire Venturers, www.ptv-vietnam.com

Kochkurse. z. B. in Vy s Cooking School (25 US$, c/o Morning Glory Restaurant, 3 Nguyen Hoang, Tel. 0510/224 15 55,-6, http://msvy-tastevietnam.com/cooking-classes) oder etwas außerhalb im Red Bridge (33 US$, Tel. 0510/393 32 22, www.visithoian.com)

Radtouren. Fahrräder sind allerorten auszuleihen (oft in Gästehäusern inklusive); einfach aufsitzen und durch die Reisfelder radeln ...

INFORMATION

Hoi An Tourist. 24 Stunden gültige Sammeltickets zum Besuch der Altstadt. Tgl. 7–18 Uhr, Zweigstellen: 10 Nguyen Hue, 10 Tran Hung Dao, 78 Le Loi und 47 Tran Phu, Tel. 05710/386 27 15, www.hoianworldheritage.org.vn

Hoi An liegt in idyllischer Lage beidseits des Thu Bon-Flusses.

Die Weltkulturerbe-Ruinen von My Son sind voller Geheimnisse und nicht selten auch voller Besucher.

27 My Son
Von der Vergänglichkeit einer Hochkultur

Es ist acht Uhr morgens und schon liegt die Hitze unerträglich schwer in dem Talkessel, der kreisrund von einer Hügelkette umschlossen wird. Es scheint als würden die Berge versuchen, die hier verbliebenen Götter und Gottkönige der Cham-Hochkultur zu beschützen. Die Zikaden summen und zirpen, ansonsten herrscht erhabene fast mystische Stille.

My Son befindet sich ca. 40 Kilometer westlich von Hoi An in einem engen Tal zwischen zwei dschun-

Shivas Hinterlassenschaft

Vor rund 1000 Jahren war My Son das größte religöse Zentrum der Cham: Einst lebten hier neben Priestern vermutlich auch Tempeltänzerinnen. Etwa 20 Ruinen in zehn Gruppen (A bis J) sind auf dem Gelände zu besichtigen – die besterhaltenen sind die Gruppen B, C und D nahe dem Eingang.

❶ »Kalan«-Türme der Gruppe C+B (C1, B1.
Vorbei an den kaum erhaltenen Ruinen der H-Gruppe erreicht man die ersten vergleichsweise intakten Ruinen: Charakteristischerweise bestehen sie aus den drei folgenden Ziegelstein-Bauwerken (hier: Punkt 1. bis 3.): im Zentrum stets ein Turm, der den Berg Mehru als Sitz der Götter symbolisiert- vermutlich B1, heute nur noch als Basis erhalten, der hier eventuell dem Gottkönig Bhadresvara, einem Mischwesen aus Shiva und König Bhadravarman, gewidmet war, davor steht der phallische Lingam für Shiva, der unter den Ruinen gefunden wurde, und sein Reit-Stier Nandi. Heute ist der Kalan C1 zur Linken am beeindruckensten, man beachte die Götterfiguren und den hübsch verzierten Türsturz.

❷ Bibliothek (B5). Das Bauwerk trägt stark malaiisch-polynesische Architekturelemente (das bootförmige Dach) und ist mit einigen Statuen und Elefantenfresken ausgestattet – hier wurden heilige Schriften und Ritualgegenstände aufbewahrt.

❸ »Mandapa« (D1, D2). Dahinter liegen die Meditations- bzw. Gebetshallen, wo vermutlich auch Tempeltänze stattfanden. Heute sieht man in der modern überdachten Galerie-Ausstellung u. a. die herrliche Freske eines tanzenden Shivas, sein Reit-Stier Nandi, das mythologische Vogelwesen »garuda« sowie Stelen, Säulenreste und Leisten.

❹ Kalan A1. Über einen Bach gelangt man in östlicher Richtung (dann rechts halten) zur völlig zerstörten Gruppe A: Hier erhob sich einst einer der schönsten und einzigartigen Ziegelbauten in

Asien, ein 28 Meter hoher »kalan«-Turm (A1), der mit Löwen und Elefanten ausgeschmückt war – im Vietnamkrieg dem Erdboden gleichgemacht.

❺ Gruppe G. Nördlich erreicht man drei typische Cham-Tempelbauten, teils wiederaufgebaut: Kalan, Mandapa und Gopura. Besonders gut erhalten: die Teufelsfratze und der wunderschöne Sockel mit den zahlreichen Brüsten, die die Urmutter Uroja symbolisieren.

❻ Gruppe E+F. Ein paar Schritte weiter nördlich liegt der älteste Ruinenteil aus dem 7. Jahrhundert: Zwischen den übermoosten und vom Monsun schwarz angelaufenen Ruinenresten sticht der wiederaufgebaute »mandapa« mit seinen hellen Ziegelsteinen klar heraus. Hier steht eine kopflose Statue und ein weiterer Nandi.

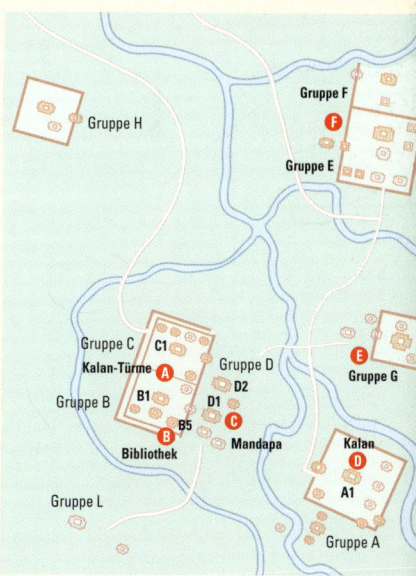

»Tempeltänzerinnen« in der Tanzshow

Nicht verpassen

FANTASIEVOLLE CHAM-TANZSHOW

Mit Pauken, Gongs und Trommeln und den gewöhnungsbedürftigen Flötenklängen beginnt die Folklore-Show. Die vietnamesischen Frauen tanzen anmutig in langen weißen Gewändern mit Fächern oder Krug auf dem Kopf. Die Cham gehören heutzutage immerhin dem wenn auch sehr gemäßigten islamischen Glauben an. Aber hier fallen im wahrsten Sinn die Hüllen: Die hübschen vietnamesischen Tänzerinnen, die die Apsara-ähnlichen Tempeltänzerinnen mit gelenkigen Verrenkungen darstellen sollen, könnten in ihren goldglitzernden Bustier-Lendenschurz-Kostümchen auch in jedem Nachtclub auftreten. Es handelt sich hier keineswegs um einen überlieferten authentisch-traditionellen Cham-Volkstanz, auch wenn es so vermarktet wird ...

Tanz- und Musikvorführungen (für Gruppen): Di–So 9.30 und 10.30 Uhr, auf der Bühne hinter dem Eingang beim Souvenirladen.

gelig überwucherten Hügelketten. Französische Archäologen der École française d'Extrême-Orient zählten hier Ende des 19. Jahrhunderts noch mehr als 70 Ruinen aus dem 4. bzw. 7. bis 13. Jahrhundert – doch die meisten sind durch US-Bomben 1969 zerstört worden, als auch My Son zur »Feuer-frei-Zone« erklärt wurde. Die kommunistischen Vietcong hatten sich ausgerechnet in der Ruinenstadt verschanzt. Seit 1999 zählen die letzten 20 Ruinen zum Weltkulturerbe der Unesco.

Eine mächtige Hochkultur

Das Reich Champa (2. bis 15. Jahrhundert) zählte zu den mächtigsten Hochkulturen in Südostasien und herrschte mehr als 1400 Jahre im Zentrum Vietnams bis ins Mekongdelta. Champa wurde erst 1832 unter dem vietnamesischen König Minh Mang endgültig aufgelöst. Wissenschaftler vermuten, dass die Tempelstadt »Indrapura« den Göttern und Gottkönigen zu Ehren erbaut worden war. Die Cham verehrten bis vor einigen Jahrhunderten vor allem die Hindugötter Shiva, Vishnu und Brahma sowie Shivas Sohn, den Elefantengott Ganesha. Später breitete sich zunehmend der Buddhismus in Kunst und Glauben aus, ab etwa dem 11. Jahr-

My Son

hundert wurden die Cham immer mehr durch arabische Seefahrer beeinflusst – heute sind die Cham gemäßigten moslemischen (sunnitischen) Glaubens mit brahmanischen Elementen, etwa ein Fünftel ist hinduistischen Glaubens. Im 7. Jahrhundert ließ König Sambhuvarman (reg. 577 bis 629) den vom gottgleich verehrten König Bhadravarman (reg. 380 bis 413) aus Holz erbauten My-Son-Tempel mit haltbareren Materialien wie Ziegelsteinen rekonstruieren, und so entstand nach und nach das größte religöse Zentrum der Cham.

Wo die Zeit stillsteht ...

Man sollte sich einige Stunden Zeit nehmen, um zwischen den Tempeltürmen, den bemoosten Säulen und kleinen Teichen herumzustreifen, die besondere Atmosphäre auf sich wirken zu lassen und die Reliefs an den Ziegelbauten zu betrachten: zum Beispiel hinduistische Gottheiten wie Ganesha, Tänzerinnen, eine betende Frau, eine Masseurin und ihr Patient, ein Flötenspieler und einige Teufelsfratzen. Besonders auffällig sind der »Lingam« (das Phallus-Symbol von Shiva) und der markante Uroja-Sockel mit den aufrechten steinernen Brüsten der »Urmutter«.

GUT ZU WISSEN

HITZE, MINEN, MASSEN

Für My Son empfiehlt sich frühestes Aufbrechen (gegen 5 Uhr), denn im engen schattenlosen Talkessel kann es heiß und stickig werden. Spätestens ab 9/10 Uhr wird es voll mit japanischen und chinesischen Gruppen in Truppenstärke. Und immer schön auf den Wegen bleiben – wegen Minengefahr! Man könnte diese Vier-Stunden-Tour eigentlich ganz gut vor dem (Spät-)Frühstück im Hotel machen – und spart so einen halben Tag und viel Schweiß ...

Infos und Adressen

SEHENSWÜRDIGKEITEN

My Son. Vieles ist zerstört; wer mehr sehen und erfahren will, sollte das Museum in Da Nang besuchen (s. S. 160 /HL 28). Tgl. 6–16.30 Uhr (letzter Einlass), Duy Phu, ca. 40 km westlich von Hoi An.

ESSEN UND TRINKEN

Ein Restaurant und Imbissstände versorgen die Besucher am Eingang von My Son mit Snacks, vietnamesischen Gerichten und kalten Getränken.

INFORMATION

Anreise: Man kann mit Mofas, Tourbussen (spottbillig ab 150 000 VND/6 US$), Mietwagen, Taxi (ca. 50 US$ hin und zurück) anreisen, weniger empfehlenswert sind die Bootstouren auf dem Thu Bon, da sie nicht direkt nach My Son fahren (vom Pier geht es weiter mit dem Mofataxi). Die meisten (preiswerten) Touren verbringen nur etwa eine Stunde auf dem Gelände. Wer sich sehr für die Cham-Hochkultur interessiert, sollte individuell anreisen. Sonnenlotion, Sonnenschutz und Trinkwasser nicht vergessen!

Verschnaufpause auf jahrtausendealten Ruinen – Wen stört's? ...

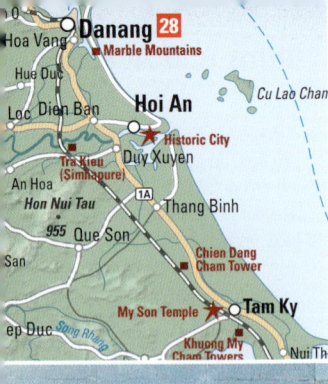

28 Da Nang
mit Lang Co
»Das Tor nach Indochina«

Eine ideale Drehscheibe – von Da Nang und seinen endlosen Stränden kann man gut ausschwärmen. In der Nähe der geschichtsträchtigen Hafenstadt warten vier der schönsten Unesco-Stätten in Vietnam auf Entdeckung. Und wo sonst findet man schon ganze Berge aus Marmor! Über die Truong-Son-Bergkette geht es ins Nachbarland Laos.

Da Nang (ca. 1,1 Mio. Einwohner) wirbt mit Internationalem Flughafen und seiner hervorragenden Lage zwischen gleich drei bzw. vier Unesco-Weltkulturerbestätten: Hue (s. S. 168), Hoi An (s. S. 148) und My Son (s. S. 156) sowie der jüngst entdeckten Phong-Nha-Höhle (s. S. 182). Die Universitätsstadt selbst hat nicht sehr viele Sehenswürdigkeiten, aber eine umso bewegtere Geschichte. Der Name des Stadtstaates am Han-Fluss stammt von den Cham, die hier bis ins 15. Jahrhundert siedelten, und bedeutet »großer Fluss« oder »große Mündung«: Ab dem 16./17. Jahrhundert wurde Da Nang zu einem international bedeutenden Hafenort für europäische und asiatische Handelsschiffe. Die Franzosen nannten die Stadt Tourane und besetzten ab 1858 von hier aus das Land. Zu den Hinterlassenschaften der Kolonialherren gehört beispielsweise die 1923 erbaute Kathedrale in der Tran Phu.

Die Skulpturen im Cham-Museum weisen vor allem religiöse Hintergründe auf.

Kriegsszenen aus Da Nang

»Rolling Thunder«: Auch die Amerikaner wählten rund hundert Jahre später Da Nang bei diesem Manöver zu ihrem Landungsort für die ersten US-Bo-

Der Danang Beach mag manch Älterem aus der Geschichte Vietnams bekannt vorkommen …

dentruppen und Panzer – damit traten die USA am 8. März 1965 am »China Beach« (Bai My Khe und Bai Bac My An, sieben Kilometer südöstlich vom Stadtzentrum) in den Vietnamkrieg ein. Es sollten insgesamt 650 000 US-Marines in der bedeutenden US-amerikanischen Militärbasis folgen. Kein Wunder, dass die Amerikaner den China Beach schon lange kennen – spätestens aus der gleichnamigen Seifenoper, der TV-Surfer-Serie zum Krieg. Heute heißt der berühmt berüchtigte Strand Danang Beach, und der Tourismus boomt. Hotelketten, soweit das Auge reicht.

Auch Deutschen wird die Gegend als Kriegsort unvergessen bleiben: Das deutsche Lazarettschiff »Helgoland« behandelte von 1967 bis 1972 Kriegsopfer – einige Waisenkinder wuchsen anschließend in Deutschland auf. Am 29. März 1975 stachen hier während der nordvietnamesischen Großoffensive und der darauf folgenden Flucht zig Tausende südvietnamesischer Soldaten in See. Das Fernsehen übertrug die dramatischen Bilder der Evakuierung der US-Amerikaner: Verzweifelte Vietnamesen klammerten sich an die Tragflächen einer Boeing 727 und stürzten ins Südchinesische Meer …

Geheimtipp

IM »TUONG«-THEATER

Eine kleine Zeitreise: Die rund 60 Künstler zeigen eine Auswahl der alten Künste mit schönen Kostümen und teils Masken, von chinesischer Oper über Apsara-Tanz bis Folkore. Geschichten aus dem vietnamesischen Alltag und seinen uralten Legenden. Anmutige Tänze, die das Landleben darstellen, wechseln mit etwas albern anmutenden Verrenkungen der leicht bekleideten Apsara-Tänzerinnen, die schöne Stimme der »Phuong Co«-Darstellerin mit den manchmal für westliche Ohren etwas schrägen Klängen des Tuong-Orchesters. Alte Instrumente wie Trommeln, Flöte und die einsaitige Zither (»dan bau«), kommen bei dem klassischen Drama zum Einsatz, bei der Cham-Musik die »saranai«-Flöte und »paranung«-Trommel.

Nguyen Hien Dinh Tuong Traditional Theatre. Mi u. Sa 19.30 Uhr, 155 Phan Chu Trinh, Tel. 0511/356 12 93, http://nhahattuongdanang.com

Auch der Cao-Dai-Tempel
in Da Nang ist sehenswert.

Einfach gut!

Boom statt Bomben

Es hat eine Weile gedauert, aber mittlerweile reiht sich im Norden der 30-Kilometer-Sandpiste bis nach Hoi An eine Luxushotelkette neben die andere. Die dramatischen Szenen sind heute vergessen, die Enkelkinder servieren »Ho-Chi-Minh-Trail«-Cocktails in der Bar des Furama, Vietnams erster Luxus-Strandherberge: Hier gaben sich ab 1996 die Kriegsveteranen die Klinke in die Hand, tauschten Kriegsgeschichten und verblichene Fotos am Pool aus und planten Projekte für Straßenkinder, um das eigene Gewissen zu erleichtern. Auch US-Regisseur Oliver Stone (mit den Kriegsepos *Platoon* und dem Antikriegsfilm, *Zwischen Himmel und Hölle*) hat sich an dem geschichtsträchtigen Ort erholt. Heute ankern Luxuskreuzfahrtschiffe im Hafen, aber einige Fischer sieht man noch immer in ihren traditionellen runden »thuyen thung«-Korbbooten (auch: »thung chai«): Die Boote sind aus Bambus geflochten, mit Harz abgedichtet und werden stehend mit einem Paddel in der Hand über die Wellen manövriert.

Von Göttern und Fabelwesen

Ein Höhepunkt in Da Nang ist das Cham-Museum mit rund 500 Exponaten in zehn Räumen und im Garten, die meisten aus dem 7. bis 14. Jahrhundert – die weltweit größte Sammlung an Cham-Kunst! Die Skulpturen und Fresken haben vor allem religiöse Inhalte: Hindugötter wie Shiva und sein Sohn, Elefantengott Ganesha, und ihre Symbole (wie der Lingam als Phallussymbol von Shiva, die als weibliche Brust dargestellte »Urmutter« Uroja und Shivas heiliger Reit-Stier Nandi). Unter den Fabelwesen sind der vogelartige »garuda«, der »gajasimha« (eine Mischung aus Elefant und Löwe) sowie die furchterregende »kala-makara«-Schlange bedeutend. Außerdem kann man Buddha- und

Sightseeing in und um Da Nang

In Da Nang lässt es sich nicht nur gut am 91 Kilometer langen Sandstrand oder Hotelpool liegen – auch der restliche Teil der Großstadt hat einiges an sehenswerten Attraktionen zu bieten. Den ersten Überblick verschaffen die Marmorberge, ein Bummel an der Han-Uferpromenade verheißt lukullische Genüsse und Fotomotive der stetig wachsenden Skyline mit immer futuristischeren Wolkenkratzern.

Ⓐ Marmorberge (Ngu Hanh Son). Zahllose Legenden und Philosophien ranken sich um Höhlen-Schreine, v. a. die mit 30 Meter höchste und eindrucksvollste Huyen-Khong-Grotte. Mittlerweile fährt ein Fahrstuhl den Berg hinauf. Von dort kann man eine tolle Aussicht bis hin zum Meer genießen. Tgl. 7–17 Uhr, Huyen Tran Cong Chua, Dong Hai, Non Nuoc, ca. 10 km südöstlich von Da Nang (2 bis 3 Std. einplanen, feste Schuhe, v. a. bei Regen!).

Ⓑ Museum der Cham-Skulpturen. Das hervorragende Museum zeigt rund 500 Exponate wie Shiva und sein Lingam-Phallus aus der mehr als tausendjährigen Cham-Herrschaft in Südvietnam. Es ist das einzige Museum auf der Welt, das sich nur der Cham-Kultur widmet. Tgl. 7 bis 17.30 Uhr, zweistündige Rundgänge mit Guide um 8 und 14 Uhr, 1 Trung Nu Vuong Ecke Street »2 Thang 9«, Tel. 0511/357 48 01, http://chammuseum.danang.vn

Ⓒ Kathedrale. Das hübsche rosa getünchte Gotteshaus (1923) beeindruckt mit farbenprächtigen Fenstern, die Gottesdienste sind meist gut besucht, sodass man auf Plastikstühlen draußen Platz nehmen muss. Tgl. 5 –17 Uhr, Messen in englisch: So 10 Uhr, 156 Tran Phu, Tel. 0511/387 34 45.

Ⓓ Han-Markt. An der Uferstraße nahe der Kathedrale gibt es Obst, Reisgerichte oder Nudelsuppen, außerdem viele gute und preiswerte vietnamesische Flusslokale mit frischem Seafood. Tgl. 6 bis 16 Uhr, Bach Dang.

Ⓔ Cao-Dai-Tempel. Wem der Cao-Dai-Haupttempel in Tay Ninh (s. S. 50) zu überlaufen war, bekommt im immerhin zweitgrößten Tempel einen guten Eindruck der kunterbunten Sekte – wenn auch nicht ganz so schrill-farbig, aber ohne viel Gedränge. Tgl. Gottesdienste 6, 12, 18, 24 Uhr (Schuhe ausziehen), 35 Hai Phong Street.

Ⓕ Nighmarket. An der 2013 eröffneten 666 Meter langen »Dragon Bridge« über den Han-Fluss wird der Drache jedes Wochenende zum Leben erweckt: eine abendliche Lightshow mit »feuerspeiendem und wasserspuckendem Drachen«, Souvenir- und Essstände, Riesenrad und Karussells. Der Markt bietet die Gelegenheit zu einem Altstadtbummel ohne störenden Straßenverkehr. Sa u. So ab 18 Uhr, Feuerspucken 21 Uhr, Bach Dang.

Wächterfiguren bewundern, tanzende Apsaras, Flöten- und Polospieler sowie Darstellungen aus dem indischen Helden-Epos Ramayana an einem herrlich verzierten Altar (gleich im ersten Raum, dem Tra-Kieu-Raum).

Hinauf zu den Marmorbergen!

Manche geben bereits an der steilen Eingangstreppe auf – die Wege ins Paradies sind bekanntlich mühsam. Mittlerweile bringt ein moderner Fahrstuhl die Besucher ins Reich der Götter auf dem höchsten der fünf »Berge der fünf Elemente« (zehn Kilometer südöstlich von Da Nang): Hier auf dem hundert Meter hohen Thuy Son, dem »Wasserberg«, wachen quasi auf Schritt und Tritt die Göttin der Barmherzigkeit (Quan Am), der Buddha der Vergangenheit (Sakyamuni) und der lachende dicke Buddha der Zukunft (Di Lac) über die Pilger – ein kleines Labyrinth der buddhistisch-spirituellen Entdeckungen in vielen Felsnischen, kleinen Grotten und Altären zum Innehalten am Wegesrand.

Der Thuy Son beherbergt die 1825 von Kaiser Minh Mang errichtete Tam-Thai-Pagode und

Oben: Im Süden Da Nangs warten die Mamorberge auf Besucher.
Unten: Die Schreine in den Grotten sind (meist) gut besucht.

GUT ZU WISSEN

BADESPASS MIT TÜCKEN

Im Zentrum Vietnams herrschen besonders gefährliche Strömungen, die rote Flagge an Da Nangs Stränden sollte man unbedingt beachten, auch wenn die Wellen gar nicht so bedrohlich erscheinen. Vor allem auf der Halbinsel Lang Co sollte man Vorsicht walten lassen, die tückische Strömung sorgte hier schon für Todesopfer. Dagegen hilft auch gute Planung: Beste Badezeiten an der Zentralküste sind April bis Juli, Regen und Taifune gibt es häufig im August bis November.

Da Nang mit Lang Co

einige Höhlen: Die größte ist die
30 Meter hohe wunderschöne Huyen-
Khong-Höhle mit dem sitzenden Buddha
der Gegenwart (Thich Ca).

Die letzten Fischer von Lang Co

Über den Hai-Van-Pass (30 Kilometer nördlich von
Da Nang) erheben sich die Berge der Truong-Son-
bzw. Bach-Ma-Kette auf bis zu 1400 Metern Höhe.
Eine Wetterscheide an der schmalsten Stelle Vietnams – der Pass heißt nicht umsonst auch »Pass
der Meereswolken«. Der rund sechs Kilometer lange
Hai-Van-Tunnel wurde 2005 eröffnet und verkürzt
die Reisezeit zwischen Da Nang und Hue um etwa
eine halbe Stunde. Dafür verpasst man jedoch auf
den heutzutage kaum befahrenen Serpentinen eine
herrliche Landschaftspassage mit bestem Panorama.

Rund zehn Kilometer weiter nördlich präsentiert
sich das meist fotografierte Postkartenmotiv der
Halbinsel Lang Co: türkis schimmerndes Meer,
goldener Strand, Fischerboote unterm Palmenmeer.
Riesige Fischernetze hängen an Stangen über dem
Wasser. Die Fischersfrauen suchen vor der Sonne
vermummt und in konischen Reishüten nach
Schnecken und Muscheln im Schlamm. In der Lagune werden seit Jahrzehnten vor allem Austern
zur Perlmuttherstellung gezüchtet, originellerweise
werden dazu ausgemusterte Fahrradreifen benutzt.
Man kann die Anlagen besuchen oder mit den Fischern in ihren Korbbooten Ausflüge in die Lagune
unternehmen. Doch immer mehr von ihnen werden
verdrängt durch Hotelbauten und makellos »sauber
gefegte« Touristenstrände – nicht nur hier am Bilderbuchstrand. In Da Nang lässt es sich nicht nur
gut am Strand oder Hotelpool liegen! Den ersten
Überblick verschaffen die Marmorberge, ein Bummel an der Han-Uferpromenade verheißt lukullische
Genüsse und Ausblicke auf die Futuristische Skyline.

Nicht verpassen

AUF ZUR »LADY BUDDHA«

Die 2010 erbaute Figur
der Göttin der Barmherzigkeit
ist die größte in Südostasien (!) –
die auf einem Lotosblatt stehende
Quan Am (chin.: Kuan Yin) misst ganze 67 Meter. Von innen kann man der
»Lady Buddha« zu Leibe rücken, nach
17 Etagen belohnt ein Weitblick über
die Da-Nang-Bucht, die Son-Tra-Halb-
insel und den »Monkey Mountain« –
manchmal lässt sich hier auch einer
der rotgesichtigen Namensgeber blik-
ken, der hier lebenden Languren.
Reiseleiter nennen die Quan Am oft
vereinfachend »Lady Buddha«, sie
zählt zu den hoch verehrten »Bodhisattvas«, den erleuchteten Wesen,
die im Mahayana-Buddhismus anderen Gläubigen auf ihrem »achtfachen
Pfad« zur Erleuchtung helfen. Bei
Vollmondfesten kann es in der Linh-
Ung-Pagode voll werden.

Chua Linh Ung. Tgl. 6–19 Uhr,
Hoang Sa, Bai But, Son Tra Peninsula,
ca. zehn Kilometer nordöstlich von
Da Nang.

165

Infos und Adressen

Das Furama in Da Nang gehört zu den besten Strandhotels im Lande.

ESSEN UND TRINKEN

Karma Waters. Das »100 % vegane Lokal« serviert in der Stadt westliche, indische und vietnamesische Speisen (auch vegetarisch) sowie Eiscreme, Fruchtsäfte – aber keinen Alkohol! Tgl. 8–21 Uhr, Nguyen Chi Thanh, Tel. 0511/384 97 90, www.karmawaters.com

Limoncello. Bei Valeria und Filippo munden nicht nur Pizza und Pasta, auch das hausgemachte Tiramisu und Limoncello sind ein Genuss, die Preise sind allerdings fast wie zu Hause … Tgl. 11–14, 19–22 Uhr, 187 Tran Phu, Tel. 0511/356 10 64, www.limoncellovn.com

Quan Be Man. Riesiges Seafood-Lokal mit dem Charme einer Bahnhofshalle, Blechtische, Plastikstühle und Neonlicht – doch das Essen ist top! Kenner suchen sich Fisch oder Krebs lebend aus den Körben und Becken aus, man zahlt nach Kilo, selbst Hummer und Jakobsmuscheln sind hier preislich nicht der Rede wert … Tgl. 9–23 Uhr, Loc 13 Hoang Sa, Son Tra (am nördlichen Ende der Bucht), Mobil-Tel. 090/520 78 48.

Sao Bien. An der Strandstraße und im Dorf Lang Co bieten einige einfache Lokale und Straßenküchen fangfrischen Fisch. Das große Seafood-Lokal Sao Bien (nahe der Brücke) ist seit Jahren beliebt, auch bei Tourgruppen. Tgl. 9–22 Uhr, Lang Co.

Waterfront. Bar-Restaurant am Han-Fluss: Steaks, Tapas und exzellentes Seafood, Weine für Kenner und leckere Cocktails haben hier ihren Preis … Tgl. 9–23 Uhr, 150–152 Bach Dang, Mobil-Tel. 090/541 17 34, www.waterfrontdanang.com

ÜBERNACHTEN

Banyan Tree. Luxus-Traumherberge: In 49 lichtdurchfluteten Pool-Villen in traditioneller Hue-Bauweise und fünf Restaurants kann man sich verwöhnen lassen. Phu Loc Beach, ca. 40 km nördlich von Da Nang, Tel. 054/369 58 88, www.banyantree.com

Chu. Mit Meerblick aus der ersten Reihe: 30 stilvolle Zimmer (50 Meter vom My Khe Beach), auch die kulinarische Verpflegung vom Frühstück bis zu den King Prawns und Cocktails ist bestens – im Bar-Lokal »Tranquilos« (tgl. 7–23 Uhr) gibt es jeden Abend Live-Musik. 02–04–06 An Thuong 1, Ngu Hanh Son, Tel. 0511/395 51 23, www.chuhotel.com

Furama. Das edle Strandhotel unter deutscher Leitung gehört auch nach 20 Jahren noch zu den besten im Lande. Die Parkettzimmer, Suiten und Villen verteilen sich auf der Lagunen-Poollandschaft oder am superbreiten China Beach. Bac My An, Tel. 0511/384 73 33, www.furamavietnam.com

Fusion Maia. 60 Profis in »Asiens erstem All-inclusive-Spa-Hotel« verwöhnen die Gäste am China Beach: ob Scrubs oder Wraps, Fußreflexzonen- oder Beauty-Behandlung, schwedische oder Thai-Massage. Das Wohnen in den 84 minimalistisch-coolen Poolvillen wird hier fast zur Nebensache … Truong Sa, Tel. 0511/396 79 99, www.fusionmaiadanang.com

InterContinental Sun Peninsula. Weit abgelegen verteilen sich 200 schicke Zimmer, Suiten und Infinity-Pool-Villen steil über einer Traumbucht, mit vielen kuschligen Ecken, »schwebenden« Sofas, zwei Pools und: Fahrstuhl zum Strand! Son Tra Peninsula (»Monkey Mountain«, ca. 20 km nordöstlich von Da Nang), Tel. 0511/393 88 88, www.igh.com

Moonlight. Das Mittelklasse-Hotel punktet mit 90 WLAN-Zimmern in Bahnhofsnähe. Tolles Stadtpanorama aus 16 Etagen und gutes Frühstücksbüfett (westlich und asiatisch). 136–138–140 Phan Chau Trinh, Tel. 0511/366 44 77,-99, http://moonlighthoteldanang.vn

Nemo. Nahe dem Non Nuoc Beach liegt die kleine familiäre Schnäppchen-Herberge mit nur 17 Zimmern, freundlichem Personal und vielen Restaurants in der Nähe. 100/2 Nguyen Van Thoai, Tel. 0511/395 19 51, http://danangnemohotel.com – nur in Vietnamesisch.

AUSGEHEN

A la Carte (Roof Top Lounge). Schicke Dachterrassenbar im 23. Stock des gleichnamigen Hotels: Hier kann man sich in die Pärchen-Loungesessel kuscheln, in den Dachpool hüpfen, Cocktails genießen und die erleuchtete Kuan-Yin-Statue am Ende der Bucht bewundern – selbst vom stillen Örchen aus… (gut frühstücken mit vielen Käsesorten kann man im 2. Stock übrigens auch, sogar ein eigenes Kinderbüfett gibt es!). Tgl. ca. 6.30–23 Uhr, 200 Vo Nguyen Giap, Son Tra, Tel. 0511/395 95 55, http://alacarteliving.com

Sky 36. Den schönsten Blick über Da Nangs Lichtermeer hat man von der futuristisch-illuminierten Bar des Novotels: in der 35.–37. Etage der derzeit höchste Nachtclub in Vietnam! Tgl. 19–ca. 24 Uhr, Bach Dang, Tel. 0511/322 77 77, www.sky36.vn

EINKAUFEN

Non Nuoc Fine Art Village. Wer schon immer auf der Suche nach einem mannshohen Marmor-Buddha (oder auch Ho Chi Minh) für den Garten war, wird in den Marmorberg-Werkstätten fündig – allerdings meist überteuert und/oder aus »gefaktem« Marmor (Speckstein) – handeln also nicht vergessen! Tgl. 7–17 Uhr, Dong Hai.

AKTIVITÄTEN/ÜBERNACHTEN

Ba Na Hills. Ausflug mit der längsten und höchsten Seilbahn der Welt – eine Art Disneyland auf 1200 m, übernachten kann man über den Wolken am 1450 m hohen Berg im Ba Na Hills Mountain Resort und Morin Hotel im »French Village« mit Schlössern, Kathedrale, Weinkeller und Gärten. Fantasy Park tgl. 8–17 Uhr, Seilbahn (20 Min.!): tgl. 7.30–ca. 21 Uhr, ca. 500 000 VND/= 20 € (Rückfahrticket), An Son, Hoa Ninh, ca. 40 km westlich von Da Nang, Mountain Resort: Tel. 0511/379 19 99, Morin: Mobil-Tel. 090/576 67 77, www.banahills.com.vn

INFORMATION

Saigon Tourist. 357 Phan Chu Trinh, Tel. 0511/389 72 29, www.saigon-tourist.com

Luxus-Traum – das Banyan Tree Resort

29 Hue
Per Drachenboot durch die Kaiserstadt

Viele bekannte Dichter ließen sich in der Kaiserstadt von der romantischen Lage am »Fluss der Wohlgerüche« inspirieren. Die Zitadelle war ab 1802 Mittelpunkt des höfischen Lebens. Heute ist Hue das kulturelle, wissenschaftliche und wirtschaftliche Herz von Zentralvietnam – einer der am meisten besuchten Orte des Landes, wo man in Palastruinen und Kaisergräbern auf den Spuren der einstigen Regenten wandeln kann.

Hue (ca. 400 000 Einwohner) schmiegt sich zwischen die Ausläufer der Truong-Son-Bergkette und das Südchinesische Meer, etwa 13 Kilometer vom Thuan-An-Strand. 1802 ließ Nguyen-Kaiser Gia Long (1762–1820, Regierungszeit: 1802–1820) die Zitadelle am Nordufer des Huong-Flusses errichten – nach streng geomantischen Vorgaben mitsamt Wassergraben, Brücken, Kanälen und der Mandarin-Straße nach Süden und Norden. 1885 eroberten die Franzosen Hue – sie ließen die Nguyen-Kaiser zwar weiter amtieren, jedoch lediglich als Marionetten, bis 1945 hier auch der letzte Kaiser Bao Dai (1913–1997) abdanken musste.

Audienz beim Kaiser

Oben: Die kaiserliche Zitadelle mit der »Verbotenen Stadt« entstand nach dem Vorbild von Peking. Nach ihrer Restaurierung erstrahlt sie in neuem Glanz.
Unten: Posierende vor kaiserlicher Kulisse: Ao-Dai-Tracht mit langer Tunika und sexy Beinschlitz

1993 erklärte die Unesco die Zitadelle zum Weltkulturerbe. Doch auf dem weitläufigen 520 Hektar großen Gelände sind wegen Kriegen, Taifunen und Feuersbrünsten nur einige Gebäude erhalten. 25 Tage hatte sich die nordvietnamesische Armee 1968 hier verschanzt und ist trotz Bitten der süd-

Einfach gut!

vietnamesischen Regierung unter Präsident Nguyen Van Thieu (reg. 1967–1975) von den US-Amerikanern heftig bombardiert worden. Fünf Jahrzehnte später sind noch immer viel Phantasie oder sepiabraune Fotos vonnöten, um sich vorzustellen, wie zwischen den grasüberwucherten Mauerresten vor 200 Jahren noch bis zu 60 000 Menschen lebten, wie Paraden stattfanden und selbst die Reitelefanten vor den Kaisern niederknien mussten.

Rund 30 historische Bauwerke sind seit den 1970er-Jahren restauriert bzw. rekonstruiert worden, zum Beispiel das mächtige Mittagstor (Ngo Mon): Die Dachfirste tragen glücksbringende Symbole wie Drachen und Fledermäuse. Von den fünf Eingängen war der mittlere allein für den Kaiser, die Durchgänge daneben für die Mandarine, die beiden äußeren Tore für Elefanten, Pferde und Soldaten. Hat man es durchschritten, erblickt man den Thai-Hoa-Palast (Halle der höchsten Harmonie) mit seinem zweifach gestaffeltem Ziegeldach und dem rotgoldenen Thronsaal.

Imperial City – die »Verbotene Stadt«

Durch die Goldene Pforte betritt man danach die eigentliche »Verbotene Stadt«, die ausschließlich dem Kaiser und seiner Familie, den bis zu 300 Konkubinen und den Eunuchen als Dienstpersonal vorbehalten war: In den Hallen der Mandarine kann man den Hue-Besuchern zur Linken zuschauen, wie sie sich als Kaiser und Gemahlin kostümieren und für das obligatorische Selfie oder den Fotografen in Pose stellen. Dahinter zur Rechten liegt das jüngst wiederhergestellte Royal Theatre (Duyet Thi Duong) und dahinter die bezaubernde Bibliothek mit Steingarten und Teich.

SPEISEN WIE DIE KAISER

Bevor die Herrschaft der Nguyen-Dynastie 1862/63 vertraglich auf die Franzosen als Kolonialmacht überging, machte sich auch bei den Essgewohnheiten die »haute cuisine« bemerkbar: Was in Europa en vogue war, dem konnten auch die vietnamesischen Kaiser vor 200 Jahren nicht widerstehen. Kartoffeln, Spargel und Blumenkohl – alles wurde für die Hochwohlgeborenen aufs Prächtigste garniert, scharf gewürzt, mundwässernd und dekorativ präsentiert, sogar die für Hue typischen Schweinswürste. Das Restaurant nahe der Parfümpagode verführt auf einer kulinarischen Zeitreise beim »Royal Dinner« mit kunstvoll geschnitztem Gemüse und Obst – »xin moi an« – »bitte zugreifen« und Guten Appetit!

Ancient Hue. Tgl. 11–22 Uhr, ca. 30 US$ für 12 Gänge, 104/47 Phu Mong, Kim Long, ca. 1 km östlich der Thien-Mu-Pagode, Tel. 054/359 09 02, www.ancienthue.com.vn

ABSEITS DER MASSEN

Auf die nördliche Fluss-seite in die Viertel Phu Cat (auch: Gia Hoi) und Bao Vinh verirren sich eher selten Touristen, nur wenn sie immer der Straße Chi Lang folgen: ein relativ ursprünglicher chinesisch geprägter Stadtteil auf einer Art Flussinsel mit kleinen Cafés, Beauty Salons, Gemüse- und Krämerläden in alten verblichenen Shophouses und (leider oft verschlossenen) chinesischen Versammlungshallen, gegründet von im 18. Jahrhundert immigrierten Fujian-Chinesen und Kantonesen. Ein bisschen wie die Altstadt in Hoi An, aber ohne Touristen und Lampions! Vor allem im circa drei Kilometer nördlich vom Zentrum entfernten Bao-Vinh-Viertel nahe dem alten Nordtor herrscht noch ein Hauch von Fischerstädtchen mitsamt Markt und Straßenhändlern. Hier munden auch die Hue-Spezialitäten »banh beo«, »banh khoai« und »banh nam« auf Plastikschemeln (etwa bei Madame Ba Do in der 7 Nguyen Binh Khiem).

Leckere Spezialität: die Hue-Pfannkuchen mit Garnelen, Schweinefleisch und Sojabohnensprossen

Einfach gut!

Beendet wird der Rundgang meist im Generationentempel (The Mieu) im Südwesten – im Innenhof fallen die bis zu zwei Meter hohen »Dynastischen Urnen« aus Bronze mit fein ziselierten Ornamenten ins Auge.

Die »Parfüm-Pagode«

Die Gründung der fünf Kilometer westlich gelegenen Thien-Mu-Pagode (auch: Chua Linh Mu) bezieht sich auf eine Legende. Eines Tages erschien eine alte Frau auf dem Ha-Khe-Hügel und sagte den Bauern voraus, dass ein Fürst kommen werde, der hier einen buddhistischen Tempel baut und damit für Wohlstand im ganzen Land sorgen werde. Als Fürst Nguyen Hoang, der Urvater der Nguyen-Dynastie, dies hörte, hielt er die Frau für eine Gesandte des Himmels und ließ ihr zu Ehren die Pagode erbauen. Manche erzählen eine andere Version: Nguyen Hoang ist am Flussufer eine alte Frau erschienen, die ihm den Platz für seine neue Hauptstadt voraussagte: Er solle mit einer Fackel am Ufer des Huong soweit laufen, bis das Feuer erlöscht. Aus Dankbarkeit für die Weissagung ließ er die Pagode 1601 für diese »himmlische« Frau bauen. Der Tempel beeindruckt mit seinem 21 Meter hohen, achteckigen Pagodenturm von 1884 – heute das Wahrzeichen Hues, außerdem sind eine 300 Jahre alte große Bronzeglocke und eine Stele (1715) auf dem Rücken einer marmornen Schildkröte zu sehen.

Prunkvoll restaurierte Kaisergräber

Archäologische Restaurierungen gehen auch immer einher mit dem Verlust einer romantisch-verwunschenen Idylle – picobello präsentieren sich heute die drei wichtigsten und meistbesuchten Grabmäler, mit Blumenarrangements ausgeschmückt und

Rundgang

A Imperial City (Zitadelle). Höhepunkte in der 1802 erbauten Zitadelle sind die imposanten Eingangstore, die Thronhalle und die Hallen der Mandarine. Tgl. 7–17 Uhr, im Sommer: 6.30–17.30 Uhr (gilt auch für die Gräber, s. u.), tgl. 9 Uhr Wachwechsel-Zeremonie am Mittagstor.

B Dong-Ba-Markt. Unübertroffene Schlemmer- und Stöber-Oase! Tgl. ca. 5–18 Uhr, Tran Hung Dao.

C Chua Thien Mu (auch: Chua Linh Mu). Die über 400 Jahre alte Pagode mit dem siebenstöckigen Turm, ist weithin sichtbar. Mit Neugier kommt man vielleicht mit den jungen Novizen des buddhistischen Lehrzentrums ins Plaudern. Tgl. 7–17 Uhr, Huong Long, ca. 5 km westlich der Zitadelle.

D Grab von Tu Duc. Das romantische Grab (1864–1867) wurde an einem See errichtet. Hier sieht man u. a. die größte Stele Vietnams, Duong Xuan Thuong (auch: Thuong Ba), 8 km südwestlich von Hue, Tel. für alle drei Gräber: 054/353 08 40, www.hueworldheritage.org.vn

E Grab von Khai Dinh. Das 1920 bis 1931 erbaute Grab thront auf dem Chau-Hügel ca. 12 km südlich von Hue.

F Grab von Minh Mang. Das prächtige Grab liegt auf der anderen Flussseite und beeindruckt durch drei Eingangstore und den eleganten Minh-Lau-Pavillon (1840–1843), ca. 14 km südlich von Hue.

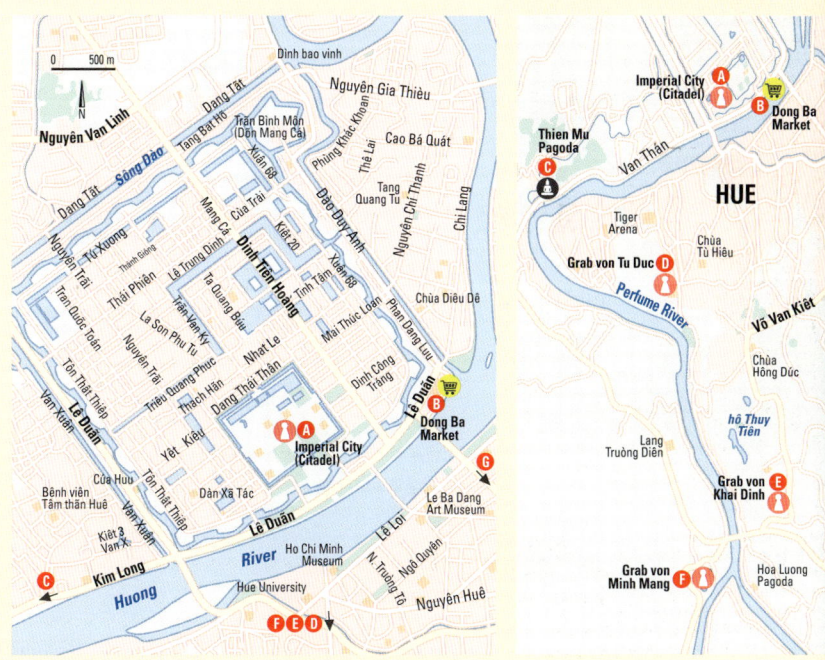

makellos saubergefegt. Die Drachen auf den Dächern und einst zerbröselnden Wächter sind wiederbelebt, der morbide Charme unter Moosen, Gras und Patina ist fast wegsaniert.

Wo noch ums Jahr 2000 ein Hauch der Vergänglichkeit zu spüren war, wo in einst kaiserlichen Gemächern Fledermäuse wohnten und strenger Guano-Geruch in die Nase stieg, inmitten zerborstener Gehwegplatten und fast zugewachsenen Teichen, ist heute beispielsweise das ordentlich aufgeräumte 1864 bis 1867 erbaute Grabmal von Tu Duc (reg. 1847–1883) zu besichtigen, wo der Kaiser schon zu Lebzeiten 16 Jahre lang gelebt hatte. In den Pavillons am Luu-Khiem-Lotosteich verfasste er bis zu 4000 Gedichte und vertrieb sich die Zeit beim Schachspielen, Meditieren, Angeln und Teetrinken. Im oberen Bereich der zwölf Hektar großen Anlage befanden sich die kaiserliche Kleiderkammer, Palasträume, ein Theater und die Gemächer seiner 104 Frauen und unzähliger Konkubinen.

Auch das »German Conservation Restoration & Education Project« (GCREP) hat hier ganze Arbeit geleistet im Kampf gegen Monsun und hohe Luft-

Oben: Die Kaisergräber in Hue sind riesige imposante Parkanlagen, hier die Grabstätte von Khai Dinh. **Unten:** Kaiser Khai Dinh vergoldet: Er regierte nur neun Jahre.

GUT ZU WISSEN

TRICKBETRUG IM KLEINEN STIL

Für alle, die kein Sammelticket haben: Leider wird an den Kassen zu Zitadelle und Kaiserlichen Gräbern nicht selten getrickst. Hier gilt mehr als anderswo: Wechselgeld immer nachzählen und aufpassen, mit welchem Schein man zahlt (evtl. laut kommentieren). Außerdem tummeln sich viele falsche »Rote-Kreuz-Spendensammler« in Hues Sehenswürdigkeiten, die man am besten ignoriert!

feuchtigkeit, Wurzelwerk und wuchern-
de Moose, um die »patinierte Schönheit«
zu erhalten: etwa die restaurierte »Geis-
terblende« am höhergelegenen Grab – die
kurze Parallelmauer vor der »versteckten« Öffnung
in der Tempelmauer sollte Geister austricksen.

Europas und Chinas Einfluss

Das Grab von Kaiser Khai Dinh (reg. 1916–1925)
beeindruckt mit einer Mischung aus europäischen
und asiatischen Einflüssen. Ein bisschen düster
aber durchaus majestätisch wirkt die 1920 bis
1931 erbaute Anlage mit ihren Drachen, Wächtern
und Stelen-Pavillon. Hinter der Treppe und dem
Ehrenhof erreicht der Besucher den über und über
mit farbenprächtigen Mosaiken und Deckenge-
mälden geschmückten fast barock anmutenden
Thien-Dinh-Palasttempel: ein Altar zu Ehren Khai
Dinhs und eine lebensgroße vergoldete Bronzestatue des Kaisers mit Jadezepter sind über der Grab-
kammer zu bewundern. Auf der westlichen Seite
des Parfümflusses liegt die Grabanlage von Minh
Mang (reg. 1820 bis 1841), ein chinesisch inspi-
rierter Landschaftsgarten mit Pavillons, Teichen
und Brücken in perfekter Symmetrie. 1841 bis
1843 ließ sein Nachfolger die 40 Gebäude errichten: zum Beispiel das große Eingangsportal Dai
Hong Mon, den rot-golden gestaltete Sung-An-
Tempel und den Grab-Pavillon Minh Lau, der auf
Brücken über den mondsichelförmigen Tan-Nguyet-
Teich zu erreichen ist.

Auf den Spuren der Kaiser

Die Kaiserstadt Hue beeindruckt mit den restaurierten Überresten der kaiserlichen Zitadelle, den
herrlichen Kaisergräbern und der schönen Thien-
Mu-Pagode am »Parfümfluss«, die man auch mit
den »Drachenbooten« ansteuern kann.

Infos und Adressen

Vergoldeter Thron im Hue-Museum

SEHENSWÜRDIGKEITEN

Museum of Royal Antiquities. Allein das schöne Holzgebäude ist einen Besuch wert, im Innern beherbergt es Keramiken, Gewänder, Schmuck und antike Möbel wie Thronstuhl und Sänften. Di–So 7–17 Uhr, Eintritt inklusive im Zitadellen-Ticket, 3 Le Truc (nahe restauriertem Ost-Tor), Tel. 054/352 44 29, www.hueworldheritage.org.vn

ESSEN UND TRINKEN

Banh Khoai Lac Tien. Eines der vielen »banh khoai«-Lokale, die diese Hue-Spezialität in dieser Straße anbieten: Pfannkuchen mit Garnelen, Schweinefleisch und Sojabohnensprossen und eine Tunke aus Erdnüssen und Sesam. Tgl. 8–22 Uhr, 6 Dinh Tien Hoang (am Ost-Tor der Zitadelle), Tel. 054/382 73 48.

Banh Trang Trung/Bahn ep. Und noch einmal Streetfood vom Feinsten! Der Name ist Programm: Hier gibt es eine Art knusprig-dünner Pizza à la Vietnam. Tgl. 16–20 Uhr, 14 Le Thanh Ton.

Hang Me Me. Das kleine Hue-typische vietnamesische Lokal serviert die Spezialität der Gegend: kleine leckere Küchlein aus Reismehl mit Garnelen und Frühlingsziebeln (»banh beo«, hier in vielen Variationen: »banh loc« mit Maniok, Schweinefleisch oder Garnelen, »banh nam« auf dem Bananenblatt, »banh uoc« und »ram it« mit scharfen Saucen) – der Preis ist kaum der Rede wert. Tgl. 7–22 Uhr, 14 Vo Thi Sau, Tel. 054/384 84 02.

Hot Tuna. Vom Balkon hat man das Treiben im Traveller-Bezirk im Blick, die Bedienung ist freundlich, die Karte sehr abwechslungsreich (westlich-vietnamesisch), hier werden auch die Kids satt (Pizza, Pasta, Shakes…), WLAN, Frühstück und Happy Hour (15–19 Uhr) gibt es auch. Tgl. 8–24 Uhr, 37 Vo Thi Sau, Tel. 054/361 64 64, http://hottunahue.com

Tropical Garden. Touristengruppen lieben das Gartenlokal: Hier kann man sich durch die Klassiker und Hue-Spezialitäten durchprobieren und der Live-Folklore lauschen (ab 19 Uhr), natürlich zahlt man hier etwas mehr. Tgl. 9–22 Uhr, 27 Chu Van An, Tel. 054/384 71 43.

ÜBERNACHTEN

Ana Mandara Hue. Abgelegenes Strandhotel, wo der Service etwas zu wünschen übrig lässt: Poolvillen oder originell aufgeteilte Parkettzimmer mit Riesenbalkon an einem wochentags menschenleeren Strand. Thuan An, (ca. 15 km außerhalb), Tel. 054/398 33 33, http://anamandarahue-resort.com

Canary. Das Minihotel im Norden der Stadt bietet 25 schnörkellose Zimmmer (teils fensterlos, teils mit Balkon), mit Fahrstuhl und Dachlokal, geführt von freundlichen Profis. 37 Nguyen Cong Tru, Tel. 054/383 96 99, www.canaryhotel.vn

Orchid. Superschnäppchen: Die 18 gut ausgestatteten Zimmern (sogar mit Bügelbrett und PC!) sollte man besser früh reservieren, tolles obstreiches Frühstücksbüfett und seit Jahren freundlicher Service. 30A Chu Van An, Tel. 054/383 11 77, www.orchidhotel.com.vn

Saigon Morin. Die schöne Kolonialherberge, in der schon Charlie Chaplin 1936 abstieg, liegt zwar an einer der Hauptverkehrskreuzungen, aber in der Gartenoase im Innenhof genießt man Ruhe beim reichhaltigen Frühstücksbüfett und am Pool. 30 Le Loi, Tel. 054/382 35 26, www.morinhotel.com.vn

Vedana Lagoon Resort & Spa. Luxuswohnen und Relaxen auf dem Wasser: Einsam und abgelegen verteilen sich die 27 Stelzenhäuser auf der Lagune und die Pool-Villen am Hang, Infinity-Pool, Shuttlebus zum Canh Duong Beach und nach Hue (45 Min.). Phu Loc, Tel. 054/368 16 88, www.vedanalagoon.com

AUSGEHEN

Brown Eyes. Eine Institution in Hues Touristenviertel mit originellen Drinks und netter Atmosphäre beim Tanzen, Partys und am Billardtisch. Tgl. ab 17–ca. 5 Uhr, 56 Chu Van An, Tel. 054/382 74 94.

Café Violin Muc Dong. Ab 20 Uhr werden in dem tagsüber idyllischen Gartenlokal internationale Rock- und Popklassiker leidenschaftlich auf der Violine dargeboten, dazu kleine Snacks, die Bar ist gut ausgestattet. Tgl. 6–spät, 41A Hung Vuong, Tel. 054/625 26 09, http://phongtrahue.com – in vietnamesisch

FESTE

Hue Festival. Mehrere Tage herrscht alle zwei Jahre buntes Treiben mit höfischer Musik und Rock-Konzerten, Ausstellungen, Modeschauen, »Drachenboot«-Rennen und Feuerwerk (2018, 2020…, www.huefestival.com).

INFORMATION

Vietnam Tourism. Vor Ort immer gut beraten, mit jeder Menge Kartenmaterial, Flyer und Buchungsservice für Hotels und Touren. 14 Nguyen Van Cu, Tel. 054/381 83 16.

Das Saigon Morin – ein echter alter Hotelklassiker, mit kolonialem Flair

30 Bach-Ma-Nationalpark
Im feuchten Regenwald

Feuchter wird es in Vietnam nirgendwo. Oft regnet es hier tagelang – 8000 Millimeter im Jahr! (vgl. 1821 mm landesweit) Im Landesdurchschnitt sind es viermal weniger. Und doch ist der Bach-Ma-Nationalpark für viele Besucher ein Höhepunkt. Wer Action und Outdoor-Sport mag, kann sich hier so richtig austoben – an Wasserfällen und in Badequellen, auf Trekkingpfaden und bei durchaus anspruchsvollem Klettern und Abseilen.

In den 22 000 Hektar großen Bach-Ma-Nationalpark (auch: Hai Van) zog es schon die Franzosen, die hier ab den 1940er-Jahren rustikale Backsteinvillen erbauten. Die höchsten Berge der Bach-Ma-Kette sind der 1444 Meter hohe Bach Ma (auch: Hai Vong Dai, »Weißes Pferd«) und der Noc (1259 Meter) – sie bieten bei gutem Wetter ein spektakuläres Panorama über die bergige Küstenlandschaft und die Cau-Hai-Lagune. Allerdings ist die Sicht in dem 1986 gegründeten Schutzgebiet nicht selten vernebelt. Aber erstmal muss man die extreme schmale 20 Kilometer lange Serpentinenpiste hinter sich bringen ...

Ruhe und Aussicht genießen

Hier erleben die Besucher wie ruhig Vietnam sein kann: In einem der letzten geschlossenen dschungeligen Waldregionen des Landes warten einige schöne Wanderwege, im Februar/März blüht rot leuchtend der Rhododendron. Viele Seen, Flüsse und Wasserfälle speisen idyllisch-smaragdgrüne Badepools, beispielsweise der Do-Quyen-Wasser-

Oben: Auf 1400 Metern sind Wolken und Nebel nicht selten.
Unten: Manchmal kann Wandern in vietnamesischen Nationalparks auch richtig anspruchsvoll sein.

Bach Ma Nationalpark

fall (»Rhododendron«-Wasserfall) mit seinen insgesamt 300 Meter hohen Kaskaden und der zehn Meter hohe und 40 Meter breite Thac Bac (»Silber-Wasserfall«).

Unter den mehr als 2300 Pflanzenarten finden sich zum Beispiel Rosenhölzer, 18 verschiedene Palmen- und 20 Orchideensorten. In der Fauna tummeln sich 1715 Tierarten, darunter 363 Vogelarten – etwa der endemische Edwards Fasan (*Lophura edwardsi*), der zugleich Wahrzeichen des Parks ist. Zu den 132 Säugetierspezies gehören neun Arten von Primaten (Makaken, Languren, Loris, Gibbons). 1992 wurde die für ausgestorben gehaltene Antilopenart Sao La (*Pseudoryx nghetinhensis*) in der Region wiederentdeckt, ein anderer großer Exot ist der hirschähnliche Muntjak (*Megamuntiacus vuquangensis*). Farbenprächtige Schmetterlingen schwirren vor der Nase, manchmal kreuzen giftgrüne Eidechsen und Schlangen den Weg.

Auf Trails durch den Dschungel

Sechs teils steile und durchaus anspruchsvolle Trekkingpfade führen entlang von Sicherungsseilen, Holzleitern und vielen Stufen zum Beispiel zum Rhododendron-Wasserfall und teils durch Bachläufe hindurch (etwa der drei- bis vierstündige »Five Lakes Trail«, teils ausgeschildert). Der »White Seraya Trail« bringt die Wanderer zu spektakulären bis zu 30 Meter langen Baumriesen. Am Ufer des 400 Hektar großen künstlichen, aber malerischen Truoi-Sees inmitten bewaldeter Hügel erhebt sich die imposante Truc-Lam-Zen-Pagode mit ihrem dreifach gestaffelten Dach, zu der 172 Stufen hinaufführen. Eine riesige weiße Quan-Am-Statue wartet auf ihrem Lotos-Podest auf die zahlreichen Pilger, vor allem an Wochenenden zwischen Juni und August ist der Park oft sehr voll und laut.

Infos und Adressen

SEHENSWÜRDIGKEITEN

Bach Ma Nationalpark. Am Hauptquartier befindet sich ein ausgezeichnetes Besucherzentrum mit Orchideenhaus. März–Sept. 7–17 Uhr, Okt.–Feb. 7.30–16.30 Uhr, Phu Loc, Tel. 054/387 13 30, www.bachmapark.com.vn

ESSEN UND TRINKEN

Das Restaurant bei der Villa ist nicht immer ganztägig geöffnet, Proviant als Ausflügler mitzunehmen kann nicht schaden …

ÜBERNACHTEN

Im Nationalpark gibt es einen Zeltplatz und einfache Gästehäuser in Kolonialbauten.

Villa Bach Ma. Das recht einfache Hotel in dem rustikalen Gemäuer hat nur zehn Zimmer und teils Gemeinschaftsbäder. 14 km, Tel. 054/387 13 30, www.bachmapark.com.vn

AKTIVITÄTEN

Wanderungen. Verschiedene Pfade (3–4 Std.), Trekkingsandalen oder Wanderschuhe sowie Badesachen sollte man mitnehmen. Jeeps und Guides kann man hier auch mieten. Regenzeit ist ab September, der meiste Regen fällt zwischen November/Dezember bis Januar (an Blutegelstrümpfe denken!), die trockensten Monate sind März und April, die heißesten Mai bis August.

31 Dong Hoi
mit Vinh-Moc-Tunnel
Unterwegs in der »Entmilitari-sierten Zone« (DMZ)

Nur eine zehn Kilometer breite »Demarkationslinie« trennte bis 1975 das kommunistische Nordvietnam von der amerikanisch beinflussten Republik Südvietnam. Vom Krieg zeugen noch heute mahnende und durchlöcherte Ruinen, Soldatenfriedhöfe und Gedenkstätten, rekonstruierte Bunker, überwucherte Schützengräben und Panzer.

Die stetig wachsende Hafenstadt Dong Hoi (130 000 Einwohner) am Fluss Nhat Le ist bester Ausgangsort für einen Besuch in der ca. 50 Kilometer südlich gelegenen einst stark bombardierten Region. »Route sans joie« (»Straße ohne Freude«) nannten die Franzosen den 60 Kilometer langen Abschnitt auf der N1 zwischen Quang Tri und Hue: Schon während des ersten Indochinakrieges (1946–1954) fanden hier die heftigsten Kämpfe statt. Der amerikanische Historiker und Journalist Bernhard Fall machte die Gegend mit seinem gleichnamigen 1960 erschienen Buch (»Street without Joy«) weltweit bekannt – er selbst starb hier 1967, als er vom amerikanischen Vietnamkrieg berichtete.

Von Bombenkratern zu Fischteichen!

Die ehemalige »entmilitarisierte Zone« (DMZ, Demilitarized Zone) liegt ca. 80 Kilometer nördlich von Hue am Verlauf des 17. Breitengrads und des Ben-Hai-Flusses – teils Dschungel, teils heute

Heute für Touristen relativ bequem: die Vietcong-Tunnel von Vinh Moc

noch Mondlandschaft. Nach dem Abzug der Franzosen und dem anschließenden Beschluss der Genfer Indochina-Konferenz trennte die zehn Kilometer breite »provisorische« Demarkationslinie 1954 bis 1975 die beiden Regime und Landsteile, den kommunistischen Norden unter Ho Chi Minh und den kapitalistischen Süden unter dem katholischen Antikommunisten und Diktator Ngo Dinh Diem. Die Provinz Quang Tri wurde 1968/69 stark bombadiert von der US-Armee und den südvietnamesischen Truppen. Die Vietnamesen haben den Bombenschrott in Baumaterial, Löffel und Werkzeuge verwandelt, 40-Millimeter-Kartuschen in Blumenvasen und Bombenkrater in Fischteiche. Zu einer der eindrucksvollsten Kriegsruinen gehört die La-Vang-Basilika bei Quang Tri nahe der N1.

Im Vietcong-Tunnel

Viele Kriegsschauplätze dienen heute als Gedenkstätten. Die im Original erhaltenen Vietcong-Tunnel von Vinh Moc liegen rund 60 Kilometer südlich von Dong Hoi im Dorf Vinh Linh nahe der Küste. Sie wurden nicht wie die Cu-Chi-Tunnel (s. S. 56) bereits in den 1930er-Jahren von Widerstandskämpfern angelegt, sondern erst 1966/67 im Vietnamkrieg und dienten der Bevölkerung als Schutz vor den heftigen Bombardierungen. Die Tunnel bestehen aus einem ehemals drei Kilometer langen Gangsystem auf drei Ebenen, von dem heute 1700 Meter rekonstruiert sind, mit bis zu 1,80 Meter hohen Gängen und elektrisch beleuchteten Versammlungsräumen, in die etwa 50 Menschen passen (etwa das Lazarett mit Kreißsaal). Ein Museum zeigt Fotos, die die damaligen schwierigen Lebensbedingungen unter der Erde verdeutlichen. An vielen Stellen wurden Frischluftschächte sicherheitshalber als Termitenhügel getarnt.

Geheimtipp

AUF DEM »HO-CHI-MINH-HIGHWAY«

Der legendäre Ho-Chi-Minh-Pfad war ein im Dschungeldickicht verborgenes insgesamt 16 000 Kilometer langes Wegenetz – von den Amerikanern 1964 bis 1973 bombardiert mit mindestens zwei Millionen Tonnen Sprengstoff. Seit dem Jahr 2000 wird hier der »Ho Chi Minh Highway« (auch: Truong Son Highway) gebaut – ein Millardenprojekt. Die 3129 Kilometer lange Straße mit 314 neuen Brücken verläuft von Cao Bang an der chinesischen Grenze bis nach Ca Mau im Mekongdelta und durchquert mehrere Nationalparks (z. B. Cuc Phuong). Sie soll als Alternative zur extrem stark befahrenen, küstennahen und Taifun-gefährdeten N1 dienen. Heute bereits ist diese N2 eine landschaftlich reizvolle Ausweichmöglichkeit: 350 Kilometer führen durch fast menschenleeren Dschungel und ins Hinterland inmitten von bizarr gezackten Bergen, die wie mit grünem Pelz überspannt scheinen …

Die Gegend bei Khe Sanh gehörte zu den Hauptkampfgebieten – heute ist dies hier kaum noch zu sehen.

Minen und Friedhöfe

Südlich der DMZ lohnt sich in Dong Ha (nicht Dong Hoi!) vor der Weiterfahrt unbedingt ein Besuch beim Minenräumungs-Projekt RENEW im Mine Action Visitor Center, das anhand von Filmen, Fotos und Ausstellungen über seine Arbeit, den Krieg und die bis heute zu spürenden Folgen informiert. Noch 40 Jahre nach Kriegsende werden Bauern und Kinder verletzt, verstümmelt und getötet, etwa wenn Kinder die tennisballgroßen orangefarbenen und oft intakten »cluster bombs« (UXO, unexploded ordnance) finden und für Bälle bzw. Spielzeug halten. Bis heute müssen nicht explodierte Minen, Granaten und Blindgänger in Vietnam, Laos und Kambodscha entdeckt und geräumt werden.

Bei Dong Ha biegt man von der N1 landeinwärts ab auf die N9 Richtung Cam Lo und erreicht nach rund 20 Kilometern den Truong-Son-Friedhof: Mehr als 10 000 Grabsteine und Kapellen (mit Namenlisten) gedenken der »Märtyrer« - Frauen und Männer, die beim Aufbau, Transport oder der Verteidigung des Ho-Chi-Minh-Pfades starben. Viele Gräber in den schier endlosen Reihen sind rein symbolisch und leer, da die Leichen nach dem Inferno nie gefunden werden konnten ...

GUT ZU WISSEN

HOCHEXPLOSIVES TERRAIN

Die ehemaligen Schlachtfelder in dieser Region sollten nur mit einem ortskundigen Guide im Rahmen einer Tour besucht werden (ab Hue, Dong Hoi oder Dong Ha) und man sollte sich keinesfalls abseits markierter Wege und Straßen durchs Gebüsch bewegen. Verschiedene Minenräumgruppen sind in den Provinzen Quang Tri und Quang Binh mit der Beseitigung der amerikanischen Minen und Blindgänger beschäftigt – wahrscheinlich noch auf unbestimmte Zeit.

Oben: Dong-Hoi-City am Abend
Mitte: Den Truong-Son-Friedhof besuchen heute auch US-amerikanische Veteranen.
Unten: Kriegsschrott der US Army – hier in einem Museum in Khe Sanh

Infos und Adressen

SEHENSWÜRDIGKEITEN

DMZ/Truong Son National Cemetery.
Tgl. 7–16.30 Uhr, ca. 50 km südlich von Dong Hoi.

**Quang Tri Mine Action Visitor Center
(RENEW/Kids First Village).** Mo–Fr 8–17 Uhr, am
Wochenende auf Vereinbarung, 185 Ly Thuong
Kiet, in Dong Ha (nicht Dong Hoi!),
Tel. 053/356 73 38 und Mobil-Tel. 093/521 12 81,
www.landmines.org.vn

Vinh-Moc-Tunnel. Tgl. 7–16.30 Uhr, Vinh Linh,
ca. 60 km südlich von Dong Hoi, ca. 110 km nördlich von Hue.

ESSEN UND TRINKEN

Lou. Das bei einheimischen Jugendlichen ange-
sagte Café bietet diverse Kaffeevarianten, Säfte
und Cocktails, Eis und andere Süßigkeiten in
gemütlichem Garten-Ambiente oder drinnen mit
WLAN. Tgl. 8–22 Uhr, 230 Tran Hung Dao
(nahe Fluss), Tel. 091/245 99 89.

Pho Bien. Das »schwimmende Lokal« ankert auf
zwei Drachenbooten nahe des Saigon Quang Binh

Hotels: preiswerte einheimische Kost, v. a. Meeresfrüchte – es kann laut werden, wenn große einheimische Gruppen hier speisen. Tgl. 10–22 Uhr,
Quach Xuan Ky, Dong Hoi, Tel. 052/382 10 55.

ÜBERNACHTEN

Luxe. 29 ruhige und gut ausgestattete (Mehrbett-
zimmer mit Flussblick, gutes »Moonlight Restaurant« und Sky Bar auf der Dachterrasse. 55 Truong
Phap, Dong Hoi, Tel. 052/384 59 59,
www.luxehotel.vn

Ocean View Homestay. Mit Garten nahe des
Fischerstrands: Die supergünstige Herberge bietet
einfache Zimmerchen mit engen Duschbädern
und Familienzimmer mit Stockbetten. Truong
Phap, Quang Phu, Dong Hoi, Tel. 052/381 06 86,
http://oceanviewhomestay.wix.com

INFORMATION

Quang Binh Tourism. Stets mit aktuellen Informa-
tionen und Buchungsservice.
58 Nguyen Huu Canh, Tel. 052/382 20 18,
www.quangbinhtourism.vn

Auf dem Truong-Son-National-Friedhof

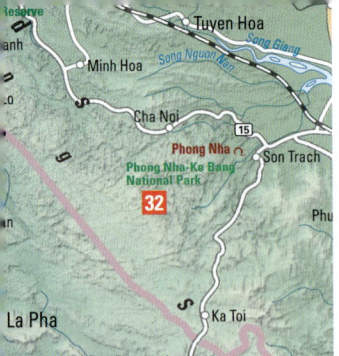

32 Phong-Nha-Ke-Bang-Nationalpark
Vietnams Jurassic Park

Allein die Landschaftkulisse ist eine Reise hierher wert: steil über den Reisfeldern aufragende Kalkfelsen, mit grünem Dschungeldickicht überwuchert. In ihrem Innern verbergen sie eines der längsten und aufregendsten Höhlensysteme in Asien, wenn nicht der Welt: das Unesco-Weltnaturerbe Phong Nha Khe Bang im Truong-Son-Gebirgszug. Nicht nur die Kids können sich hier mal so richtig im Schlamm suhlen.

Zwei Millionen Jahre hat die Natur mit der Kraft eines gigantischen Flusses gebraucht, um dieses atemberaubende Kavernensystem zu erschaffen: Phong Nha, Toi, Tien Son, Thien Duong, Nuoc Nut, Eng und Tu Lan heißen einige der bisher erkundeten Höhlen – in »die größte Höhle der Welt« passen ganze Jumbo-Jets und Wolkenkratzer (wie in der »Bergflusshöhle« Hang Son Doong, s. S. 183). Die Höhlen galten bereits bei den Cham als Heiligtum, was Inschriften und Altarfunde bezeugen. Auch die Widerstandskämpfer gegen die französische Kolonialmacht nutzten die unterirdischen Gewölbe ab dem späten 19. Jahrhundert als Versteck und Lager, ebenso der Vietcong im Vietnamkrieg – ganz in der Nähe verlief der Ho-Chi-Minh-Pfad. Doch erst 1991 ist das Naturwunder von einem Vietnamesen bzw. 2009 durch britische Forscher (wieder-)entdeckt worden. Viele der circa 150 Hohlräume sind noch unerforscht. An Wochenenden und Feiertagen sollte man die zumeist überlaufenen Haupthöhlen meiden. Die Unterwelt bietet Raum für Action und Abenteuertouren.

Oben: Eingang zur berühmten Phong Nha-Höhle
Unten: Ein Bauer auf dem Feld vor den urigen Karstbergen, im Nationalpark Na Ke Bang

Phong Nha-Ke Bang

Biodiversität ohne Grenzen

Einfach gut!

Die Phong-Nha-Höhle gehört zum Phong-Nha-Ke-Bang-Nationalpark, der seit 2003 zum Weltnaturerbe der Unesco zählt. In dem tropischen immergrünen Primärwald tummeln sich mehr als tausend Tierarten, darunter rund 85 Säugetierspezies, etwa die endemischen Languren und Gibbons, von denen viele vom Aussterben bedroht sind, der hirschähnliche Riesen-Muntjak (*Megamuntiacus vuquangensis*), asiatische Schwarzbären (*Selenarctos thibetanus*), »serow«-Bergziegen (*Capricornis sumatraensis*) und vermutlich auch das Sao La (*Pseudoryx nghetinhensis*), eine Antilopenart. Insgesamt wurden mehr als 2300 Pflanzenarten gezählt, viele aus dem Roten Buch der gefährdeten Arten, zum Beispiel Orchideen. Der Nuoc Mooc Springs Eco Trail führt über Bachlauf und Fluss, es geht über Bambusbrücken in ein wunderschön-verwunschenes Tal, das von steilen Kalkbergen umgeben ist – hier lassen sich Schmetterlinge, seltene Vögel und Gibbons blicken.

Abstecher in die Unterwelt

Die 15 Gewölbe in der Haupthöhle Phong Nha beim Dorf Son Trach ziehen viele einheimische Besucher an. Lautstarke Gruppen mit bis zu hundert Personen sind hier keine Seltenheit, inklusive Blitzlichtgewitter auf dem anderthalb Kilometer langen beleuchteten Hauptweg. Auch die faszinierenden Tropfsteine sind teils farbig »in Szene gesetzt«. Gut zu wissen: Natürlich sollte niemand die glitzernden Tropfsteine anfassen, da das Hautfett ihr Wachstum verlangsamen würde – um Jahrhunderte! Eine Bootsfahrt führt auf dem unterirdischen Fluss weiter hinein, über Treppen steigt man in die höher gelegene »trockene« Tien-Son-Höhle (auch: Dong Kho). Die nicht beleuchtete Hang Toi (»Dark Cave«), zu deren Eingang man

HANG SON DOONG – AUSSERIRDISCH SCHÖN!

Man stelle sich vor: eine »Lost World« unter der Erde – mit bis zu 200 Meter hohen Wänden, Dschungel und Stränden, Flüssen und sogar Wolken im Innern des kathedralenartigen Gewölbes. Ein echter Jurassic Park, märchenhaft und verwunschen. Und: menschenleer! Fast jedenfalls, denn die gigantisch-spektakuläre Hang Son Doong kann seit 2014 im Rahmen von einwöchigen sehr anspruchsvollen 50 Kilometer langen Höhlen-, Dschungel und Bergtrekking (höchstes Level 6) erobert werden – maximal 200 fitte Expeditionsteilnehmer mit Klettererfahrung pro Jahr! Der Preis ist gesalzen: 3000 US$, die Wartelisten sind lang. Auf www.sondoongcave.org kann man sich einen Film anschauen, der sprachlos macht – so außerirdisch schön ist diese unterirdische Welt!

Hang Son Doong. Info und Buchung über Oxalis, www.oxalis.com.vn

durch einen relativ kaltem Fluss schwimmen muss, hat sich zu einer Art Fun Park entwickelt mit Schlammbad für Groß und Klein, 400-Meter-Zipline über den Fluss, Bananenbooten, Wasserrutschen und Autoreifen zum Paddeln. Ausweichen kann man auf die atemberaubende und etwas weniger kommerzialisierte Paradies-Höhle (Hang Thien Duong). Der Eingang zu der insgesamt 31 Kilometer langen Höhle versteckt sich in einem engen dschungeligen Tal: Es geht zuerst 524 Stufen aufwärts, dann wieder 200 Stufen abwärts in den Höhlenschlund. Ein rund ein Kilometer langer Steg führt auch hier beleuchtet in diese wunderschöne Grotte mit Stalagmiten und Stalaktiten.

Caving-Abenteuer

Eine surreale Märchenwelt mit ganzen Wäldern aus glitzernden Tropfsteinen, die nur im Schein der Stirnlampen glitzern. Wer sich statt Trubel solche Erlebnisse verspricht, sollte eine mehrtägige Höhlentour unternehmen. In die spektakuläre Tu-Lan-Höhle werden einmal wöchentlich abenteuerliche mehrtägige Expeditionen unter der Leitung von britischen Caving-Experten angeboten: 20 Kilometer (Höhlen-)Trekking, inklusive Abseilen und Zelten in der Höhle oder in ethnischen Dörfern.

Oben: Ein Hauch von Jurassic Park: an der Dark Cave.
Unten: Ein kalkulierbares Abenteuer: die Paradies-Höhle Thien Duong mit Treppe und Licht.

GUT ZU WISSEN

ABENTEUER-HÖHLENTOUR - NICHT FÜR JEDEN...
Es gab bei den mehrtägigen Höhlentouren von Oxalis offensichtlich mehrfach Probleme mit nicht ausreichendem Wasser. Wer sich absichern will, kann eigene Wasserreinigungstabletten oder Wasserfilter mitnehmen. Leider sind vietnamesische Guides nicht immer so verantwortungsbewusst wie es die Sicherheitsvorschriften verlangen. Wer unter Höhenangst oder Klaustrophobie leidet bzw. Nichtschwimmer ist, sollte sich besser nicht in die Tiefen der Erde begeben.

Infos und Adressen

Typische Touristen-Action an der Dark Cave

SEHENSWÜRDIGKEITEN

Phong Nha-Ke Bang National Park. Tgl. 6-16 Uhr (Sept.–Jan. können die Höhlen wegen Überflutung nach Regen geschlossen sein), verschiedene Eintritte inkl. Guide: 80 000–350 000 VND/= ca. 4–15 €, Son Trach, Phong Nha, ca. 45 km nordwestlich von Dong Hoi. Die Paradies-Höhle liegt weitere 25 km entfernt, die Tu-Lan-Höhle 65 km nördlich von Son Trach, www.phongnhakebang.vn

Nuoc Mooc Spring Eco Trail. Tgl. 7–17 Uhr, Touren 1–4 Std., 2 km

ESSEN UND TRINKEN

Am Höhleneingang gibt es ausreichend Lokale und auf dem Nuoc Mooc Sprongs Eco Trail versorgt ein Restaurant die Besucher mit Gerichten in Bananenblättern.

Dark Cave. In dem Open-air-Lokal gibt es meist preiswerte Set-Menüs oder BBQ-Hühnchen Imbiss-Stände. Tgl. 8–17 Uhr, an der Dark Cave.

ÜBERNACHTEN

Phong Nha Farmstay. Der Australier Ben bietet neben zehn einfachen Zimmern auch (Caving-)Touren und andere abenteuerliche Ausflüge an, man wohnt mit anderen Backpackern in einem familiären Hostel mit Minipool zwischen den Reisfeldern. Cu Nam, 35 km von Dong Hoi, Tel. 052/367 51 35 und Mobil-Tel. 094/475 98 64, www.phong-nha-cave.com

Phong Nha Lake House. Am idyllischen Dong-Suon-See liegen die acht Bungalows, Villen, Familienzimmer und ein Schlafsaal, eine tolle Terrasse, Pool, Kajaks und Angelausrüstung gibt es auch, die Bar ist gut ausgestattet. Hung Trach, Khuonh Ha, ca. 40 km von Dong Hoi, nördlich der Dark Cave, Tel. 052/367 59 99, http://phongnhalakehouse.com

AKTIVITÄTEN

Kajaking. An der Dark Cave kann man mit Kajaks oder beim Canopy an der Zipline-Seilbahn über den Fluss gleiten (Badesachen, Handtuch mitnehmen!).

Das Phong Nha Farmstay

33 Vinh
Pilgerort für Ho-Chi-Minh-Fans

Viele einheimische Touristen besuchen nahe Vinh das Geburtshaus von Ho Chi Minh. Doch auch diese durch und durch authentisch-vietnamesische Stadt hat ihren Reiz: der Kontrast zwischen dem unverfälschten sozialistischen Vietnam aus den 1970er/1980er-Jahren mit DDR-typischen Plattenbauten und den immer höher aufragenden Hochhäusern der Neuzeit.

Für die meisten westlichen Reisenden ist Vinh an der N1 nur eine Durchgangsstation auf dem endlos langen Weg zwischen Hue bzw. Dong Hoi (327 bzw. 197 km südlich) und Hanoi (290 km nördlich, s. S. 202/208) – ein Küstenstrich, der kaum Touristenattraktionen besitzt, lediglich der Vu-Quang-Nationalpark, benannt nach der hier in der Truong-Son-Bergkette erstmals 1993 entdeckten Antilopenart (auch: Sao La), bietet Abwechslung, vor allem für Ornithologen. An der Küste zieht der 16 Kilometer von Vinh entfernte herrliche Cua-Lo-Strand unter Kasuarinen viele Stadtbewohner am Abend und Wochenende in die Strandlokale und Karaoke-Bars.

Zu Hause bei den berühmtesten Nguyens

Die beiden Dörfer rund 15 Kilometer nordwestlich von Vinh sind berühmte Wallfahrtsorte für Parteimitglieder und Ho-Chi-Minh-Fans. Im Dorf Hoang Tru, aus dem seine Mutter stammte, wurde Ho Chi Minh am 19. Mai 1890 unter dem Namen Nguyen Sinh Cung geboren (Nguyen ist der Nachname, so verbreitet wie Müller in Deutschland). Der Junge verlebte hier seine ersten fünf Lebensjahre.

Eine vietnamesische Familie im Hong Son-Tempel in Vinh beim gemeinsamen Gebet

Altar zu Ehren Ho-Chi-Minhs

Die Familie zog 1895 zuerst nach Hue, wo der Junge auf ein französisches Gymnasium ging, und schließlich 1901 zurück ins nur zwei Kilometer entfernte Dorf Kim Lien, wo der Vater Nguyen Sinh Sac als Dorfschullehrer arbeitete. Das Geburtshaus in Hoang Tru verfiel, bis es in den 1950er-Jahren als Rekonstruktion wiederaufgebaut wurde. Heute sieht man das nachgebaute Geburtshaus, einen Komplex aus spartanischen ebenerdigen Hütten mit Bastmattenwänden und Palmstrohdach, mit einer kleinen Ausstellung und nur wenig Mobiliar: das Holzbett hinter einem Vorhang, eine Hängematte, eine alte Kommode, Webstuhl, Bänke, Tisch ...

In Kim Lien (auch: Lang Sen) empfangen drei tempelartige Gebäude mit himmelwärts geschwungenen Ziegeldächern die Besucher: Im Museum ist ein Altar mit Bronzestatue zu Ehren des großen Revolutionärs zu besichtigen, Fotos von verschiedenen seiner langen Reisen und Exile, handschriftliche Widmungen von »Bac Ho« (»Onkel Ho«) sowie jede Menge Souvenirs und Devotionalien von ihm und anderen Helden, zum Beispiel dem ebenfalls schon zu Lebzeiten legendären Vietnamkriegsgeneral Vo Nguyen Giap (1911–2013) der nordvietnamesischen Viet-Minh-Truppen.

Infos und Adressen

ESSEN UND TRINKEN
Saigon Kim Lien. Das Hotellokal bietet vor allem chinesisch-vietnamesische Küche, freundliche Bedienung mit ein paar Worten in englisch, am Wochenende ist das Bestellen einfacher: Man bedient sich am großen Büffet. Tgl. 7–22 Uhr, 25 Quang Trung, Tel. 038/383 88 99, www.saigonkimlien.com.vn

ÜBERNACHTEN
Muong Thanh. Das Hochhaushotel der Drei-Sterne-Kategorie überrascht mit ziemlich anständigen fast schon eleganten Parkettzimmern, modernem Badezimmer, Open-air-Pool im vierten Stock und gutem Frühstücksbüfett. Karaoke-Bar im 33. Stock. 1 Phan Boi Chau, nahe Bahnhof, Tel. 038/353 56 66, http://muongthanh.vn

Phuong Dong. Den Gast empfängt eine pompöse säulengetragene Lobby, die Balkonzimmer verteilen sich auf zehn Etagen, auch westliches Frühstück, gutes Restaurant und Pool. 2 Truong Thi, Tel. 036/356 22 99, http://phuongdonghotel.com.vn

HANOI UND UMGEBUNG

34 Hanoi-Altstadt
Streifzug durchs Herz Hanois

Seit Hunderten von Jahren bieten die Bambusmacher und Silberschmiede, die Fisch- und Kräuterhändler ihre Waren hier feil, schön geordnet in den Gassen der 36 Berufsstände. Heute flanieren Touristen durch das einzigartige Viertel mit seinen verwitterten Shophouses und Pagoden, trubeligen Märkten und versteckten Innenhöfen. Auch immer mehr moderne Cafés, Bars und Designerboutiquen bieten für jede Geschmacksrichtung und Geldbörse das Passende.

Die Altstadt des im Jahr 1010 rund um die Zitadelle (s. S. 208) gegründeten Hanoi (damals: Thang Long) verteilt sich mit einem Gassengewirr im Norden und Westen des Hoan-Kiem-Sees. Seit dem 13. Jahrhundert hatten sich in den rund 70 Straßen die Handwerker, Bauern und Kaufleute niedergelassen. Mitten im See erhebt sich seit 300 Jahren ein Wahrzeichen der Stadt, der fotogene dreistufige Schildkrötenturm Thap Rua. In der Nordostecke des Sees geht es auf der malerisch geschwungenen roten The-Huc-Brücke zu dem im 14. Jahrhundert erbauten Jadeberg-Tempel (Den Ngoc Son), der u. a. dem Heldengeneral Tran Hung Dao (1228 bis 1300) gewidmet ist für seinen Sieg über die Mongolen 1288. Nachts sind beide Bauwerke in farbiges Licht getaucht.

Eine der wichtigsten vietnamesischen Legenden rankt sich um eine goldene Schildkröte, die einst im See lebte. Nationalheld Le Loi (der spätere König Le Thai To, reg. 1428–1433) hatte im 15. Jahrhundert beim Fischen ein magisches Schwert von dieser Schildkröte erhalten, um die Ming-Chinesen

S. 188/189: Der Jadeberg-Tempel Den Ngoc Son liegt im Norden des Hoan-Kiem-Sees und ist von der The-Huc-Brücke aus gut zu sehen. **Unten:** Diese Garköchin in der Altstadt hat gut lachen – offensichtlich läuft der Laden …

1428 nach einem zehnjährigen Krieg
aus Vietnam vertreiben zu können.
An den See zurückgekehrt, um den Geistern des Sees zu danken, flog das Schwert
plötzlich aus der Scheide direkt in das Maul der
goldenen Schildkröte, die es den Göttern zurück-
brachte. Seitdem nennen die Vietnamesen den
Hoan-Kiem-See auch »See des zurückgegebenen
Schwertes«. Im Wasserpuppentheater am Nord-
ostufer wird der Besucher dieser Szene wieder
begegnen.

Treibenlassen in quirligen Gassen

In den Altstadtgassen lässt sich herrlich die Zeit
vertrödeln zwischen Nudelsuppen schlürfenden
Anwohnern, Krämerläden und Mopedgewusel.
Man sollte sich einfach treiben lassen von Garküche zu Garküche, von Café zu Café. Typische Sup-
penküchen drängen sich beispielsweise in der
Nordwestecke der Altstadt in den Gassen Tong
Duy Tan und Cam Chi: Meist gibt es hier nur eine
einzige Speise (»com«-Reisgerichte oder »pho«-
Nudelsuppe), in der Hang Manh beispielsweise
brutzeln tags und vor allem nachts die BBQ-Grills
für die »bun cha«-Reisnudeln mit aromatischem
Rind- oder Schweinefleisch. Straßenfriseure oder
Ohrenputze gehen ihrer jahrtausendealten Tätig-
keit in aller Öffentlichkeit nach. Eine neue lukrative
Handwerkskunst hat sich in den vergangenen Jahren etabliert: Junge durchaus talentierte Maler
widmen sich mit Hingabe einem neuen Werk von
Picasso, Rembrandt oder Van Gogh – auch die
Kunstfälscherszene lässt sich über die Schulter
schauen, ihre »Mona Lisa« für knapp 50 US-Dollar
kann sich immerhin jeder leisten…

Wer zum Einkaufsbummel hierher kommt, schlendert am besten gezielt in den Gassen rund um die
Kathedrale mit Boutiquen und Galerien: Hang Gai

Geheimtipp

HANOI PER RAD

Trend im Großstadt-
dschungel: Im Moloch Ha-
noi auf den Sattel schwingen
und los geht's ins Chaos. Doch
keine Sorge: Bei den geführten (Halb-
tages-) Touren radelt man manchmal
los im Morgengrauen, meist durch
ruhige Wohngebiete und stille Gassen
zu versteckten Tempeln und Garküchen, am Westsee entlang oder auch
aufs Land über idyllische Reisfelder.
Auf lautes Dauergehupe, Staub und
Stau muss man allerdings dennoch
gefasst sein. Und manchmal geht es
sogar mit Karacho am Stau vorbei –
selbst die Vietnamesen entdecken als
neue Fahrradnutzer allmählich die
Langsamkeit der Fortbewegung wieder – und auch ihre Vorzüge…

Hanoi Bike Tour. 96 Yen Phu,
Tel. 04/39 99 98 80,
www.hanoibiketour.com

Hanoi Biking Travel. 3A Bao Khan,
Tel. 04/39 35 23 48,
http://hanoibikingtravel.com

Hanoi Free Bike Tour. 308 Ba Trieu,
Mobil-Tel. 016/48 06 17 32.

Allerorts kann man in Hanois
Altstadt spottbillig und gut essen.

Einfach gut !

BIER AUF KINDERSCHEMELN

Was den Berlinern die gute alte Eckkneipe, das kennen die Vietnamesen schon lange. Man mischt sich unter die Einheimischen in den typischen »bia hoi«-Eck-Kneipen – wie das Wort schon sagt: »frisch gezapftes Bier« wird serviert, allerdings leichtprozentiges vietnamesisches Bier, immer eisgekühlt, für nicht einmal 50 Euro-Cents (5000–8000 VND). Jeder kauert auf kunterbunten Kinder-Plastikstühlen, dazu gibt's Snacks wie gebratene Rippchen, Hühnerkrallen oder Schweineöhrchen, aber auch Pommes mit Majo und Erdnüsse. Drum herum wird es eng, laut und voll in den Gassen, Straßenmusiker spielen mancherorts gegen das Stimmengewirr an.

Tgl. ca.17–23 Uhr, zum Beispiel an den Straßenecken Luong Ngoc Quyen und Ta Hien, Bat Dan und Duong Thanh, Ngo Huong nahe Ly Nam De.

und Hang Trong (v. a. Seidenwaren, Schneider), Bao Hung, Hai Van und Hang Bong (Kunsthandwerk, T-Shirts mit HCM-Konterfei), Schickes und Teures gibt es in der Na Tho. Das Herz eines jeden Hobbyfotografen schlägt höher in der nördlichen kleinen Hang Quat, wo sich religiöse Devotionalien stapeln, wo Goldbuddhas aus den Regalen schauen, rote Lampions und rotgoldene Spruchbänder an den Mauern hängen. Eine weitere Straße der Votivgaben ist die Hang Ma, wo Papiergeld zum Verbrennen an den Ahnenaltären verkauft wird.

Finger weg vom Tigerzahn!

In der Altstadt könnten sich Ortsunkundige eigentlich gut verabreden, ohne die Namen zu kennen: zum Beispiel in der Gasse, wo es modrig-schön nach getrockneten Kräutern, Beeren, Rinden und Wurzeln riecht. Immer der Nase nach: Gemeint ist die Lan Ong mit ihren traditionellen Apotheken, Hier wird noch immer uralte Heilmedizin feilgeboten, leider auch die dem reinen (meist männlichen) Aberglauben dienenden Pülverchen und Liköre – also Finger weg von pulverisierten Tigerknochen, Tigerzahn oder allgegenwärtigem Schlangenschnaps, den angeblichen Potenzmachern – bleibt zu hoffen, dass die Wundermittel heutzutage nur noch Fakes sind! Lauter echte Süßigkeiten gibt es gleich um die Ecke. Für eine kleine Stärkung zwischendurch finden sich einige Schritte Richtung Westen Teestuben und Stände mit Zuckerrohrsaft in der Bambusmachergasse Hang Vai. Hier lehnen wie eh und je Leitern und Gestelle aus Bambus an der Wand (etwa Ecke Thuoc Bac, auch eine alte Kräuterstraße). Die mehr oder weniger verzierten Bambuspfeifen geben auch originelle Souvenirs ab. Im Gegensatz zu Tigerzahn ist Bambus schnell nachwachsend und für den Artenschutz unbedenklich.

Rund um den Hoan-Kiem-See

Der Stadtsee ist eine willkommene Ruheoase inmitten der Hektik Hanois. Auch heute noch herrscht Handel und Wandel zwischen Gewusel auf zwei Rädern – wenn nicht alles im Stau (ca.17–21 Uhr) zum Stillstand kommt und man wortwörtlich mittendrin feststeckt …

A **Jadeberg-Tempel (Den Ngoc Son).** Über eine fotogene rot lackierte Brücke erreicht man den im 14. Jh. erbauten Tempel, der Panzer einer 1968 im Hoan-Kiem-See gefangenen Riesenschildkröte ist hier ebenfalls zu sehen. Tgl. 7–18 Uhr, im Winter 7.30–17.30 Uhr, Hoan-Kiem-See.

B **Saint Joseph Kathedrale (Nha Tho Lon).** Das mächtige 1882 bis 1886 nach dem Vorbild der Pariser Notre-Dame-Kathedrale erbaute Gotteshaus mit seinen beiden quadratischen neogotischen Türmen ist meist geschlossen. Wer die farbenprächtigen Glasmosaiken von innen besichtigen möchte, versucht es im Nebeneingang. Messen (französisch): Mo–Fr 8.30 u. 18 Uhr, Sa 18 Uhr, So 5, 7, 9, 11, 16 u. 18 Uhr, 40 Nha Chung, Tel. 04/39 28 64 3 50.

C **Bach Ma Tempel (Den Bach Ma).** Der älteste Tempel in der Altstadt: Das unscheinbare Gebäude wurde vor tausend Jahren dem »weißen Pferd« (Bach Ma) von König Ly Thai To gewidmet. Di–So 8–11, 14–17 Uhr, bis 21 Uhr an Feiertagen, 76 Hang Buom.

D **»Röhrenhäuser« (Ngoi Nha Di San Heritage House).** In der Ma May steht eines der schönsten restaurierten Kaufmannshäuser. Es gehörte einer wohlhabenden Bambusmacher-Familie aus dem 19. Jahrhundert. Tgl. 8–12, 13.30–17 Uhr, 87 Ma May, nebenan in der Nr. 89 das nette Innenhof-Café Nola (tgl. 9–24 Uhr), ein weiteres Exemplar in 38 Hang Dao.

E **Phuong Beo (Pho Ga Ma May).** Wie wäre es mit einer Stärkung durch deftige Nudelsuppe, einfach Platz nehmen in der winzigen schlauchartigen Garküche! Tgl. 6–22 Uhr, 46 Ma May, gegenüber dem Tourist Information Center.

F **Museum of Independence.** Ein paar hundert Meter weiter um die Ecke steht das ehemalige Wohnhaus von Ho Chi Minh, wo der Landesvater 1945 die Unabhängigkeitserklärung für die Demokratische Republik Vietnam entwarf, heute ein kleines Unabhängigkeitsmuseum. Di–So 8–16 Uhr, 48 Hang Ngang Ecke Hang Giay.

G **Thang Long Water Puppet Theatre.** Das berühmte Wasserpuppentheater gehört einfach zum Hanoi-Sightseeing dazu und erzählt auf originelle jahrtausendealte Weise die historische Geschichte und Legenden. Tgl. 15, 16.10, 17.20, 18.30 und 20 Uhr, außerdem So 9.30 Uhr, Tickets 60 000–100 000 VND/= ca. 2,50–4 €, 57B Dinh Tien Hoang, Tel. 04/39 36 43 34, -5, www.thanglongwaterpuppet.org

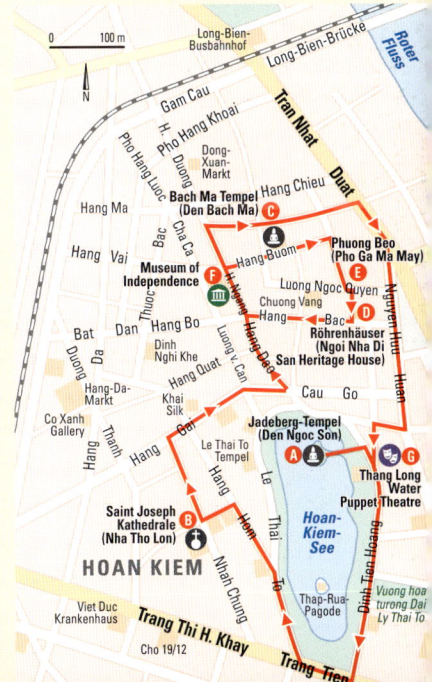

Atempause im Schutztempel

Er ist klein, gedrungen und unscheinbar: Fast läuft der Spaziergänger vorbei und verpasst einen der ältesten Tempel im Lande, der auf eine fast tausendjährige Geschichte zurückblicken kann, auch wenn das heutige Bauwerk selbst kaum älter als 200 Jahre ist. Der Den Bach Ma, der »Tempel des weißen Pferdes«, ist eine Oase in der trubeligen Altstadt: Wer nach dem Andrang im Literaturtempel (s. S. 204) oder dem Irrsinnsverkehr eine besinnliche Ecke sucht, der hier ist hier richtig. Und obwohl in diesem Tempel immerhin der Schutzgott des alten Hanoi (Thang Long) residiert, herrscht meist friedliche Stille und man kann in aller Ruhe die rotgold lackierten Säulen und Altäre bestaunen und in die Geschichte eintauchen – etwa als König Ly Thai To (973–1028, reg. 1010–1028) sich im Jahre 1010 von einem weißen Pferd, dem »bach ma«, zu der Stelle geleiten ließ, wohin er die alte Hauptstadt aus Hoa Lu verlegen ließ. Man beachte auch die wertvolle Bach-Ma-Pferdefigur aus Kupfer, eine schöne alte Sänfte und den fast 200-jährigen Konfuzius-Schrein. Der Tempel ist eine wahre Schatztruhe mit historischen Preziosen.

Oben: Wunderschön: der Schildkrötenturm im Hoan-Kiem-See
Unten: An den Garküchen nimmt der Kunde auf Mini-Schemeln Platz.

GUT ZU WISSEN

»WALKING STREETS« OHNE CHAOS

Der Wahnsinnsverkehr in Hanoi kann ganz schön an den Nerven zerren. Seit 2004 gelten abends folgende Straßen als Fußgängerzone: Hang Ngang, Hang Dao, Hang Duong, Dong Xuan. Und es werden immer mehr »Walking Streets«, die v. a. am Wochenende zwischen 17/18 und 23 Uhr für laut knatterndes Moped-Chaos und andere Verkehrsmittel gesperrt sind. Live-Bands spielen – ob Klassik, traditionelle »Ca-Tru«-Weisen oder Pop – und die Luft zum Atmen ist schon deutlich besser geworden …

Die alten »Röhrenhäuser«

Einfach gut !

Das Leben in der Altstadt spielt sich noch immer auf dem Bürgersteig ab: Die Vietnamesen schwatzen auf dem Plastikschemel bei Bier und Hühnerkrallen-Snack, heutzutage auch schon mal mit buntem Irokesenschnitt oder Pumps, schnell noch ein Selfie mit der Freundin, bevor fast jeder sich wieder aufs Moped schwingt und im schier endlosen Zweiradschwarm hupend nach Hause knattert. Um noch einen Hauch aus der Zeit der alten Kaufmannszünfte zu erleben, empfiehlt sich ein Besuch in einem der typischen (restaurierten) Exemplare der »Röhrenhäuser«: extrem schmale und bis zu 70 Meter lange Wohnhäuser mit Verkaufsraum, Werkstatt und Lager, dazwischen Licht spendende Innenhöfe, herrlich geschnitzte Flügeltüren voller Fabelwesen und antikem Mobiliar.

Das Röhrenhaus in der Ma May (Nr. 87; Ngoi Nha Di San Heritage House) ist mit Unesco-Mitteln wieder zum Leben erweckt worden – oder besser: eine Art Showroom der traditionellen Lebensweise inklusive einem Kalligrafen, dem man hier beim »Schönschreiben« zuschauen, und wo man natürlich jede Menge Souvenirs kaufen kann. Einst lebte hier im späten 19. Jahrhundert eine Familie in drei Generationen, die zur Gilde der Bambusmacher (»ma may«) gehörte. Im zweiten Stock befinden sich die früheren Schlafräume, wo ein hübsches perlmuttverziertes Bett auffällt. Ein ebenfalls bereits erstmals 1856 und zuletzt zur Jahrtausendwende restauriertes Haus eines reichen Seidenhändlers aus dem 17. Jahrhundert liegt in der Hang Dao 38 (heute Sitz des Altstadt-Sanierungsbüros), beachtenswert hier ist eine 150 Jahre alte Steinstele mit Inschriften. Beim Sightseeing durch die Gassen der 36 traditionellen Handwerkerzünfte kann man laufen oder auch das Elektrowägelchen nehmen (s. Info).

SCHATTENBOXEN IM MORGENGRAUEN

Noch was zum Mitmachen – allerdings diesmal nur für Frühaufsteher! Es ist 5.30 Uhr – eine Stunde bevor sich Millionen Einwohner Hanois auf ihre Mofas schwingen und eine an- und abschwellende Kakophonie aus Geknatter und Gehupe rund um den Hoan-Kiem-See ausbricht. Man muss nicht unbedingt ein erfahrener Tai-Chi-Praktiker sein, um sich hier beim meditativen Schattenboxen vor Sonnenaufgang unter die Frühsportler zu mischen. Ein allseits beliebtes Massenspektakel mit Jogging, Federball und Aerobic bei Disko-, Cha Cha und Tangorhythmen im Angesicht von König Ly Thai Tos Statue, dem ersten Herrscher der Ly-Dynastie vor tausend Jahren. Tai Chi übt eine kleine Gruppe am Nordwestufer des Sees. Auch der Botanische Garten (s.S. 212/HL 36) ist als Open-air-Fitness-Studio in den Morgen- und Abendstunden beliebt.

Infos und Adressen

Hier kann man nicht nur gut essen, sondern auch angenehm wohnen.

ESSEN UND TRINKEN

96. Das kleine Lokal serviert die Hanoi-Spezialität »bun-cha« (Reisnudeln mit gegrilltem Schweinefleisch) am Spieß oder im Bambuskörbchen, es gibt auch Frühstück, Currys und Nudelsuppen. Tgl. 9–23 Uhr, 34 Gia Ngu, Tel. 04/39 35 23 96.

Ca phe Cong. In der bei Vietnamesen beliebten Coffeeshop-Kette sitzt man wie in einer Opiumhöhle inmitten von Propaganda-Postern und »Einschusslöchern«, zum Antörnen gibt es: erstklassiges vietnamesisches Koffein in 1001er-Variante. Tgl. 8–21 Uhr, Filialen: 35A Nguyen Huu Huan und 27 Nha Tho Ecke Nha Chung, www.congcaphe.com - in vietn.

Green Mango. Fusion nach Hanoi-Art: In dem originellen Hotel-Restaurant im begrünten Innenhof munden die einheimischen Klassiker mit einem Hauch von französischem und italienischem Einfluss. Außerdem gibt es thailändische Currys, Steak, Pasta, Pizza. Tgl. 11–22 Uhr, 18 Hang Quat, Tel. 04/39 28 99 16,-18, www.greenmango.vn

The Moose & Roo/Smoke House. Zwei richtige Pubs mit gut ausgestatteter Bar (70 Whisky-Arten) und Grillspeisen, saftigen Steaks und Burgern, am Wochenende ausgiebiger Brunch mit Bircher Müsli und Chorizo Omelette. Tgl. 11.30–23 Uhr, 42b Ma May und 19-21 Hai Ba Trung, Tel. 04/32 66 80 81 und Tel. 04/39 39 24 70, www.mooseandroo.com

Tra Chanh Hollywood Café. In einer idyllischen fast verkehrslosen Gasse unter Tamarinden versteckt sich die kleine Oase, wo man Bier, Eiskaffee und Tee, Nudelsuppen und kleine Snacks wie Frühlingsrollen und Sandwichs (»banh mi«) serviert bekommt. Tgl. 9–22.30 Uhr, 12 Hang Hanh.

ÜBERNACHTEN

Green Diamond. Schnäppchen: Zentral und spottbillig sind die 15 Laminatzimmer in dem Mittelklassehotel, auch Familienzimmer, ziemlich einfache enge Duschbäder, aber die freundliche Thuy und ihr Personal wiegen das wieder auf. 96 Hang Bac, Tel. 04/39 26 01 54, www.greendiamondhotel.com

Hanoi Charming 1+2. Mittendrin und toll ausgestattet: 40 geräumige Zimmer inklusive WLAN-Laptop und Obstteller oder Blumen! (Gratis-Abholung vom Flughafen bei 3 Übernachtungen). 31 Hang Ga und 15 Yen Thai, Tel. 04/39 23 40 31 und Tel. 04/39 38 12 95, www.hanoicharminghotel.com

Hanoi Legacy. Im Herzen der Altstadt wohnt man in dem preiswerten Minihotel: 25 schöne Parkettzimmer, eine Suite mit Dachterrasse (5. St.) und einen Family Room sowie ein kleines Lokal und Business Center. 108 Hang Bac, Tel. 04/39 35 26 62, www.hanoilegacyhotel.com

La Suite (vormals: Sunshine Palace). 32 schlicht-elegante helle Parkettzimmer mit Jacuzzi-Badewannen oder moderne Hightech-Duschen, WLAN, teils Balkon, Zi. 603 mit schöner Terrasse, Fahrstuhl, eigenes Lokal (tolles Frühstück), Spa, Reisebüro und Geldautomat gleich nebenan. 52 Ma May, Tel. 04/39 26 49 20, www.hanoilasuitehotel.com

Maison D`Hanoi. Mitten im Trubel: Originell plüschig, aber modern gestaltete Parkettzimmer bietet die kleine Boutique-Herberge, vorne etwas laut, hinten ruhiger. Die Junior-Suiten haben einen kleinen Balkon, es gibt Räder und für Honeymooner eine Überraschung … 35–37 Ma May, Tel. 04/93 23 49 99, www.maisondhanoi.com

AUSGEHEN

Ca Tru Thang Long. Das Folklore-Ensemble spielt auf alten traditionellen Instrumenten wie Laute, Trommel und Rhythmusholz, dazu intensiver Gesang der klassischen Kammermusik »ca tru«. Di, Do, Fr, Sa u. So 20 Uhr (eine Std.), Tickets 210 000 VND/=ca. 8,50 €, 28 Hang Buom, Mobil-Tel. 012/23 26 68 97, www.catruthanglong.com

Funky Buddha. Laut, voll, angesagt: In der Kneipengasse hört man die Traveller-Bar schon von Weitem, hier wird geschwoft bis frühmorgens … Tgl. ab 23 Uhr, 2 Ta Hien, Tel. 04/32 92 76 14.

Mojito Bar & Lounge. In der trendigen Bar gibt es Pho und Fischsauce als Cocktails und einen Wasabi-Daiquiri. Wem das zu erfinderisch ist, kann auch Cocktail-Klassiker genießen bei Live-Musik und Karaoke auf zwei Etagen. Tgl. 16–24 Uhr, 19 Nguyen Quang Bich, Mobil-Tel. 096/753 76 58.

Golden Bell Show. Die jungen Künstler präsentieren ein buntes Medley aus Cham-Gesängen, Bambustanz und anderer Folklore aus allen Landesteilen und Epochen. Nur Sa 20–21 Uhr, ca. 10 €, 72 Hang Bac, Mobil-Tel. 09/88 30 72 72, www.goldenbellshow.vn

AKTIVITÄTEN

Electric Car Tour: Tgl. 8.30–16.30, 19–23 Uhr, Abfahrt am Wasserpuppentheater in der Dinh Tien Hoang oder am Dong-Xuan-Markt, 45– max. 60 Minuten Rundfahrt, 7 bzw. 18 km, 10 Stationen, eignet sich daher eher zum ersten schnellen Überblick.

EINKAUFEN

Hanoi Gallery. Trendige Propaganda-Poster, Originale und Nachdrucke. Tgl. 9–21 Uhr, 62 Hang Buom.

Indigenous. Sozial korrekt einkaufen (»non profit«-Projekte zugunsten von ehemaligen Straßenkindern, Minderheitenvölkern und Behinderten): Hier gibt es Spielzeug, Celadon-Keramiken und Ethno-Kunsthandwerk. Die Fair-Trade-Tees und –Kaffees kann man auch gleich im Café ausprobieren. Tgl. 9–ca.19 Uhr, 36 Au Trieu, Tel. 04/39 38 12 63.

Mekong Quilts. Schöne Kissen, Tagesdecken, Taschen, Schals und Vasen und sogar ganze Räder aus Bambus … Tgl. 9–21 Uhr, 13 Hang Bac, Tel. 04/39 26 48 31, www.mekong-quilts.org

INFORMATION

Todeco. Touren in Deutsch. 91A/5 Ly Nam De, Tel. 04/62 68 01 95, Mobil-Tel. 090/322 70 82, www.todeco-vn.com

Tourist Information Center (TIC). 7 Dinh Tien-Hoang, Tel. 04/39 36 33 69, http://ticvietnam.com

Eine Kaffeepause muss auch mal sein.

Marionetten von Weltruhm: Hier
lebt die Tradition Vietnams voll auf.

Trotz Facebook und TV-Seifenopern, trotz MTV und Game-Boys – das Wasserpuppentheater, diese ein Jahrtausend alte und weltweit einzigartige Kunstform behauptet sich. Hier werden die alten Geschichten aus dem Alltag und die Legenden erzählt: von Reisbäuerinnen und Entenhütern, von Drachen und Phönix. Alles farbenfroh und ziemlich lebendig. Wenn die Fische dem Fischer wieder aus dem Netz hüpfen, wirken sie wie tatsächlich in ihrem Element. Das Nationale Wassermarionettentheater Hanoi war bereits mehrfach auf Europatournee. Früher waren die Vorstellungen das große Spektakel auf Dorffesten. Mittlerweile haben die Puppen die ganze Welt erobert.

Und wenn erst der Wasserbüffel die nasse Bühne schnaufend betritt, dann wird das in der ersten Reihe meist ein feuchtes Vergnügen. Vor tausend Jahren entstand im Norden Vietnams diese weltweit einzigartige Kunstform mit den farbenprächtigen hölzernen Puppen, die bis heute bei den Vietnamesen beliebt ist und sich außerdem zu einer Touristenattraktion entwickelte: das Wasserpuppentheater (»Mua Roi Nuoc«). Das Wasser bestimmt die Kultur und das Überleben der Vietnamesen seit Jahrtausenden, im Delta des Roten Flusses im Landesnorden sowie am Mekong im Süden.

Die Reisbauern sehnen die Monsunfluten herbei, doch die Städter fürchten Überschwemmungen und Hochwasser. Und so entstand vermutlich aus der Not im 11. Jahrhundert bei Pagodenfesten mit Bootrennen und bäuerlichen Späßen auch dieses Marionettenspiel: mitten im Dorfteich.

Historiker glauben, dass die traditionellen Puppenspieler im Norden Vietnams trotz der regelmäßigen und verheerenden Überschwemmungen weiter bei den Pagodenfesten auftreten wollten. Daher kam der Mönch und begeisterte Puppenspieler Tu Dao Hanh vermutlich auf die Idee, die Aufführung einfach im Dorfteich abzuhalten. Noch heute findet das Wasserpuppentheater alljährlich im April beim dreitägigen Pagodenfest der Chua Thay (s. S. 220) in einem Wasserpavillon im Dorf Sai Son vor herrlicher landschaftlicher Kulisse statt.

Mit Witz und Ironie

Im Wasserpuppentheater in Hanoi beginnt die Show mit einem kleinen Feuerwerk, danach erklingen Flöten, Schellen und Trommeln des Orchesters neben der Bühne. Eine Bauernfigur begrüßt die Zuschauer und führt mit Witz und Ironie durch die Aufführung und ihre Erzählungen. Rund hundert farbenprächtige Holzpuppen und Figuren tauchen aus dem Wasserbecken auf: Reisbäuerin, Kaufmann, Jäger, Entenhüter und Fischer, Soldaten, Beamte und Könige, Wasserbüffel und Löwen. Wie ein leibhaftiges Wasserballett erheben sie sich aus dem Wasser. Die Musiker neben der Bühne sprechen auch die Stimmen und singen für die Puppen. Trotz der Einflüsse des Cheo-Spiels und des klassischen Theaters steht der bäuerliche Alltag der Vietnamesen im Vordergrund: Es geht auch um die Sorgen und Nöte der »kleinen Leute«, nicht selten spöttisch vorgetragen.

Mitglieder des weltberühmten Wassermarionetten-Ensembles von Hanoi

Kein Wasserpuppen-Schauspiel ohne die legendären Helden der jahrtausendelangen vietnamesischen Geschichte. Viele vietnamesische Eltern besuchen mit ihren Sprösslingen die Theater. Die vietnamesischen Kindern lernen hier die uralten Überlieferungen und historisch bedeutenden Gestalten kennen: beispielsweise die berühmte goldene Schildkröte aus dem Hoan-Kiem-See in Hanoi, die dem Nationalhelden Le Loi (der spätere König Le Thai To, (1384–1433, reg. 1428–1433) im 15. Jahrhundert ein goldenes heiliges Schwert überreichte, mit dem er die Ming-Chinesen endlich besiegen konnte – danach musste er es wieder zurückgeben. Beim furiosen Finale mit Gongs und Trommeln schweben schließlich die vier mythologischen und glücksbringenden Wesen übers Wasser: Drache, Phönix, Schildkröte und das löwenartige Kylin.

Geheime Techniken

Die Technik des Wasserpuppentheaters war lange Zeit unter den Puppenspielmeistern geheim und wurde nur auserwählten Schülern, meist dem Sohn, in einer jahrelangen Ausbildung mündlich überliefert. Um das Geheimnis endlich zu lüften: Die bis zu acht Spieler stehen hinter einem dünnen Bambusvorhang tatsächlich noch heute bis zur Hüfte im Wasser und bewegen in gebückter Haltung die bis zu fünf Kilogramm schweren Marionetten an drei bis vier Meter langen, quasi unsichtbaren Bambusstangen durchs Wasser. Die Gliedmaßen der Puppen sind beweglich und werden durch Seilzüge gesteuert.

Die große Familie der Puppenspieler behält die Geheimnisse ihrer Kunst für sich. Nur Auserwählte finden Zugang.

Dadurch wirkt es, als würden sich die Figuren wie von Zauberhand übers Wasser bewegen. Seit den 1980er Jahren spielen die Puppenspieler mit ihren hölzernen Protagonisten in festen Theatern häufig vor Touristen in eigens errichteten Wasserbecken als Bühne. Die beste Wasserspieltruppe aus Hanoi (das Ensemble im Thang-Long-Wasserpuppentheater) bereist heute die ganze Welt, andere Gruppen touren durch die Dörfer Vietnams. Ob im Land oder anderswo, dieses Spektakel sollte man sich nicht entgehen lassen.

Thang Long Water Puppet Theatre Hanoi. Tgl. 15, 16.10, 17.20, 18.30 und 20 Uhr, außerdem So 9.30 Uhr, Tickets 60 000–100 000 VND/= ca. 2,50–4 €, 57B Dinh Tien Hoang, Tel. 04/39 36 43 34,-5, www.thanglongwaterpuppet.org

Chua Tay. Das Puppenspiel wird beim alljährlichen dreitägigen Pagodenfest im April aufgeführt (5.–7. Tag des 3. Mondmonats).

Rong Vang Golden Dragon Water Puppet Theater. Tgl. Shows 17 und 18.30 Uhr, (180 000 VND/= ca. 7 €,) 55B Nguyen Thi Minh Khai, Saigon, Res.-Tel. 08/39 30 21 96, www.goldendragontheatre.com.vn

Historisches Museum Saigon. Bei mind. 10 Zuschauern gibt das hiesige Wasserpuppentheater stündliche Vorstellungen: Di–So 9–11, 14–16 Uhr, 2 Nguyen Binh Khiem, Tel. 08/38 29 81 46.

Oben: Die prunkvolle Fassade des Opernhauses Hanoi erinnert an die Ära der französischen Kolonialherrschaft.

35 Hanoi – französisches Viertel
Spurensuche in der kolonialen Vergangenheit

In den breiten Boulevards unter Tamarinden beeindrucken noch heute viele alte Kolonialvillen, eine prachtvoller als die andere: einige sind elegante neoklassizistische Paläste und Märchenschlösser en miniature, andere im eher nüchternen Art-déco-Stil mit einem Hauch Orientalik. Doch spätestens im tausend Jahre alten Literaturtempel wird es wieder rein vietnamesisch-konfuzianisch …

Hanoi-französisches Viertel

Einfach gut!

Nach ihrer Machtübernahme des Landessüden von Da Nang aus (seit 1862/63) brachten die Franzosen schließlich weite Teile Nordvietnams unter ihre Kontrolle und hatten schließlich ab 1882 auch im besetzten Hanoi das Sagen. Das einstige »französische Viertel« erstreckt sich südlich und östlich vom Hoan-Kiem-See: Hauptsächlich am östlichen Ende der Trang Tien rund um das Opernhaus und im südlich gelegenen Villenbezirk mit kleinen Parks, Tempeln und Seen, wo sich die Franzosen seit 1874 niedergelassen haben, spürt man noch einen Hauch der Kolonialepoche.

Die wohl prächtigsten Hinterlassenschaften sind die ehemalige Gouverneursresidenz in der Ngo Quyen (erb. 1918, nicht zu besichtigen), die manch einem vielleicht aus dem Klassiker »Indochine« mit Catherine Deneuve bekannt vorkommt, und ein paar Schritte weiter das weiß leuchtende »Sofitel Legend Metropole« mit seinen grünen Fensterläden, eines der schönsten Kolonialhotels in Asien. Auch die ehrwürdige Hanoi Opera in der Trang Tien ist eine Augenweide mit ihrer säulengetragenen Fassade und zwei zierlichen Kuppeln – 1911 wurde sie nach zehn Jahren Bauzeit feierlich eingeweiht.

Eintauchen in die Geschichte

Das Historische Museum am östlichen Anfang der Trang Tien besteht aus zwei Ausstellungshäusern: Im Innern des herrlichen mit grazilen Säulen rundum geschmückten zweistöckigen Kolonialbaus (1874) befindet sich die chronologisch erste Ausstellung, die von der Prähistorie über die Champa-Hochkultur bis zum Ende der Nguyen-Dynastie (August-Revolution) reicht. Mittelpunkt sind die fein ziselierten Bronzetrommeln aus der Dong-Son-Kultur (1200–200 v. Chr.), die bei Beerdigungen und Fruchtbarkeitszeremonien benutzt wurden.

AUF DEN SPUREN VON GRAHAM GREENE

Die vielleicht schönste Kolonialherberge in Südostasien, ohne Zweifel eine der ältesten und geschichtsträchtigsten, seit 1901! Hier hatten sich schon Noël Coward, Graham Greene und Charlie Chaplin wohlgefühlt. Die US-Sängerin Joan Baez sang im Hotelbunker unter dem Pool *We shall overcome* gegen das Dröhnen der B52-Bomber, und Jane Fonda (»Hanoi Jane«) hielt 1972 flammende Reden gegen den Vietnamkrieg. Trotz antikem Mobiliar wie originale Schuhputzsessel, Kronleuchter, Messing-Telefone und mannshohe Vuitton-Klappkoffer in der Lobby kann man sicher sein: Selbst die Charlie-Chaplin-Suite im historischen Trakt ist heute mit ipod und jeglichem Hi-Tech ausgestattet und 600 gute Geister kümmern sich um die Gäste …

Sofitel Legend Metropole.
15 Ngo Quyen, Tel. 04/38 26 69 19, www.accorhotels.com

Einfach gut!

Im Minh's gibt es Jazz à la Vietnam.

Außerdem sehenswert: die Buddha-statuen und Steinmetzarbeiten aus der Champa-Epoche, die kaiserlichen Stelen und Keramiken aus der Ly- und anderen Dynastien. Im letzten Raum sieht man Propaganda-Poster aus der Zeit des Befreiungskampfes unter Ho Chi Minh. Das Revolutionsmuseum liegt ein paar Schritte über die Straße und schildert die Kolonialzeit ab 1858 sowie die beiden Vietnamkriege bis heute.

Auch ein Gefängnis ließen die Kolonialherren 1896 errichten: das »Maison Centrale« (Hoa-Lo-Gefängnis), von dem nur ein Teil vor dem Abriss für den modernen Hanoi Tower bewahrt werden konnte und das heute als Museum dient: mit Fotos, lebensgroßen Figuren, Wandreliefs, Fesseln und einer französischen Guillotine. Auch die Nordvietnamesen nutzen den Bau in den 1960er-Jahren als Gefängnis. Zu den hier inhaftierten und gefolterten US-Soldaten gehörte auch der spätere US-Senator John McCain. Aus dieser Zeit stammt der sarkastische Name für den Kerker: »Hanoi Hilton«.

Buddha und Konfuzius

Reges buddhistisches Treiben herrscht in der Chua Quan Su, der »Botschafterpagode« – und das schon seit rund 600 Jahren als hier zuerst im 15. Jahrhundert ein Gästehaus für die Gesandten aus anderen buddhistischen Ländern eingerichtet wurde. Sehenswert sind die Quan Am mit ihren »1000« Armen und die malerische Darstellung der Szenen aus Buddhas Leben. Doch das eigentliche Highlight ist der von König Ly Thanh Tong (1023–1072) im Jahr 1070 erbaute Literaturtempel (Van Mieu). Hier hatte nie Buddha das Sagen, sondern Konfuzius (vermutlich 551–479 v.Chr.), dessen Lehre als Staatsreligion ab dem 11. Jahrhundert den Volksbuddhismus verdrängte.

Rundgang

Ⓐ Historisches Museum/Revolutionsmuseum. Zum Historischen Museum gehören zwei Gebäude: das erste, befasst sich mit der Prähistorie bis zum Ende der Nguyen-Dynastie (1945), das zweite ist das Revolutionsmuseum schräg gegenüber. Tgl. 8–12, 13.30–17 Uhr (1. Mo im Monat geschl.!), 1 Trang Tien und 216 Tran Quang Khai, Tel. 04/39 33 48 79, www.baotanglichsu.vn

Ⓑ Frauenmuseum. Die Ausstellung über die Rolle der vietnamesischen Frau, auch als heroische Vietcong-Kämpferin. Tgl. 8–17 Uhr, 36 Ly Thuong Kiet, Tel. 04/38 25 99 36.

Ⓒ Chua Quan Su. Hier haben die Forschungs- und Lehrstätten der Vietnam Buddhist Association ihren Sitz. Tgl. 5.30–21 Uhr, im Winter 6–21.30 Uhr, 73 Quan Su, Mobil-Tel. 09/18 24 21 86.

Ⓓ »Hanoi Hilton« (Hoa-Lo-Gefängnis). Das 1896 erbaute Gefängnis »Maison Centrale« geht auf die Kolonialzeit zurück. Tgl. 8–11.30, 12.30–17 Uhr, 1 Hoa Lo, Tel. 04/38 24 63 58.

Ⓔ Literaturtempel Van Mieu. Ein Muss für jeden Hanoi-Besucher: In der ersten 1070 gegründeten konfuzianischen Universität Vietnams wandeln die Besucher durch fünf Tore und Höfe, ehe sie die Zeremonienhalle und den Haupttempel mit drei Königsstatuen erreichen (mit Museum). Tgl. 7.30–17.30 Uhr, Eingang: 58 Quoc Tu Giam, Tel. 04/35 11 48 55.

Ⓕ Goethe Institut. Nur ein paar Schritte nördlich vom Literaturtempel kann man sich bei Kaffee oder Bier im Innenhof ausruhen oder eine der wechselnden (Foto-)Ausstellungen besichtigen. Draußen gibt es sogar einen Kebab-Stand. Besseres (vietnamesisches) Essen gibt es im KOTO, einem Ausbildungsprojekt für ehemalige Straßenkinder. Tgl. 8–20 Uhr, 56-58 Nguyen Thai Hoc, Tel. 04/37 34 22 51, www.goethe.de/ins/vn/de/han.html; KOTO: tgl. 8-23 Uhr, 59 Van Mieu, Tel. 04/37 47 03 37, www.koto.com.au

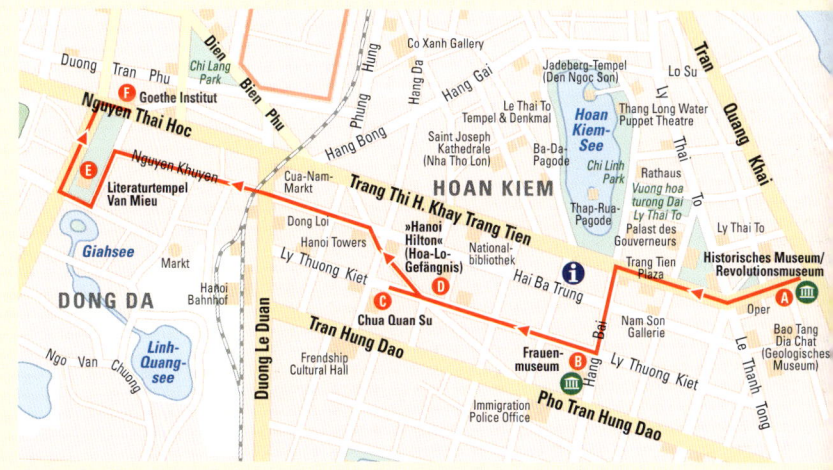

Eine tausendjährige Universität!

Im Literaturtempel studierten ab 1076 (bis 1919) die Söhne der Fürsten an der ersten Nationalakademie Vietnams und der König selbst stellte beim letzten Examen die Fragen! Im Stelenhof kann man die Namen von 1307 erfolgreichen Absolventen auf den 82 noch erhaltenen Stelen lesen, die die steinernen Schildkröten auf ihrem Rücken tragen – sie gehören seit 2010 zum Weltdokumentenerbe der Unesco. Im »Heiligtum des Großen Erfolges« begegnet der Besucher auch Konfuzius als Statue. Am Ende wartet nach 350 Metern ein kleines Museum im fünften Hof: mit dem Modell des Literaturtempels, Seidengewändern, Druckplatten aus Holz sowie Schreibutensilien der damaligen Studenten. Im oberen Stock stehen drei Altäre zu Ehren der Könige: Ly Nhan Tong (1066–1127, Begründer der Nationalakademie), Ly Thanh Tong und Le Thanh Tong (1460–1497).

Im Französischen Viertel und im südlich der Trang Tien gelegenen Villenviertel befinden sich viele Sehenswürdigkeiten und Museen – man flaniert in baumbestandenen Alleen entlang von hochherrschaftlichen Gebäuden mit Botschaften, Restaurants und Cafés.

GUT ZU WISSEN

DIE TAXI-MAFIA

Wenn der Taxameter in Hanoi oder Saigon auffallend schnell und unregelmäßig rattert: anhalten lassen, angemessene Summe zahlen und aussteigen! Wahrscheinlich war es kein empfehlenswertes Taxi von Vinasun oder Vinataxi (an der Rezeption bestellt), sondern ein Fake von »Vinsun« oder »Vinasum«, die mit manipulierten Taxametern horrende Tarife erreichen. Taxifahrten innerhalb der Stadt (3–5 km) kosten niemals mehr als drei Euro (pro km ca. 15 000 VND).

Oben: Der erste Ausstellungsraum im Historischen Museum zeigt Steinmetzarbeiten aus der Champa-Epoche.
Unten: Die »Botschafter-Pagode« Quan Su zieht viele Gläubige an.

Inflation der Hochzeitspaare vor dem Hotel Metropole

ESSEN UND TRINKEN

Ly Club. Stilvolles Lokal bei der Oper, aber nicht ganz billig: In der zweistöckigen Kolonialvilla munden asiatische und westliche Speisen in anheimelndem Wohnzimmer-Ambiente. Gute Weinkarte, dezente Hintergrundmusik. Tgl. 11–23 Uhr 4 Le Phung Hieu, Tel. 04/39 36 30 69, www.lyclub.vn

Quan An Ngon. Die bei Vietnam-Touristen beliebte Restaurantkette im Hof einer alten Villa überzeugt mit frischer vietnamesischer Kost, die an den offenen Küchenständen brutzelt. Tgl. 8–22 Uhr, 18 Phan Boi Chau, Tel. 04/39 42 81 62, www.ngonhanoi.com.vn

ÜBERNACHTEN

Hanoi Larosa. Mittelklassehotel nahe Bahnhof: elegante WLAN-Zimmer, gutes Frühstücksbüfett mit toller Aussicht. 36 Nguyen Khuyen, Tel. 04/37 47 11 55, www.hanoilarosahotel.com

Melía. Die Hochhausherberge der spanischen Kette bietet 306 altstadtnahe Zimmer mit himmelweiter Lobby, vier Restaurants, Disco, Fitnesscenter, Pool. 44B Ly Thuong Kiet, Tel. 04/39 34 33 43, Tel. in Deutschland: 01802/12 17 23, www.meliahanoi.solmelia.com

Pullman. Etwas weit abgelegenes Businesshotel, aber absolut vier Sterne wert – vom professionellen Team über das tolle moderne Design bis hin zum riesigen Frühstücksbüfett, auch mit Spa, Fitness Club und Pool. 40 Cat Linh, Tel. 04/37 33 06 88, www.pullman-hanoi.com

AUSGEHEN

Hanoi Opera. Ballett, Violinkonzert, Drama, vietnamesische Melodien oder moderne Klänge. Tgl. ab 19 Uhr, ab 200 000 VND/= ca. 8 €, 1 Trang Tien Ecke Ly Thai To, Tel. 04/39 33 01 13, http://hanoioperahouse.org.vn

Minh's Jazz Club. Geich neben der Oper kann man dem bekannten Saxophon-Jazzer in seiner Bar lauschen. Café tgl. 8–22 Uhr, Livemusik tgl. 21–23.30 Uhr, 1 Trang Tien, Tel. 04/39 33 65 55, www.minhjazzvietnam.com

INFORMATION

Vietnam Tourism Hanoi. Beratung zu Sightseeing und Aktivitäten rund um Hanoi. 30A Ly Thuong Kiet und 80 Quan Su, Tel. 04/38 26 41 54, www.vietnamtourism.com

36 Hanoi-Westsee mit Ba-Dinh-Bezirk
Die tausend Jahre alte Hauptstadt

König Ly Thai To hatte im Jahr 1010 die alte Hauptstadt hierher ans Ufer des Roten Flusses verlegt – in der Zitadelle wandelt man über dem Fundament einer tausend Jahre alten Stadt! Der Jahrestag wurde gebührend am 10.10.10 gefeiert – mit einem fulminanten Feuerwerk über dem roten Fahnenmeer mit gelben Sternen, einer stramm-kommunistischen Militärparade und der Amnestie von tausend Häftlingen.

Die tausendjährige Hauptstadt Vietnams (ca. 3,5 Mio. Stadtbewohner, Provinz: 6 bis 7 Mio. Einwohner) war schon immer Sitz von Fürsten und Königen, Verwaltung und Militär, Lehre und Wissenschaft. Auch heute besitzt die Hauptstadt mehrere Universitäten und Hochschulen. 18 Seen verteilen sich im Stadtgebiet. Das moderne Hanoi präsentiert sich vor allem rund um den 500 Hektar großen Westsee, einst ein Nebenarm des Roten Flusses – mit Villen und Luxusherbergen, Konferenzzentren und internationalen Clubs an seinem Ufer.

Ausgrabungen in der Unesco-Zitadelle

Oben: Protzig-prächtig: das Ho-Chi-Minh-Mausoleum
Unten: Der wohl bekannteste Vietnamese, Hoi Chi Minh, im gleichnamigen Museum, diesmal hier in Hanoi

Besucher betreten die weitläufige Zitadelle Thang Long durch das trutzige Doan-Mon-Haupttor im Westen in der Hoang Dieu. Seit 2010 gehört die ursprünglich im 11. Jahrhundert während der Ly-Dynastie erbaute »kaiserliche Zitadelle des aufsteigenden Drachen« zum Unesco-Weltkulturerbe.

Allerdings sind der Großteil des damaligen Palastes und Tempel auf dem 20 Hektar großen Gelände schon lange von den Franzosen zerstört, auf dem teils gesperrten Areal sind seit 2002 Archäologen bei Ausgrabungsarbeiten. Kaiser Gia Long hatte die Festung 1802 bis 1812 neu errichten lassen, 1872 wurde sie von den französischen Truppen erobert und als Kaserne genutzt. Man sieht heute noch den 200 Jahre alten Flaggenturm Cot Co, der die Anlage im Süden begrenzt, sowie den etwas klobigen, aber pagodenartigen Tinh-Bac-Lau-Palast der Prinzessin (auch: Hau Lau, auf der Hoang Dieu, mit Archäologie-Ausstellung), der von den Franzosen ebenfalls zerstört und später mit drei Etagen und geschwungenen Dächern rekonstruiert wurde. Den Besuchern steht außerdem ein schlichtes Betongebäude (»D67«) zur Besichtigung offen, in dem das Hauptquartier der nordvietnamesischen Vietminh-Truppen 1975 seinen Sitz hatte – unter dem Kommando des legendären General Vo Nguyen Giap (1911–2013) – eine Art nordvietnamesisches Pentagon mit Lagezentrum, Bunker und Tunnelgängen im Keller.

Auf dem Ba-Dinh-Platz bei »Onkel Ho«

Auf der gigantischen Freifläche des Ba-Dinh-Platzes verlas der Revolutionsführer Ho Chi Minh (1890–1969) am 2. September 1945 vor einer halben Million Landsleuten die Unabhängigkeitserklärung. Vor dem weithin sichtbaren Ho-Chi-Minh-Mausoleum wird heutzutage jeden Morgen und Abend in einer feierlichen Zeremonie die vietnamesische Flagge gehisst und eingeholt. Am Morgen kann man sich auf der sozialistischen Spurensuche gleich danach in die Schlange einreihen, um den 1969 gestorbenen und einbalsamierten »Onkel Ho« zu besuchen – wohlgemerkt: nicht in

SUNDOWNER AUF DER DACHTERRASSE

In der schicken Hotelbar, einer der höchsten in Hanoi, lässt sich das hektische Treiben der Hauptstadt aus der Vogelperspektive betrachten: Im 20. Stock abseits jeglichen Trubels kann sich der Gast verwöhnen lassen – selbst das Dauerergehupe scheint am Plexiglas abzuprallen. Bei lauer Open-air-Brise (oder drinnen klimatisiert) schweift das Auge weit über das bunt glitzernde Lichtermeer und den dunklen West- und Truc-Bach-See. Ob zum High Tea, Sundowner oder Absacker, hier stimmt einfach alles: Cocktails ohne viel Firlefanz bei romantischer Atmosphäre, professionelles Team und eine himmlische Aussicht – auch die Preise erreichen hier himmlische Dimensionen (ganz wie zu Hause, Cocktails ca. 10 € …).

Summit Lounge (Sofitel Plaza).
Tgl. 16–24 Uhr, 1 Thanh Nien,
Tel. 04/38 23 88 88, www.sofitel.com

Shorts und Trägerhemdchen, das versteht sich, aber auch Rucksack, Fotokamera und Teddybär müssen draußenbleiben! Denn im Innern der kühlen Marmorhalle herrscht militärische Disziplin beim Gänsemarsch-Defilee – nicht sprechen, nicht stehen bleiben! – und nach zwei Minuten ist jeder wieder draußen. Tagtäglich werden hier Tausende vorbeigeschleust: Bauern, Parteifunktionäre, Staatsgäste und Touristen.

Durch das geschliffene Glas des Sarkophages wirkt es fast ein bisschen als würde der konservierte Ho Chi Minh wehmütig den Kopf nach jedem Besucher verdrehen (oder ist es doch nur eine Wachsfigur, wie gemunkelt wird …).

Der konservierte Revolutionär

Denn von wegen letzte »Ruhestätte« ! Der vietnamesische Präsident selbst wollte gar keinen Totenkult wie bei den zur Schau gestellten Genossen - Mao in Peking, Lenin (und bis 1961 Stalin) in Moskau und Kim Il Sung in Pjöngjang. Und so ließ er in seinem Testament verkünden: »Teilt meine Asche in drei Teile und bewahrt sie in drei Keramikurnen, die Sinnbild für Norden, Zentrum und Süden sein sollen.« Wie bescheiden der Revolutionär seine letzten elf Lebensjahre ab 1958 wohnte, kann man hinter dem Mausoleum im Botanischen Garten sehen, wo ein Blick in das einstige Wohnhaus von Ho Chi Minh möglich ist, das idyllisch auf Stelzen an einem kleinen See steht.

So beschaulich war es hier nicht immer, vor allem während des Vietnamkriegs: Ein Treppeneingang führt zu einem Bunker unter den Gebäuden, zu denen auch das Büro des Präsidenten gehört, sein Peugeot 404 ist ebenfalls im nahe gelegenen Museum ausgestellt.

Auf den Spuren Ho Chi Minhs

Die wichtigsten Sehenswürdigkeiten Hanois verteilen sich südlich und östlich des Westsees, wie das Ho-Chi-Minh-Mausoleum mit dem einbalsamierten ersten Präsidenten, sein Büro mit Wohnhaus sowie ein sehenswertes HCM-Museum.

A Thang Long Zitadelle. Jahrzehntelang war die Zitadelle reines Militärgebiet und nicht zugänglich (so wie heute noch der größte Teil östlich der Nguyen Tri Phuong), seit 2010 gehört die »kaiserliche Zitadelle des aufsteigenden Drachens« zum Unesco-Weltkulturerbe. Di–So 8.30–11.30, 14–17 Uhr (Mo zu), Eingang: Westtor in der 19C Hoang Dieu, Tel. 04/37 34 54 27, www.hoangthanhthanglong.vn/en

B Ho-Chi-Minh-Mausoleum. Der unübersehbare säulengetragene Quaderbau wird meist von einer Menschenschlange umringt, die dem 1969 gestorbenen Präsidenten ihren Respekt erweisen wollen, der hier seit 1975 zu besichtigen ist – gegen seinen letzten testamentarischen Willen … April bis Sept. Di–Do 7.30–10.30, Sa–So 7.30–11 Uhr, Dez. bis März Di–Do 8–11, Sa–So 8–11.30 Uhr, Anfang Sept. bis Anfang Dez. meist für drei Monate geschlossen, Ba-Dinh-Platz, Eingang: Hung Vuong, Taschen abgeben, Fotos verboten, kein Zutritt in Shorts, Spaghetti-Top, Minirock!

C Ho-Chi-Minh-Haus. Nach dem Mausoleumsbesuch gelangt man im Besucherstrom vorbei am früheren ockerfarbenen Präsidentenpalast (1900–1908) schließlich zum unscheinbaren Stelzen-Holzhaus an einem kleinen Teich, wo der Revolutionsführer die letzten elf Jahre seines Lebens verbrachte. Tgl. 8–11, 13.30–16 Uhr, Ba-Dinh-Platz.

D Chua Mot Cot. Die »Einsäulen-Pagode« ist eines der Wahrzeichen Hanois und stammt aus dem 11. Jh., damals ein zierliches Bauwerk aus Holz mit geschwungenem Ziegeldach, heute durch einen mächtigen Betonpfeiler mitsamt Treppenmonstrum gestützt. Tgl. 8–18 Uhr, Chua Mot Cot.

E Ho-Chi-Minh-Museum. Ganze 120 000 Ausstellungsstücke aus dem Leben und Reisen, Exil und Flucht des vietnamesischen Revolutionärs und Präsidenten, darunter Fotos, Filme, persönliche Kleidungsstücke und Alltagsgegenstände, aber auch moderne Kunstwerke und Installationen. Tgl. 8–16.30 (außer Mo u. Fr 8–12 Uhr), 19 Ngoc Ha, Tel. 04/38 46 37 52,-57, www.baotanghochiminh.vn

F Den Quan Thanh (auch: Den Tran Vo. Der dem taoistischen Wächter des Nordens, Tran Vo, gewidmete Tempel beherbergt auch einige sehr schöne Perlmuttarbeiten. Tgl. 7.30–18 Uhr, Quan Than.

G Chua Tran Quoc. Auf einer Insel am Ostrand des Westsees liegt die älteste Pagode Hanois mit ihrem hübschen elfstöckigen Turm und vielen Buddha- und Wächterfiguren. Tgl. 7.30–11.30, 13.30–18.30 Uhr, Thanh Nien, Tel. 04/38 29 39 69; gebeten wird um angemessene, also knie- und schulterbedeckende Kleidung, auch für Männer!

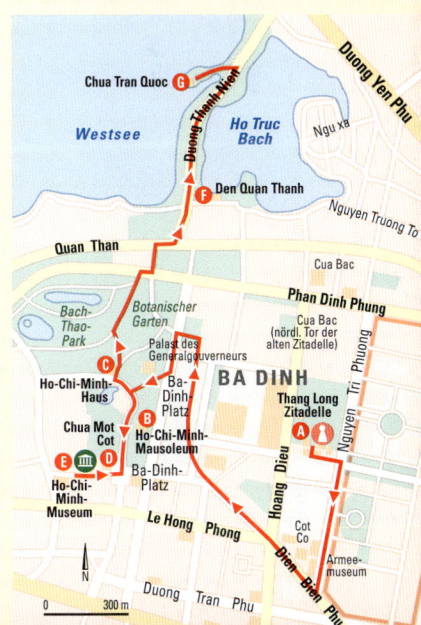

Der Revolutionär besaß übrigens eine Reihe von (Deck-)Namen und nannte sich erst 1942 offiziell um in Ho Chi Minh – wofür es unterschiedliche Deutungen bzw. Übersetzungen gibt: »der die Erleuchtung bringt«, »der nach Erleuchtung Strebende« oder »Ho mit dem klaren Willen«. Den Namen hatte er zuvor benutzt, als er sich als chinesischer Journalist ausgab.

In dem weißen modernen Bau direkt gegenüber vom Mausoleum tagen die vietnamesischen Abgeordneten im modernen Parlament.

Einzigartige uralte Pagoden

Ein einzigartiges Beispiel der traditionellen Architektur ist die Einsäulen-Pagode (Chua Mot Cot), ein weiteres Wahrzeichen der Hauptstadt. Der kinderlose König Ly Thai Tong (1028–1054) hatte sie vor rund tausend Jahren (1049) zu Ehren der buddhistischen Göttin der Barmherzigkeit Quan Am errichten lassen, die ihm im Traum mit einem Baby erschienen war – damals war die zierliche Preziose ganz aus Holz mit himmelwärts geschwungenem Ziegeldach, die eine Lotosblüte symbolisieren sollte, ein buddhistisches Zeichen

Oben: Die viel besuchte Einsäulen-Pagode ist 1000 Jahre alt!
Unten: Der Wächter des Nordens in der Chua Quan Thanh

GUT ZU WISSEN

MIT MENSCHENVERSTAND!
Einmal kurz nachdenken schützt vor Betrug: Im Literaturtempel kosten zwei Bananen nicht umgerechnet zwei Euro und eine fünfminütige Taxifahrt nicht 30 US$, womöglich noch pro Person! Leider lassen sich viele Reisende übers Ohr hauen oder werden durch Privateinladungen zu Karten- und Glücksspielen verlockt, bei denen das Opfer verliert (www.auswaertiges-amt.de/Laenderinformationen).

für Reinheit und eine göttliche Geburt.
Der heutige Nachbau von 1954 sitzt
etwas unpassend auf einem klobigen
Betonpfeiler. Übrigens: Der König wurde der
Legende zufolge daraufhin Vater eines männ-
lichen Nachfolgers…

Der Quan-Thanh-Tempel (auch: Den Tran Vo)
in der Südwestecke des Truc-Bach-Sees gilt als
der wichtigste taoistische Tempel der Stadt.
Im 11. Jahrhundert war er unter König Ly Thai To
nahe dem Nordtor der Stadt errichtet worden
zu Ehren eines der vier taoistischen Wächter,
dem Wächter des Nordens: Huyen Thien Tran Vo.
Im Innern des 1893 umgebauten Tempels befindet
sich eine fast vier Meter hohe schwarze Bronzestatue dieses Wächters des Nordens aus dem Jahr
1677, ebenso seine beiden tierischen Symbole:
Schlange und Schildkröte.

Highlight für Kids

Weit abgelegen, aber ein Muss für Groß und
Klein: Das Ethnologische Museum ist eines der
besten Museen im Lande und eignet sich selbst
für den Besuch mit Kindern. Sehr anschaulich
wird der Besucher in die Welt der 54 verschiedenen Ethnien eingeweiht mitsamt ihren Riten,
Architektur und Musik: Trachten, Schmuck und
Kunsthandwerk, Fotos, Wandtafeln und Grafiken,
meist in englisch, lebensgroße Figuren und Ausstellungsstücke zum Anfassen, beispielsweise der
ausklappbare Mondkalender.

Besonderer Clou sind die Modellbauten, etwa
ein begehbares Haus der Schwarzen Thai in der
zweiten Etage und die Nachbauten von Häusern
der Ede und der Bahnar im Außenbereich, wo sich
auch ein Wasserpuppentheater, Bootsmodell und
Spielplatz befindet.

Einfach gut !

HANOI HAUTNAH ERLEBEN

Mit deutschen Insidern
Hanoi und Saigon erkunden:
Der frühere Journalist Christian
Oster führte schon Angela Merkel in
die Geheimnisse der (Alltags-)Kultur in
Hanoi ein, Ralf Dittko lebt seit den
1990er-Jahren in Saigon und kennt
als einstiger Restaurantbetreiber natürlich nicht nur die besten Lokale.
Kultour bietet thematische Stadtspa-
ziergänge und mehrtägige Ausflüge
mit Homestays, man erfährt Wissens-
wertes über Politik und Wirtschaft,
über die Bevölkerung und ihre Bezie-
hung zu Geld und Wohlstand und über
die fast schon traditionelle Fälscher-
mentalität. Die Teilnehmer erkunden
versteckte Gänge zwischen den »Röh-
renhäusern«, schnuppern in traditionellen Apotheken und genießen gesüßten Kaffee in authentischen
kleinen Kaffeestuben.

HanoiKultour. 56-58 Nguyen Thai
Hoc (im Goethe-Institut),
Tel. 04/37 34 99 32 (Oster) und
Mobil-Tel. 090/377 09 53 (Dittko),
www.hanoikultour.com

Das Ethnologische Museum
von Hanoi ist ein Muss.

Infos und Adressen

Im Quan-Thanh-Tempel

SEHENSWÜRDIGKEITEN

Ethnologisches Museum. Di–So 8.30–17.30 Uhr, Nguyen Van Huyen, Cau Giay, ca. 8 km nordwestlich vom Zentrum, Tel. 04/37 56 21 93, www.vme.org.vn

Hanoi Museum. Das futuristische Bauwerk der Hamburger Architekten Gerkan, Marg und Partner dokumentiert die tausendjährige Geschichte der Stadt. Di–So 8–11.30, 13.30–17 Uhr, Pham Hung, Tu Liem.

ESSEN UND TRINKEN

Ca Phe Duy Tri. Das kleine urtypische Kaffeehaus hat nur ein Angebot – aber das seit 1936: Yoghurt mit starkem vietnamesischen Kaffee (»ca phe sua chua«), mit Eis oder heiß, man mischt sich unter die Einheimischen auf kleinen Hockern unten oder oben auf dem Balkon. Tgl. 7–20 Uhr, 43A Yen Phu, Tay Ho, Tel. 04/38 29 13 86.

Cua Hang An Uong Mau Dich So 37. Versteckt auf der Truc-Bach-Insel: Leckere authentische Vietnam-Kost zwischen Flohmarktdeko und S/W-Fotos aus dem Krieg, Bestellungen passenderweise per »Rationskarte«. Tgl. 7–22 Uhr, 37 Nam Trang, Tel. 04/37 15 43 36.

Da Paolo. Beste Lage auf einer Landzunge im Westsee, manche halten Paolo für den »besten Italiener« in Hanoi. Keine Frage, Pizza, Risotto oder Lasagne schmecken, nur die Weinauswahl könnte besser sein; etwas gehobene Preise. Tgl. 10–23 Uhr, 18 Lane 50/59/17, Dang Thai Mai, Tay Ho, Tel. 04/37 18 63 17.

Sen Tay Ho. Das riesige Restaurant (500 Plätze) bietet ein ebenso riesiges Büfett mit rund 60 Landesspezialitäten, Bergen von Meeresfrüchten und internationalen Speisen (auch Salate). Wer sich einmal durchschlemmen möchte (für ca. 10 €!), sollte hungrig kommen und viel Zeit mitbringen; auch Frühstück und à la carte, traditionelle Livemusik oder Pianobegleitung mit Seeblick. Tgl. 11–14, 18–21.30 Uhr, 614 Lac Long Quan, Tay Ho, Tel. 04/37 19 92 42, www.sentayho.com.vn

Song Thu. Vietnamesisch speisen nahe dem Truc-Bach-See für einen guten Zweck kann man in der schönen Kolonialvilla, wo die bekannte Hoa Sua School benachteiligte Jugendliche für das Gaststättenwesen ausbildet. Tgl. 11.30–14, 18–21.30 Uhr, 34 Chau Long, Ba Dinh, Tel. 04/39 42 44 48.

ÜBERNACHTEN

First Eden. Ein bisschen »plüschig« mit Mustertapete und wallenden Gardinen, aber sonst kann man sich in den 59 Parkettzimmern auf zehn Etagen durchaus wohlfühlen. Eigenes Lokal. 4B5 Hang Bun, Ba Dinh, Tel. 04/38 28 38 96, www.firstedenhotel.com.vn

Intercontinental Hanoi Westlake. Edelhölzer und Luxus, wohin man schaut: Suiten und dreistöckige Villen direkt auf dem Westsee, drei Restaurants, Sunset Bar, schöner Pool, Spa, Yoga- und Pilateskurse. 1A Nghi Tam, Tel. 04/62 70 88 88, Tel. in Deutschland: 0800/181 60 68, www.ichotelsgroup.com

La Belle Vie. Zentrale Lage zwischen Westsee und Altstadt: Das Mittelklassehotel in der Nähe des Nightmarket punktet mit 40 geschmackvollen Zimmern, professionell-freundlichem Personal und gutem Frühstück, Lärm ist in dieser Gegend nicht zu vermeiden. 105 Nguyen Truong To, Ba Dinh, Tel. 04/39 27 55 15, www.labelleviehotel.com

Sofitel Plaza. Das Luxushotel ist wahrlich nicht zu übersehen und bietet jeglichen Komfort: Hoch über Westsee und Truc-Bach-See wohnt man auf 20 Etagen (auch Apartments) mit toller Weitsicht, selbst aus den gläsernen Fahrstühlen. Der Clou: bei schlechtem Wetter wird der Pool überdacht. 1 Thanh Nien, Tel. 04/38 23 88 88, www.sofitel.com

Tam. Ruhig, freundlich und manch einer spricht sogar Deutsch hier: 25 geräumige Drei-Sterne-Zimmer mit Balkon, Dachbar, eigene Reiseagentur. 3-5 Tran Te Xuong, Ba Dinh, Tel. 04/37 15 40 69, www.tamhotel.com.vn

AUSGEHEN

Hanoi Rock City. Konzerthalle, Bar und Biergarten in einem, z. B. dienstags für Jazz-Fans, mittwochs »Open-mic«-Karaoke für jedermann. Tgl. ab 22 Uhr, 27/52 To Ngoc Van, Tay Ho, Mobil-Tel. 094/357 19 84, www.hanoirockcity.com

Ngoc Ha Bia Hoi. Biergarten hinter dem Ho-Chi-Minh-Mausoleum: Hier gibt es preiswertes »bia hoi« zu gegrilltem Tintenfisch und Frosch, Würstchen im Bananenblatt und Erdnüssen. Tgl. ca. 17–22 Uhr, 19c Ngoc Ha, nahe Botanischer Garten.

FESTE

Nationalfeiertag. Der Unabhängigkeitstag am 2. September wird alljährlich mit viel Pomp gefeiert: militärische Parade (am Ba-Dinh-Platz), Feuerwerk und Bootsrennen.

INFORMATION

Tam Travel. Touren durchs ganze Land, teils Deutsch sprechende Mitarbeiter und Reiseleiter. 90 Duc Chinh, Ba Dinh, Tel. 04/37 15 08 31, www.tamtravel.com.vn

Das neue Hanoi Museum, von Hamburger Architekten entworfen, ist von außen beeindruckend. Die Ausstellung selbst lässt zu wünschen übrig.

VIETNAM
Neu entdeckt

Keine Frage: Vietnam ist laut und hektisch, kann einem ganz schön auf die Nerven gehen, und nicht immer riecht es hier nach Jasmin und Sandelholz. Wer die Vietnamesen und ihre Traditionen aber richtig kennenlernen will, sollte sich unbedingt ins Getümmel stürzen und mitmachen! Hier sind fünf überraschende Möglichkeiten Vietnam hautnah zu erleben und auf authentische Art zu genießen.

1. Homestays

Mittlerweile kann der kontaktfreudige Reisende auch in Vietnam bei den Einheimischen zu Hause übernachten. Der Begriff »Homestay« ist allerdings weit gefasst und immer für eine Überraschung gut: Die Palette reicht vom Schlafsaal unterm Dach oder im Wohnzimmer eines Stelzenhauses mit Familienanschluss über Einzelzimmer mit Dusche bis hin zum »Homestay« mit Pool und Personal. Bei den Vietnamesen zu Hause wohnt man am besten in den Städten Hanoi und Saigon, in den Bergen (s. S. 202), im Mekongdelta oder in den Nationalparks (s. S. 88, 128, 140) und auf einigen untouristischen Inseln.

In der Provinz Cao Bang haben Angehörige der Hmong-Ethnie ihren festen Platz auf den Märkten.

Knuspriges Fingerfood, wie hier im Restaurant Quan An Egon, macht sich auf jedem Asia-Teller gut.

Je weiter abseits vom Touristenpfad, desto eher sind es wirklich authentische Familienunterkünfte, desto eher wird hier auch vietnamesischer Kaffee serviert - statt Nescafé!
www.homestaybooking.de
www.couchsurfing.org
www.airbnb.de

2. Aus der Vogelperspektive

Weitblick garantiert: Von den immer höheren trendy Wolkenkratzer-Dachbars ergeben sich die schönsten Ausblicke auf das nächtliche Saigon, Hanoi oder Da Nang. Den Reigen eröffnete die Chill Saigon Skybar im 23. Stock des AB Tower, noch höher hinaus geht es vom Saigoner Sky Deck des futuristischen Bitexco-Turms in Café und Bar (49. und 50. Etage). In schwindelnder Höhe und lauer Brise genießt man bei Cocktails und Sundowner das glitzernde Stadtpanorama aus der Vogelperspektive – fernab vom wuseligen Alltag, vom Gehupe und Verkehrschaos.

3. Trend: Als Sozius durch Vietnam

Nichts für Weicheier und Warmduscher: Wer sich zutraut, in der Endloskarawane mitzufahren, auf zwei Rädern durch die Nacht, fröhlich-sinnlos hupend im motorisierten Schwarm, der steigt einfach hinten als Sozius auf. Die fast schon legendären »Easy Riders«, eine Handvoll Mofataxi-Fahrer aus dem Hochland bei Da Lat, haben den Trend vor vielen Jahren

Alles im Fluss: Im Mekong-Delta lässt sich auf sonnengeschützten Veranden direkt über dem Wasser speisen, wie hier im Lokal Thuy Tien.

begründet, und seit Neuestem bieten professionelle Mofataxi-Unternehmen ihre Touren auch in den Städten an. So bekommt man einen Eindruck vom Leben auf dem Mofa, etwa beim abendlichen »chay vong vong«, der obligatorischen Zweirad-Runde durch den Bezirk. Vor allem am Wochenende beherrscht das ziellose Sehen-und-Gesehen-werden die Straßen mit Zickzack-Manövern, Dauergehupe und ganzen Familien auf einem Roller.

Denn selbst wenn die Vietnamesen einkaufen »gehen«, etwa auf einem Straßenmarkt, dann steigen sie nur selten ab: Die Kunden manövrieren ihre Mopeds durch die enge Gasse zwischen den Tragestangen mit Körben voller Obst und Gemüse, Hühner und piepsenden Küken, Fischen und Krebsen.

XO Tours. Tgl. Thementouren mit max. 16 Teilnehmern und Helm, nicht billig aber dafür sogar inkl. Versicherung (sonst eher nicht vorhanden), Mobil-Tel. 09/33 08 37 27, www.xotours.vn, Tour-Beispiel: 1 540 000 VND/=64 € p. P. inkl. Mahlzeiten/Getränke, Video 30 US$ extra.

4. Sich treiben lassen

Lassen Sie den Wahnsinnsverkehr einmal links liegen! Gehen Sie aufs Wasser! Umgebaute Reisbarken gleiten geruhsam und komfortabel wie schwimmende Hotels durch die Kanäle und Mangroven des Mekongdeltas, zu Märkten, Obstbauern und Fischzüchtern, zum Beispiel bei Can Tho. (S. 66) Auf Dschunken und Hausbooten lässt man sich an den majestätischen Kalksteinriesen der Halong-Bucht vorbeimanövrieren (S. 238) und geht nur an winzigen Strandflecken und zum Höhlen-Abstecher an Land. Und angemessen stilvoll lassen sich auch die Kaisergräber in der Umgebung Hues besuchen: mit einem »Drachenboot« (S. 170).

5. Mitfeiern!

Einmal im Jahr herrscht Ausnahmezustand in Vietnam: Flüge und andere Verkehrsmittel sind lange ausgebucht, ebenso viele Hotels, trotz verdoppelter Zimmerpreise! Viele Restaurants, Märkte, Läden, Museen und Galerien können geschlossen sein, die Tempel sind überfüllt und verqualmt. Und das alles nur weil der Küchengott Tao Quan sich aus dem Staub macht – er verlässt für eine Woche das Haus, fährt gen Himmel, um dort dem Jadekaiser seinen alljährlichen Bericht über die Zustände auf Erden zu erstatten. Tet Nguyen Dan, das vietnamesischen Neujahrsfest im Januar/Februar, ist nur eines von zahllosen Festen zu Ehren von Göttern und Buddha, Helden und Ahnen bei denen man mitfeiern kann: Räucherstäbchen, »Mondkuchen« aus Klebreis und Papiergeschenke zum Verbrennen gehören einfach dazu!

Nächste Tet-Feste. 28. Januar 2017, 15. Februar 2018, 4. Februar 2019, 24. Januar 2020.

Gründer und Namensgeber des Jazz Clubs ist Saxophon-Altmeister Quyen Van Minh. Hier spielen sein talentierte Nachwuchs und oft auch er selbst.

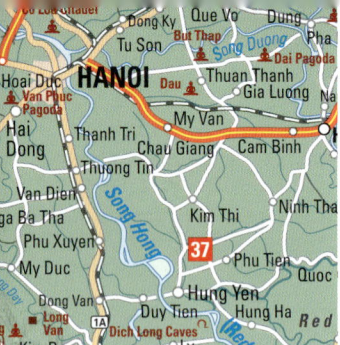

37 Rotes-Fluss-Delta rund um Hanoi
Eine uralte Kulturlandschaft

Die Gegend um Hanoi gilt als die Wiege der vietnamesischen Kultur mit einer bis zu 4000-jährigen Historie. Zeitzeugen sind einige der reizvollsten Pagoden des Landes in zumeist malerischer Flusskulisse. Was noch? – Ein in Biosphärenreservat der Unesco und unvergleiche Kulturlandschaft, bestehend aus unzähligen uralten Deichen, Kanälen und Dämmen, aus Tempeln und altertümlichen Dorfkernen.

2004 erkannte die Unesco das Delta des Roten Flusses (Song Hong) als Biosphärenreservat an. Der rötlich-braun gefärbte Fluss entspringt in Yunnan in Südchina und teilt sich auf den letzten 500 Kilometern in Nordvietnam in viele Arme, ehe er bei Hai Phong im Südchinesischen Meer endet.

Meisterwerke der Pagoden-Architektur

Oben: Das Rote-Fluss-Delta kann eine verwunschene Atmosphäre ausstrahlen.
Unten: Im Bilderbuchdorf Duong Lam scheint die Zeit still gestanden zu haben.

Zu einer der schönsten Pagoden und Aufführungsstätten des Wasserpuppentheaters in Vietnam gehört die Chua Tay (auch: Thien Phuc Tu, 42 Kilometer westlich von Hanoi). Die »Pagode des Himmlischen Segens« stammt aus dem 12. Jahrhundert und liegt idyllisch zu Füßen eines Kalksteinfelsens am Drachen-See mit ihren beiden überdachten Brücken (1602). Der Mönch Tu Dao Hanh hatte den Pavillon mit zweifach gestaffeltem Ziegeldach für das Wasserpuppenspiel beim Pagodenfest errichten lassen – er selbst war ein begeisterter Puppenspieler. Rund sechs Kilometer südwestlich lohnt die Chua Tay Phuong einen Besuch, die eine bemerkenswerte Sammlung an alten lebensecht wirkenden Holzfiguren besitzt und mit ihren rund 1200 Jahren seit ihrer Gründung zu den ältesten Pagoden in Vietnam zählt.

Zeitreise ins malerische Duong Lam

Etwas weiter im Nordwesten haben sich einige Dörfer gegen den Abriss und Neubau im »modernen« Einheitsstil behauptet. Einen bildschönen alten Dorfkern aus dem frühen 16. Jahrhundert besitzt beispielsweise das denkmalgeschützte Duong Lam nahe dem Ort Son Tay (etwa 50 Kilometer nordwestlich von Hanoi), das 2013 als erstes wegen seines wertvollen architektonischen Ensembles von der Unesco ausgezeichnet wurde: rund 140 jahrhundertealte Häuser mit Ziegeldächern und Brunnen in den Gassen und inmitten grün leuchtender Reisfelder. Besonders sehenswert ist das Gemeindehaus Dinh Mong Phu (1533, erweitert 1859), das ein herrlich verziertes Dach, hölzerne Säulen und Holzschnitzereien aufweist. In einem der mit etwa 500 Jahren ältesten Häuser wohnt noch heute die Familie von Chin Giap – in der zwölften Generation!

Quan An mit Krone

Im Osten Hanois wartet die Chua But Thap (25 Kilometer östlich) mit dreifach himmelwärts geschwungenem Ziegeldach, die von den meisten Besuchern wegen ihrer wertvollen und einzigartigen Figur der Quan Am aus 1656 besucht wird: eine etwa vier Meter große Göttin der Barmherzigkeit mit ihren tausend Armen und Augen, hier in Meditationspose und mit einer Krone, die mit Buddhaköpfen bestückt ist. Weitere schöne Figuren sind der Fasten-Buddha und die 18 heiligen Asketen, die Arhats sowie die außergewöhnliche sechs Meter hohe Gebetsmühle (13. Jahrhundert).

SEHENSWÜRDIGKEITEN
Chua But Thap (auch: Nhan Thap). Tgl. 8–17 Uhr, Dinh To.

Chua Tay. Tgl. 8–17 Uhr, Sai Son.

Chua Tay Phuong. Tgl. 8–17 Uhr, Thac Xa.

ESSEN UND TRINKEN
La Vong Phu Cat. Großes Open-air-Ausflugslokal, wo man schön im Garten an einem See in Bambus-Ambiente speist, v. a. die vietnamesischen Klassiker. Tgl. 7–23 Uhr, etwas südlich der Chua Tay Phuong, an der N21, Phu Cat, Tel. 04/33 11 66 66.

EINKAUFEN
Handwerksdörfer. In der Nähe der Chua But Thap liegen die Dörfer Dong Ky (nahe N1A, Holzschnitzkunst, Möbel), Bat Trang (N5, Keramiken) und Dong Ho (N5, Neujahrsszenen-Holzschnitte).

FESTE
Chua Tay. Das Puppenspiel wird beim alljährlichen dreitägigen Pagodenfest im April aufgeführt (5.–7. Tag des 3. Mondmonats).

Die Wasserpuppen aus Hanoi tanzen auch auf dem Land in der »Pagode des Himmlischen Segens«.

Oben: Vor dem Eingang zur Tempelanlage mit Tien-Tru-Tempel und Parfüm-Pagode (Chua Huon) drängen sich alljährlich zum Parfümpagodenfest viele tausend Pilger.

38 Hoa Binh mit Parfüm-Pagode
Pilgerziel Nummer Eins

Zeit zur Besinnung in einer der malerischsten Kulissen im Hanoier Umland: Ein Abstecher in die »Parfümpagode« mit ihren 38 Schreinen, Pavillons und Tempelchen kann – außerhalb der Pilgerzeit – ein romantischer Ausflug mit Bootstour und Seilbahn sein. Zum Tet-Fest geht es hier zu wie auf einem asiatisch-trubeligen Jahrmarkt: 5000 Boote, 60 000 Besucher – am Tag!

Die teils bergige Provinz Hoa Binh liegt ca. 75 Kilometer südwestlich von Hanoi hinter der gleichna-

Hoa Binh mit Parfüm-Pagode

migen Industriestadt (250 000 Einwohner). In der Nähe entlang der N6 und N15 verlocken einige schöne Ausflugsziele zu Füßen herrlicher Kegelberge mit vielen Minderheitendörfern: etwa das pittoreske Mai-Chau-Tal (Thay, Hmong, Weiße und Schwarze Thai) sowie die nur rund zehn Kilometer von Hoa Binh entfernten Bergnester Ban Dam, Ban Giang und Giang Mo, wo die Muong noch in Stelzenhäusern leben und Touristen bei sich zu Hause beherbergen (Community Based Tourism).

Bootstour zur »Parfüm-Pagode«

Der Tagesausflug über die N21 in die Parfüm-Pagode Chua Huong (circa 60 Kilometer südwestlich von Hanoi) kann ein geradezu mystisches Erlebnis sein, vor allem wenn in den Wintermonaten Nebel über die Szenerie liegt: ein überflutetes Flusstal umgeben von reizvollen steilen Karstbergen. Hier am Huong Tich Son, dem »Berg der duftenden Spuren«, wartet der wohl berühmteste Pilgerort in Nordvietnam mit mehreren kleinen Heiligtümern am Wegesrand. Die Pagode wurde im 17. Jahrhundert in der tiefen Huong-Thich-Höhle errichtet. Mit der Seilbahn oder bei einem zweistündigen Aufstieg gelangt man bis ganz nach oben.

Eine barmherzige Königstochter

Doch zuerst gleitet das Boot durch die traumschöne Landschaft auf dem Yen-Fluss. Hier lebte einst Prinzessin Dieu Thien, die vor ihrem tyrannischen Vater geflohen war, da er sie gegen ihren Willen vermählen wollte. Doch dann erkrankte der König an Lepra, verlor Augen und Hände, und die Tochter entschloss sich, ihn zu retten, indem sie ihre Augen und Hände für ihn opferte. Seine Tochter wurde daraufhin zum Bodhisattva und der Tempel wurde Quan Am, der Göttin der Barmherzigkeit, geweiht.

Infos und Adressen

SEHENSWÜRDIGKEITEN

Chua Huong. Tgl. 6–16.30 Uhr, ca. 60 km südwestlich von Hanoi (N21), Ha Tay, Tel. 04/33 84 98 49, am meisten los ist zum Neujahrsfest Ende Jan./Febr. und von März bis April sowie an Sommerwochenenden; Boote: ca. 40 000 VND/= ca. 2 € p. P.; Seilbahn: ca. 140 000 VND/=ca. 5 €).

Ho Chi Minh Trail Museum. Das moderne Museum bietet eine eindrucksvolle Einführung in die Bedeutung des Wegenetzes. Mo–Sa 7.30–11.30, 13.30–16.30 Uhr, Yen Nghia, Ha Dong, 15 km südwestlich von Hanoi an der N6, Mobil-Tel. 096/652 25 59.

ESSEN UND TRINKEN
Direkt in der Tempelanlage nahe dem Eingang und Bootspier, leider mit großem Andrang.

ÜBERNACHTEN
Homestay. Im Wohnzimmer bei der Muong-Familie Nguyen im Dorf Giang Mo schläft man im Stelzenhaus unter einfachsten Bedingungen. Tam Travel in Hanoi, Tel. 04/37 15 08 31, www.tamtravel.com.vn

Jardin de Fleurs. Reisegruppen kommen Essen und Kochenlernen im schönen Garten; mit Übernachtungsmöglichkeit. Dong Chui, Tan Vinh, Luong Son, über Tam Travel, Tel. in Hanoi: 04/37 15 08 31, http://jardindefleurs.com.vn

EINKAUFEN
Van Phuc. Den Seidenwebern kann man im Seidendorf über die Schulter schauen, ca. 10 km südwestlich von Hanoi an der N6.

39 Ninh Binh
Trockene Halong-Bucht
Die reinste Filmkulisse!

Oben: Die Bai-Binh-Pagode ist noch nicht lange fertig, aber schon ein Massenziel von Gläubigen und Touristen.

Wie in einem Landschaftsgemälde drängen sich die fast senkrecht-steilen Karstberge aneinander, wie mit dichtem Pelz überwuchert und von Höhlen durchzogen. Durch das leuchtend grüne Meer aus Nassreis-Feldern schlängelt sich ein Fluss – und plötzlich: Stau in der Ruderbootkarawane. Allein ist man nicht in dieser urtümlich-traumhaften Gegend, die auch »Trockene Halong-Bucht« genannt wird.

Ninh Binh

Die spektakuläre Kulisse bei Tam Coc nahe der Industriestadt Ninh Binh (10 Kilometer östlich) blieb auch den Filmemachern nicht verborgen: Der melodramatische Filmklassiker »Indochine« wurde hier 1992 mit Catherine Deneuve gedreht. Aber schon die vietnamesischen Fürsten und Könige suchten in dem Labyrinth aus Kegelbergen rund um Hoa Lu (zwölf Kilometer nordwestlich von Ninh Binh) vor tausend Jahren Zuflucht vor den nicht enden wollenden Überfällen der Chinesen und verlegten ihre Hauptstadt aus Co Loa hierher: Das Reich Dai Co Viet bestand zwar nur von 968 bis 1009, aber an die wichtigsten Herrscher Dinh Tien Hoang (924–997) und Le Dai Hanh (941–1005) erinnern noch heute zwei Tempel aus dem 11. und 17. Jahrhundert am Yen-Ngua-Berg sowie einige uralte Kaiserfiguren und die ältesten Grabstätten im Lande.

Radeln, rudern oder gerudert werden

Tam Coc hat sich mit seinen »Drei Grotten«-Bootstouren zum Touristenmagneten gemausert: Rund um das Örtchen lässt man sich heute im Ruderboot durch die drei Höhlen treiben und fährt mit dem Rad oder der Pferdekutsche auf Dämmen durch die Reisfelder zu heißen Quellen oder Kunsthandwerksdörfern, etwa nach Van Lan. An einem Sommerwochenende darf es niemanden wundern, wenn es auf dem Fluss zu feucht-fröhlichen »Wasserschlachten« kommt. Ausweichen kann man ins etwas ruhigere nordwestlich gelegene Trang An oder ins Naturschutzgebiet Van Long, wo sich vielleicht am frühen Morgen oder abends eine der letzten freilebenden Populationen von Delacour-Languren an den Karsthängen blicken lässt (ca. 23 Kilometer nordwestlich von Ninh Binh).

Geheimtipp

WOHNEN IM MUSEUMSDORF
Ein traditionelles Dorf aus dem 19. Jahrhundert en miniature – mit großem massiven Tor, 30 alten Gemäuern, Gemeindehaus und Tempel, landwirtschaftlichen Geräten und Antiquitäten rund um einen Lotosteich. Ein Freilichtmuseum und zugleich Gästehaus: Man kann in einfachen antiken Zimmerchen übernachten, wer allerdings WLAN und TV braucht, ist hier fehl am Platz. Aber keine Sorge: Natürlich gibt es Klimaanlage, Minibar und Heißwasserdusche im eigenen Badezimmer. Die hilfsbereiten guten Geister kümmern sich liebevoll um jeden Gast, und wenn das Englisch mal nicht reicht geht es auch mit Händen und Füßen. Der Clou: Der Bootspier, an dem der Jahrmarktstrubel von Tam Coc herrscht, ist keine 200 Meter entfernt – und dennoch ist Lang Viet Co eine paradiesisch ruhige Oase.

Lang Viet Co (auch: Co Vien Lau). Tam Coc, Tel. 030/359 17 18, www.langvietco.com – nur in Vietnamesisch.

Auf dem »liegenden Drachen«

Auch wer sich zu Fuß über Bambusbrücken auf-
macht, wird belohnt mit sagenhaften Ausblicken
aus schwindelerregender Vogelperspektive: Zum
Beispiel an der Mua-Höhle am Nui Ngoa Long bei
Tam Coc, dem »Berg des liegenden Drachen«, den
man auf einer 500-stufigen Treppe innerhalb einer
Stunde erobern kann. Manche bizarre Felsformati-
on ist gekrönt von grazilen Pavillons oder Tempel-
türmchen. Auch die nahe dem Pier malerisch am
Berghang gelegene Chua Bich Dong entpuppt sich
als eine mystisch-schöne Höhlenpagode mit drei
sehenswerten schwarzen Buddhafiguren in einem
hübschen Schrein und toller Aussicht aus der »Grünen Grotte«.

Tempel-Gigantomanie

Ganz anders präsentiert sich der mit 700 Hektar
größte Tempelkomplex Vietnams, der seit 2003
rund 20 Kilometer nordwestlich von Ninh Binh
an einem Berghang entstanden ist: die moderne
Bai-Dinh-Pagode mit elfstöckigem Pagodenturm,
eine gigantische Anlage mitten in der Provinz.
An den Treppen wachen etwa 500 übergroße und
fast lebendig wirkende Arahat-Mönchsfiguren aus
Marmor (alle in unterschiedlichen Posen), Tausende
Buddhafiguren in allen Größen, Materialien und
Positionen. Man kann Holzschnitzereien und Lack-
arbeiten bestaunen, eine 36 Tonnen schwere Glocke
und eine wertvolle Bronzetrommel im Glockenturm.
Nach rund 300 Stufen oben angelangt, schweifen
die Augen über ein herrliches 360-Grad-Panorama.
Nicht zu vergessen: der 16 Meter hohe Sakyamuni-
Buddha, eine der größten Buddhafiguren in Vietnam. Ein Schauplatz des Kriegsgeschehens im be-
rühmten Roman von Graham Greene *Der stille
Amerikaner* befindet sich 28 Kilometer südöstlich
von Ninh Binh, einer katholischen Hochburg.

Oben: Pagodenturm der Mua-
Höhle bei Ninh Binh
Unten: Tausendfach berührt:
der glückliche Buddha in der
Chua Bai Dinh

Infos und Adressen

SEHENSWÜRDIGKEITEN

Chua Bai Dinh. Tgl. 8–17 Uhr, Gia Sinh, ca. 20 km nordwestlich von Ninh Binh.

Chua Bich Dong. Tgl. 6–18 Uhr, Ngu Nhac Son, 2,5 km vom Pier, Tam Coc, feste Schuhe!

Chua Hang Mua. Tgl. 8–ca.16 Uhr, Nui Ngoa Long, Tam Coc.

Hoa Lu. Tgl. ca.8–16 Uhr, ca. 12 km nordwestlich von Ninh Binh.

Phat-Diem-Kathedrale. Tgl. 8–17 Uhr, Morgenmesse: 4.30 Uhr, 75 Phat Diem, Luu Phuong, Kim Son, 28 km südöstlich von Ninh Binh, Tel. 030/386 20 58.

Tam Coc Pier. Tgl. ca.7–16 Uhr (letzte Boote), Eintritt: 80 000 VND/= ca. 3 €, 10 km westlich von Ninh Binh.

ESSEN UND TRINKEN

In Tam Coc versorgen Bootsfrauen die Ausflügler mit heißen und kühlen Getränken, Süßigkeiten und frischem Obst.

Bamboo. Das Lokal bietet typisch einheimische Gerichte und Frühstück, eine Bar und WLAN gibt es auch. Tgl. 8-22.30 Uhr, Van Lam, Tel. 030/361 82 22.

ÜBERNACHTEN

Nguyen Shack. Was für eine Idylle! Nur fünf palmstrohgedeckte Hütten mit Hängematte und Open-air-Bad verteilen sich zwischen den Karstbergen an einem See. Khe Ha (nahe Mua-Höhle) Tam Coc, Tel. 030/361 86 78, www.nguyenshack.com

Tam Coc Garden. Mit viel Liebe zum stilvollen Detail aus Bambus, Keramik und Holz sind die acht (teuren) Bungalows eingerichtet, zwischen Reisfeld, Bananenstauden und Bambushain. Schönes Restaurant am Pool. Hai Nham, einige Kilomter westlich von Tam Coc, Mobil-Tel. 096/603 25 55, www.tamcocgarden.com/en

INFORMATION

Ninh Binh Tourist. Dinh Tien Hoang, in Ninh-Binh-City!!, Tel. 030/384 41 01, www.dulichninhbinh.com.vn/en

Chua Bai Dinh: Alles strotzt hier nur so vor Gold, Marmor und architektonischen Superlativen.

40 Cuc-Phuong-Nationalpark
Das reinste »Dschungelbuch«

Einer der letzten tropischen Urwälder Vietnams: Tausend Jahre alte Baumriesen mit mannshohen Brettwurzeln ragen durch mehrere Dschungel-»Etagen« in den Himmel, verhangen wie mit schweren grünen Samtumhängen, armdicke Lianen drehen Pirouetten. Nirgendwo sonst im Lande kann man so viele bedrohte Affen-arten wie hier sehen – und sogar selbst mitanpacken!

Cuc Phuong ist der älteste bereits 1962 gegründete Nationalpark Vietnams und erstreckt sich mit sei-nen majestätischen Karstbergen in bis zu 600 Meter Höhe in der Provinz Ninh Binh (120 Kilometer südwestlich von Hanoi). Das 25 000 Hektar umfas-sende Schutzgebiet zwischen zwei Bergketten ist einer der letzten immergrünen Primärwälder des Landes: Bis zu 50 Meter hoch wachsen einige »tausendjährige« Baumriesen und stellen ihre Brettwurzeln wie Wände in den Wanderweg – ein Exemplar hat einen Stammumfang von sagen-haften 25 Metern (der »Co Xanh«, lat.: *Parashrea stellata*, oder der »Sau«, lat.: *Dracontomelum duperranum, dancorra Edulis*).

Affenschwanz als Staubwedel

Im Cuc-Phuong-Nationalpark begegnet man vielen Affen, darunter auch ganz seltenen Arten

In diesem Nationalpark wurden rund 2300 subtro-pische Baum- und Pflanzenarten gezählt, etwa 135 verschiedene Säugetierspezies, mehr als 300 Vogelarten (wie Adler, Nashornvögel, Fasane) und 122 Amphibien- und Reptilienspezies (Schlangen) sowie zahllose Schmetterlinge (v. a. März/April). In den dichten Wäldern konnten noch viele vom Aussterben bedrohte Arten überleben, wie Axis- und Muntjak-Hirsche, Serow-Bergziegen, Makaken, Nebelparder und asiatischer Schwarz- und Kragenbär – man fand sogar Spuren von Leoparden. Als Zufluchtsort dienen den Tieren auch die vielen Höhlen in den Karstbergen, einige Grotten waren zudem Fundorte von mindestens 7000 Jahre alten prähistorischen Steinwerkzeugen, Knochenresten und Keramikwaren. Nur durch Zufall hatte man 1987 die endemischen Delacour-Languren hier wiederentdeckt – eine zoologische Sensation! Doch dazu war keine Expedition in die Tiefen des Dschungels nötig: Ein Delacour-Schwanz fand sich als Staubwedel auf einem Markt, und ein lebendes Exemplar konnte im letzten Moment von Tierschützern vorm Kochtopf gerettet werden ...

Zu Hause bei den Muong

Nahe dem Visitor Center gibt es ein Orchideen-Projekt und Aufzuchtstätten für Schildkröten, Pangoline und Rehwild (auch gut machbar ohne Guides). Gut ausgeschilderte Wanderwege führen zu den bisher erschlossenen Attraktionen, beispielsweise der einfache drei Kilometer lange Botanical Garden Loop Trail, der beliebte Sieben-Kilometer-Rundpfad zur Palace Cave oder auch der anspruchsvolle geführte Dreitages-Treck mit Homestay-Übernachtung in einem der Minderheitendörfer bei den Muong (etwa 17 Kilometer entfernt, hierher können Besucher auch per Rad gelangen bzw. sich im Jeep abholen lassen). Die Gäste übernachten in original alten Stelzenhäusern. Hier am Rande des Nationalparks ergibt sich ein guter Einblick in den bäuerlichen Alltag mit Viehtrieb und Ackerbau in einer herrlichen Berglandschaft, wo spitze Kegelberge wie gleichschenklige Dreiecke mit dickem grünen Pelz aus der Ebene ragen. Auch der Aufstieg zum höchsten Gipfel, dem rund 650 Meter hohen Dinh

Nicht verpassen

UNTER AFFEN UND PRIMATEN

Nicht nur in Vietnam ein bemitleidenswerter Anblick: die angeketteten Äffchen, die als Haustier, Spielzeug oder Touristenattraktion dienen. In Vietnam tummeln sich 25 Primatenarten – mehr als die Hälfte vom Aussterben bedroht! Seit 1993 kümmert sich das von der Zoologischen Gesellschaft Frankfurt ins Leben gerufene Endangered Primate Rescue Center um die heute etwa 180 Affen aus 15 Arten, die aufgepäppelt und ausgewildert werden. Davon sind sieben Spezies in keiner anderen Einrichtung der Welt zu sehen: etwa der Graue, Schwarze und Rote Kleideraffe, die Goldschopf-Languren und die schwarzen Delacour-Languren mit ihrem langen buschigen Schwanz. Wer will kann einen Primaten »adoptieren« oder sich als freiwilliger Helfer nützlich machen; am besten vorher anmelden!

Endangered Primate Rescue Center (EPRC). Tgl. 9–11.30, 13.30–16.30 Uhr, Tel. 030/384 80 02, email: info@eprc.asia, www.wgfa.de

May Bac (Silver Cloudy Peak) gehört zu den sportlichen Herausforderungen. Außerdem kann man mit Kajak und Bambusfloß die Flüsse und Seen erkunden und beim Caving die Höhlen durchstreifen, beispielsweise die gigantische Hang Nguoi Xua.

Autobahn durch den Urwald

Zu den Problemen im Cuc-Phuong-Nationalpark gehören Wilddiebe und illegaler Holzeinschlag. Auch Tausende Touristen haben negative Auswirkungen: etwa durch den Bau der asphaltierten Zufahrtsstraße und eines künstlichen Sees mit Hotels und Bungalows. Die neue N2 wird derzeit durch das Buoi-Flusstal gebaut – einmal quer durch den Nationalpark…

Oben: Zu Gast bei den Muong am Rande des Nationalparks – da wird ordentlich aufgetischt.
Mitte: Die typische Außenansicht eines Stelzenhauses in Muong
Unten: Die Muong kochen noch immer auf offenen Feuerstellen.

GUT ZU WISSEN

(KEINE) RUHE IM DSCHUNGEL!
In den vietnamesischen Nationalparks herrscht nicht unbedingt immer Ruhe und Abgeschiedenheit mit Vogelgezwitscher und brüllenden Affen. Die Pfade und vor allem die Unterkünfte sind am Wochenende oft überfüllt mit Ausflüglern in Truppenstärke, meist Männern, lauter Musik und nicht wenig Biervorrat; also gilt für alle Nationalparks: am besten kein Besuch am Wochenende oder feiertags – wenn es sich irgendwie einrichten lässt.

Infos und Adressen

SEHENSWÜRDIGKEITEN

Cuc Phuong Nationalpark. Tgl. ca.6–22 Uhr (Rezeption), Nho Quan, Gia Vien, ca. 120 km südwestlich von Hanoi, 50 km nordwestlich von Ninh Binh, Tel. 030/384 80 06 und Mobil-Hotline 091/566 69 16, www.cucphuongtourism.com; beste Besuchzeit: Okt.–Dez. und März/April.

ESSEN UND TRINKEN

An der Zufahrtsstraße gibt es einige einfache vietnamesische Lokale, am Hauptquartier nahe Eingang einen Ladenkiosk.

Mac Lake. Das Restaurant versorgt die Gäste in den NP-Bungalows am See, allerdings mit sehr einfacher Kost. Service minimal. Tgl. ca.7–19 Uhr, kein Tel.

ÜBERNACHTEN

Cuc Phuong Resort & Spa. Außerhalb (7 km): Rustikale Doppelbungalows mit hölzernem Badebottich im Zimmer, zwei Pools (einer drinnen mit heißem Quellwasser).

Gut zu wissen: Im Winter kann es etwas kalt werden, verdoppelte Zimmerpreise am Wochenende! Kinderspielplatz, Golfplatz und mineralische Schlammbäder. Dong Tam, Tel. 030/384 88 88, http://cucphuongresort.vn

Herbergen und Homestays. Spartanische (etwas feuchte) Herbergen mit Schlafsaal, aber auch einige Bungalows am Mac See (mit Moskitonetz, Strom nur 18–21 Uhr, Taschenlampe mitnehmen!) und Campingplatz nahe Hauptquartier sowie Homestays bei den Minderheiten.

AKTIVITÄTEN

Wandern/Kajaking. Botanical Garden Loop Trail (3 km, 1,5–2 Std.), Rundpfad Palace Cave oder Hang Nguoi Xua (7 km, 2–3 Std., Taschenlampe mitnehmen), Muong-Dorf (17 km, Tagesausflug), anspruchsvoller Dreitages-Treck (30 km, max. fünf Teilnehmer, Camp- und Homestay-Übernachtung, obligatorischer guide); außerdem Aufstieg auf den 648 m hohen Dinh May Bac sowie Ausflüge per Rad mit Kajak und Bambusfloß.

Traumschöne Kulisse beim Cuc-Phuong-Nationalpark, mit spiegelglattem See

HALONG-BUCHT

41 Hai Phong mit Do Son
Stadt der Flamboyants, Seen und Parks

Die geschichtsträchtige Hafenstadt ist durchzogen von ganzen 16 Flussläufen, Kanälen und kleinen Seen, man schlendert an den Promenaden, Chausseen und Parks unter rot blühenden Flammenbäumen und Tamarinden in den kolonialen Altstadtkern oder zu den Heldenstatuen. Der Hausstrand in Do Son ist auch nicht weit, und mit der Fähre ist man schnell in der maritimen Wunderwelt von Cat Ba.

Die Stadt (ca. 900 000 Einwohner) liegt ca. 100 Kilometer östlich von Hanoi mit am Fluss Cam und dem Golf von Tonkin. Einer der wichtigsten Schauplätze der Landeshistorie ist der Bach-Dang-Fluss beim Ort Quang Yen nahe Hai Phong: Der legendäre General Tran Hung Dao (gest. 1300) schlug hier die Mongolen Kublai Khans (1215–1294) am 9. April 1288 mit einer List in die Flucht: Er ließ angespitzte Holzpfähle im Flussschlamm verankern, und so wurden die 400 Schiffe der Invasoren bei Ebbe regelrecht aufgespießt.

Ein Hauch von Kolonialflair

S.232/233: In der Halong-Bucht tummeln sich viele Dschunken.
Oben: Prächtig – die von den Franzosen erbaute Oper in Hai Phong
Unten: Im Dinh-Hang-Kenh-Gemeindehaus beeindrucken 200 Jahre alte Schnitzereien.

Die Franzosen sorgten nach ihrer Besetzung ab 1874 für die Trockenlegung des sumpfigen Gebiets und damit den Ausbau des Dorfes zu einer der heute landesweit größten Städte mit dem zweitgrößten Hafen, verschiedenen Universitäten, einem großem Industriezentrum und einer modernen Kongresshalle.

Stadtbummel unter Flamboyants

Obwohl Hai Phong eine der größten Städte Vietnams ist, geht hier alles immer noch etwas geruhsamer zu, authentischer und kleiner. Und so kann man entspannt und unbehelligt durch die relativ untouristische Stadt bummeln.

Ⓐ Kathedrale. Das in schlichtem Weißgrau getünchte Gotteshaus mit dem quadratischen Glockenturm wurde von den Franzosen Ende des 19. Jhs. errichtet und 2010 renoviert. Tgl. 8–18 Uhr, Messen: So 6.30, 10 u. 18 Uhr, Sa 18 Uhr, 46 Hoang Van Thu, Tel. 031/381 06 93.

Ⓑ Opera House. Das 1904 erbaute Theater bietet nicht häufig abendliche Vorstellungen für jedermann, dafür kann man auf dem begrünten Vorplatz mit Blumen und Springbrunnen sitzen und den Jugendlichen bei ihren Rad- und Skater-Kunststücken zusehen. Meist geschlossen, 27 Tran Hung Dao, Tel. 031/374 57 63.

Ⓒ Cho Sat/Quan Hoa (Blumenmarkt). Auf dem Zentralmarkt gibt es zwischen Textilien, Antiquitäten und Eisenwaren auch Kampfhähne und siamesische Kampffische zu entdecken. Tgl. 6–ca.18 Uhr, am Ende der Quang Trung. Der Blumenmarkt (tgl.) Quan Hoa liegt in der Nähe am östlichen Ufer des Tam-Bac-Sees, der Cho Hang (Markt) in der Nguyen Van Linh (nur So).

Ⓓ Den Nghe. Der Tempel beeindruckt mit schönen Steinmetzarbeiten sowie dem (rechts gelegenen) Altar zu Ehren der Heldin Le Chan. Tgl. 8–11.30, 13.30–17 Uhr, Le Chan Ecke Me Linh.

Ⓔ Chua Du Hang (auch: Chua Phuc Lam). Die hölzerne Pagode (17. Jh.) besitzt ein imposantes dreifach gestuftes Dach, einen hübschen Glockenturm sowie wunderschöne Quan Am-Statuen und Bonsais im Innenhof. Tgl. ca. 8–18 Uhr, 121 Du Hang.

Ⓕ Dinh Hang Kenh (Nhan Tho). Das gedrungen wirkende Gemeindehaus, heute ein Tempel, wird getragen von 32 massiven antiken Holzsäulen und beherbergt einige schöne Schnitzereien und Skulpturen. Tgl. 9–17 Uhr, Nguyen Cong Tru.

Besonders französisch geprägt ist das »Quartier Francais«, rund um die Dien Bien Phu und Tran Hung Dao: Von Weitem am lächelnden Ho-Chi-Minh-Bildnis zu erkennen, ist das restaurierte neobarocke Theater (Opera House, 1904) mit 400 Plätzen auf zwei Etagen. Weiter südlich am Ende der Hoang Van Thu erhebt sich die 1890 im schlichten gotischen Stil erbaute Kathedrale. Außerdem stammen aus dieser französischen Epoche das Stadtmuseum Dien Bien Phu, das Observatorium, das ockergelbe Postamt und der Bahnhof. Zu den Sehenswürdigkeiten südlich des lang gestreckten Stadtparks gehört der Tempel Den Nghe (18./19. Jahrhundert), der für seine herrlichen Steinskulpturen und den reich verzierten Steinaltar bekannt ist – hier wird die Generalin Le Chan verehrt, die im Jahr 43 n. Chr. an der Seite der berühmten Trung-Schwestern gegen die Chinesen kämpfte. Das 1717 erbaute Gemeindehaus Dinh Hang Kenh (auch: Nhan Tho) beeindruckt mit seinen mehr als 200 Jahre alten Holzschnitzereien sowie diversen Skulpturen.

Seebad Do Son

Das rund 25 Kilometer südöstlich von Hai Phong liegende Do Son ist das größte Seebad im Norden und ragt auf einer hügeligen bewaldeten Landzunge in den Golf von Tonkin. Vor allem an Wochenenden strömen die Einheimischem an den von Palmen bestandenen, circa vier Kilometer langen Strand. Hier rollen auch die Kugeln und Bälle – im landesweit ersten Kasino (1994) und auf dem Golfplatz.

Nicht verpassen sollte man im September das berühmte Büffelkampf-Fest von Do Son (Le Hoi Choi Trau): ein meist unblutiger Kampf, beide Wasserbüffel werden zu Ehren des Schutzgottes der Fischer, Dieu Tuoc Ton Than, am Ende geschlachtet und verspeist …

Infos und Adressen

Am Do Son Beach kann man gut schmausen und plauschen – die Liegestühle stehen bereit.

ESSEN UND TRINKEN

Maxim's. Alteingesessen und sogar beim (westlichen) Frühstück wird man hier satt bis in die Nacht, abends ab 21 Uhr Live-Musik. Tgl. 7–23 Uhr, 51 Dien Bien Phu, Tel. 031/382 29 34.

Phono Box. Ruhiges rustikales Minilokal auf zwei Etagen: mit asiatischen und westlichen Gerichten (Steak, Spaghetti). Tgl. 7–23 Uhr, 79 Dien Bien Phu (gegenüber vom Stadtmuseum), Mobil-Tel. 090/435 72 12.

Saigon Café. In dem großen zentralen Restaurant wird einheimische und westliche Kost serviert, es gibt guten (Eis-)Kaffee, Bier, Cocktails und WLAN. Tgl. 7–22 Uhr, 107 Dien Bien Phu Ecke Dinh Tien Hoang, Tel. 031/381 21 95, www.quancafe.vn/saigon

ÜBERNACHTEN

Avani Hai Phong Harbour View. Der Name ist irreführend, keine Sorge, hier wohnt man nicht im Hafenviertel! Das schöne Luxushotel versprüht sogar kolonialen Charme und bietet Oldtimerfahrten in die Stadt sowie Live-Musik am Pool. 4 Tran Phu, Tel. 031/382 78 27, www.avanihotels.com

Nam Cuong. Das Business-Hotel kann mit 60 gediegenen Mittelklassezimmern, gutem Restaurant, Dachpool, Fitness und Massage aufwarten. 47 Lach Tray, Tel. 031/382 82 22, http://namcuonghaiphonghotel.com.vn/en/

FESTE

Bach Dang Festival. Meist im April (8. Tag im 4. Mondmonat) findet im Ort Quang Yen zu Ehren der alten Kriegshelden das viertägige Fest statt mit Bootsrennen, Ringen und Hahnenkämpfen sowie nachgestellter Schlacht.

Le Hoi Choi Trau. Das berühmte Büffelkampffest zieht alljährlich im September (9. Tag des 8. Mondmonats) Tausende ins Stadion von Do Son.

INFORMATION

Haiphong Tourism. 18 Minh Khai, Tel. 031/382 26 16, www.haiphongtourism.gov.vn

Kolonial angehauchtes Harbour View Hotel – allerdings nur ein Nachbau

42 Halong-Bucht mit Halong City
Eine urtümliche Märchenlandschaft

In der sagenumwobenen Bucht gleiten die Dschunken durch die smaragdgrüne Bilderbuchkulisse – darunter wahre Augenweiden mit rot-gerippten Segeln. Ein Ausflug in die bunt beleuchteten Tropfsteinhöhlen der 2000 Inselberge und in die geheimnisvollen Lagunen gehört zu den Höhepunkten einer Vietnam-Reise – das hat sich herumgesprochen, spätestens seit die Unesco 1994 die traumhafte Landschaft zum Weltnaturerbe ernannte ...

Bis zu 200 Meter hoch ragen die 1969 urtümlichen Karsttürme und Inselberge aus der Südchinesischen See – geologisch entstanden in 250 bis 300 Millionen Jahren durch Erosion und Überflutung als der Meeresspiegel vor rund 5000 Jahren anstieg. Natürlich gibt es auch viele andere Erklärungen, unzählige Legenden ranken sich um die mystisch anmutende Gegend und ihre Entstehung. Viele Inseln sind nach Tieren benannt oder markanten physiognomischen Eigenschaften: Kamel, Schildkröte, Elefant, kämpfende Hähne, Büffelkopf, Brüste, betender Mönch ...

Wo der Drache ins Meer stieg ...

Ha Long heißt übersetzt in etwa »der Ort, an dem der Drache ins Meer steigt«. Das tat das Fabelwesen der Überlieferung nach zu Urzeiten, um das Volk der Viet (die Vietnamesen) gegen die Invasoren aus dem Norden zu verteidigen: Mit dem Schwanz um sich schlagend riss der Drache tiefe Täler und

Mystisch schön: Viele Legenden ranken sich um die Halong-Bucht.

Schwimmende Dörfer und viel Bootsverkehr

Löcher in die Landschaft, beim Unter-
tauchen wurde alles von den Wassermassen überflutet, und nur die herrlichen
charakteristischen Bergspitzen blieben stehen.
Ein anderer Mythos erzählt die Geschichte von
Son Tinh, dem Gott der Berge, und Thuy Tinh,
dem Gott des Meeres und der Flüsse. Sie beide
hielten um die Hand der schönen Tochter des
Königs Hung XVIII. an: My Nuong. Der Meeresgott
wollte seinen Rivalen ausschalten, in dem er eine
Sintflut schickte. Doch Son Tinh ließ die Berge
wachsen und wachsen und hielt der Flut so stand.
Er siegte schließlich über den Meeresgott und
heiratete die Prinzessin. Doch bis heute schickt
Thuy Tinh als Rache jedes Jahr eine oder mehrere
Fluten ins Land. Und natürlich machen auch vietnamesische Loch-Ness-Geschichten die Runde in
der Märchenbucht.

Kein Wunder, denn die Inselberge regen die Phan-
tasie der Betrachter seit Jahrtausenden an: König
Le Thanh Tong verfasste Mitte des 15. Jahrhunderts
Gedichte angesichts der »Berge, die wie Figuren
auf einem Schachbrett stehen«. Die Bucht war
Kulisse zahlloser Filme, etwa für *L'Indochine* mit
Cathérine Deneuve (1992), nicht aber für den
James-Bond-Film *Tomorrow Never* Dies mit Pierce

Nicht verpassen

**EIN SCHWIMMEN-
DES HOTEL**

Unter den 400 Booten,
Kähnen und Ausflugsdamp-
fern, die tagtäglich in die Halong-Bucht aussschwärmen, gibt es
einige Preziosen, die mit rostbraunen
Segeln durch die Landschaft gleiten:
Bai Tho Junk, Victory Junk, Annam
Junk. Nachts wird in den Buchten
geankert, bei Vollmond stehen die Inselberge wie stumme Wächter rings-
um Spalier und werfen ihre langen
Kegelschatten auf das im Mondlicht
schimmernde Meer. Aus der zweistöckigen Dschunke könnte man vom
Privatbalkon der Wohnkajüte direkt
ins Kajak steigen und zum Erkunden
der smaragdgrünen Höhlenlagunen
lospaddeln. In der Victory-Dschunke
gibt es nur 21 Kabinen, die mit Parkett und allem Komfort ausgestattet
sind, selbst Whirlpool-Badewanne.
Die Passagiere werden vom Team
verwöhnt mit Massagen und sieben-
gängigen Menüs, vietnamesisch kochen lernen kann man an Bord auch.

Victory Star Cruise. Tel. 033/382 68
98, www.victoryhalong.com/vn

Geheimtipp

ACTION IN DER TRAUMKULISSE

Die spektakuläre Kulisse in der Halong- und der angrenzenden Lan-Ha-Bucht bei Cat Ba hat sich zu einem Paradies für Sportkletterer entwickelt: Wer individuell klettern will, bringt die eigene Ausrüstung mit und fährt am besten nur mit erfahrenen Kapitänen, die die Gezeiten gut kennen – sonst kann es bei Flut, die dreimal täglich vorkommt, gefährlich werden (das gilt ebenso für Kajak-Ausflüge). Beim Trendsport »Deep Water Soloing« muss zuerst die karstige Felswand schweißtreibend erobert werden, bevor man den Kopfsprung ins erfrischende Nass wagt. Natürlich kann man auch einfach nur im Kajak oder beim angesagten Stehpaddeln durch die Lagunen gleiten.

Asia Outdoors. ¼ Road (=Uferpromenade) Nr. 222, Cat-Ba-City, Tel. 031/368 84 50 u. Mobil-Tel. 0165/496 86 22, www.asiaoutdoors.com.vn

In einige der Lagunenhöhlen hinter den Karstbergen kann man reinpaddeln, aber bitte nur mit Guide wegen der gefährlichen Gezeiten!

Brosnan, der aus politischen Gründen 1997 in der Phang-Nga-Bucht in Thailand gedreht werden musste.

Inseln, Höhlen und Lagunen

Wer die spektakuläre, seit 1994 zu den Unesco-Stätten zählende Halong-Bucht mit ihren Höhlen erleben will, startet meist vom Ausgangspunkt in Halong-City (40 000 Einwohner): Vor kaum 30 Jahren waren dies zwei idyllische Fischerdörfer (Hon Gai und Bai Chay), heute ein Industriehafen mit gigantischer Werft, ein trubeliger Vergnügungsmagnet für vornehmlich chinesische Touristen, die sich an Kasino, Karaoke und »Thai-Massagen« erfreuen, ein leider auch durch ständige Baustellen wenig anheimelnder Ort.

Ganz anders die verwunschene Landschaft, ist man endlich in der Bucht angelangt: Der plötzlich vor allem im Winter aufziehende Nebel und Nieselregen kann einem zwar ordentlich die Aussicht »vermiesen« trägt aber zweifellos zu der mystisch-geheimnisvollen Atmosphäre bei. Die oft hinter bizarr zerklüfteten Felsen versteckten Lagunen lassen sich am besten per Kajak erkunden – etwa die Hang Luon oder Hang Hanh – wegen der Gezeiten sollte allerdings niemand alleine lospaddeln und immer nur mit Schwimmweste! An einigen Inseln legen die Ausflugsschiffe direkt an, und man kann sich an kleinen, nicht immer ganz so sauberen Stränden sonnen und baden, beispielsweise auf Dao Soi Sim mit tollem Panorama vom »Lookout« auf dem Berg (400 Stufen!) oder auf Ti Tov (auch: Ti Top), die benannt ist nach dem russischen Astronauten Germane Titov, der hier 1962 mit Ho Chi Minh an Land ging. Momentan sind 15 Halong-Höhlen zugänglich, zu den schönsten gehört die Hang Sung Sot: In der traumhaften »Höhle der Überraschungen« mit

ihren drei riesigen Sälen ergeben sich märchenhaft schöne Ausblicke auf die illuminierten Stalagmiten (von unten wachsende Tropfsteine) und Stalaktiten (von oben herabhängend). In der Hang Dau Go (»Grotte der Hölzernen Pfähle«) soll der legendäre Tran Hung Dao einst die Pfähle gesammelt und versteckt haben, mit denen er 1288 die Mongolen und ihre Flotte in der berühmten Schlacht am Bach-Dang-Fluss versenkt hatte (s. S. 40).

Hoch hinauf über steile Treppen geht es zum Eingang in die Hang Dong Thien Cung (»Grotte des Himmlischen Palastes«): Hier in 25 Metern über dem Meer ergibt sich einer der schönsten Ausblicke der Traumbucht. Im Innern der großen Höhle wandelt man an faszinierenden bunt beleuchteten Tropfsteinen entlang – natürlich nicht mehr ganz so alleine. Wer im Besucherstau feststecken sollte, wartet einen Moment bis die Reisegruppen weitergezogen sind. Mit ein wenig Glück erlebt man dann sogar diese fast schon unheimliche Stille, die hier herrschte, bevor die Unesco die Bucht weltweit bekannt machte.

Wo sogar die Schule »schwimmt«...

Ebenfalls beliebt sind die Abstecher in die »schwimmenden« Fischerdörfer, zum Beispiel nach Van Gia, wo selbst die Schule »schwimmt« – zu erkennen als das solideste Hausboot.

Kletterfans schwärmen von den griffigen Karstfelsen rund um Cat Ba, der größten Insel der Halong-Bucht – ob Anfänger oder Fortgeschrittene!

Der gelbe Stern auf rotem Grund weht nebenan über dem Floßhaus des Bürgermeisters. Die meisten Bewohner leben vom Fischfang und züchten Fische in Unterwasserkäfigen unter den Planken ihrer ziegelgedeckten Floßhäuschen. So auch Minh: Während der 40-jährige an seiner Wasserpfeife zieht, zerhackt seine Schwester kleine Fische. Sie öffnet die Luke und füttert damit die großen Fische, zumeist Barsche, die sich im »Keller« unterm Wohnzimmer tummeln. Van Gia steht seit Jahren auch auf dem Touristenprogramm. Wem es hier zu voll wird, der weicht einfach aus in andere Schwimmdörfer der Halong-Bucht: Cong Tau, Vong Vieng, Ba Hang... – Tausende leben in der Bucht noch auf Hausbooten. Genauso spektakulär, ist die Nachbarbucht Bai Tu Long (s. S. 248).

GUT ZU WISSEN

LIEBER ETWAS MEHR ZAHLEN...

Die Preisunterschiede für die Boote in die Halong-Bucht und nach Cat Ba sind riesig und reichen vom 30-Euro-Tagesausflug (ca. 6 Std. ab Hanoi) bis zum Luxustörn (400–1000 € pro Tag). Meist sind sie abhängig von der Teilnehmerzahl und natürlich der Art des Bootes. Um nicht auf einem der altersschwachen Kähne zu landen, und wegen des manchmal immer noch mangelnden Sicherheitsstandards ruhig ein paar Dollar mehr ausgeben!

Oben: Farbspiele in der Hang Sun Sot
Unten: So leer ist es in der Hang Dong Thien Cung meist nicht.

Infos und Adressen

Im Goldglitzer der Abenddämmerung wirken sogar klassische Touristenboote nahezu magisch.

SEHENSWÜRDIGKEITEN

Ha Long Bay (Pier s. u.) Eintritt und ca. 4- bis 6-Std.-Tour: 150 000 VND/= ca. 6 € + ab ca. 30 €, wer auf dem Boot übernachtet, zahlt Extragebühr: 200 000–400 000 VND/=ca. 8–16 € (1–3 Nächte)

ESSEN UND TRINKEN

Dung Anh. Zweistöckige Bäckerei mit Kuchen, Croissants und oben vorwiegend vietnamesischen Gerichten. Tgl. 7–ca. 20 Uhr, 536 Nguyen Van Cu und 306 Cai Dam, Bai Chay, Halong City, Tel. 033/361 80 61, www.dunganhbakery.com

Hong Hanh. Im Aquarium schwimmen Fisch oder Hummer zur Auswahl, lecker und spottbillig, in dem typischen Seafood-Lokal ist es meist voller Einheimischer. Tgl. 9–22 Uhr, 442 Nguyen Van Cu, Bai Chay, Halong City, Tel. 033/383 58 92.

ÜBERNACHTEN

Novotel. Das stadtbeste Hotel mit Pool gehört zur Accor-Kette und ist zwar auch schon ein paar Jährchen älter, aber die 214 Zimmer mit WLAN sind ansprechend gestaltet, der Aufpreis für Meeresblickbalkon lohnt sich. Ha Long, Halong City, Tel. 033/384 81 08, www.novotelhalong.com.vn

Viethouse Lodge. Charmante Herberge mit 24 WLAN-Zimmern im rustikalen Ziegelstein-Holz-Look, mit bestem Halong-Panorama vom Hang aus, Terrassenlokal und Pool gibt es auch. Tuan-Chau-Halbinsel, ca. 8 km westlich von Halong City, Tel. 033/384 22 07.

AKTIVITÄTEN

Kajaking. Meist sind einstündige Kajakausflüge in den Bootstouren inklusive, längere (teure) Touren bietet z. B. das renommierte »Seacanoe«, www.johngray-seacanoe.com

INFORMATION

Tourist Service Center. Am Bai Chay Pier, Halong-City, derzeit wegen Bauarbeiten verlegt auf die 8 km entfernte außerhalb von Halong City gelegene Tuan-Chau-Halbinsel, Tel. 033/382 48 67 und Tel. 033/384 74 81.

43 Cat Ba
Insel der »goldenen« Affen

Cat Ba ist eine wundervolle Alternative für die Halong-Touren ab Halong-City. Auf der Nationalparkinsel warten im Sommer kleine Badebuchten, steile und zerklüftete Karstberge mit tiefen Höhlen und Kletterwänden, »schwimmende« Dörfer und »Floating Restaurants«. Nicht zu vergessen: die seltenen Goldkopf-Languren. Und selbst der Nebel im Winter hat seinen optischen Reiz…

Cat Ba ist die mit 35 000 Hektar und 30 000 Bewohnern größte Insel in der Halong-Bucht (ca. 20 Kilometer westlich von Halong City). 1986 wurde der Nationalpark gegründet, seit 2004 Unesco-Biosphärenreservat: höhlendurchzogene und grün überwucherte Karstberge, Sümpfe, Mangrovenwälder, Seen, Kaskaden und vorgelagerte Korallenriffe. In der einzigen Stadt an der Südspitze, Cat-Ba-City, herrschen an den Sommerwochenenden Sehen und Gesehenwerden bei einheimischen Vergnügungen wie Karaoke und dem beliebten Moped-Cruising (»chay von vong«) entlang der Uferpromenade mit immer höheren Minihotels. Wer im Winter hierherkommt, erlebt einen ruhigen, wenn nicht sogar einsam-verlassenen Ferienort – leider sind die Aussichten dann auch meist etwas trübe bis vernebelt, jedoch durchaus reizvoll. Cat Ba wird sich in den kommenden Jahren stark wandeln, eines der landesgrößten Projekte ist die gigantische »Amatina«-Marina mit futuristischen Hochhausapartments, Kongresszentrum und Kasino direkt vor den Karstbergen – die man dann kaum noch sehen wird. Wie so oft, bringt der boomende Tourismus Fluch und Segen zugleich.

Oben: Ein Fischer in der Lan-Ha-Bucht bei Cat Ba
Unten: Bei den »schwimmenden Dörfern« kann man ruhig mal anlegen und »sinh chao« sagen…

Drei entzückende Minibuchten

In der im Westen gelegenen Altstadt ducken sich noch einige alte bunte Häuschen an der Promenade, außer einem taoistischen Tempelchen und der Markthalle gibt es nicht viele Sehenswürdigkeiten. Ein Betonpfad führt östlich der Stadt entlang der schönen zerklüfteten Kalksteinküste zu drei winzigen von Felsen umrahmten Badestränden: Cat Co Beach 1 bis 3. Hoch über Cat-Ba-City erhebt sich das alte Cannon Fort (auch: Divine Fortress), eine Festung aus dem Zweiten Weltkrieg mit Kanonen, Tunnelgang, Museum und herrlichem Weitblick aus 177 Metern über Hafenpier und Inselwelt – das reinste Halong-Landschaftsgemälde!

Lan Ha: Von Fischern und Fischkulturen

Auch in Cat Ba kann man sich ein Boot für Tagesausflüge in die Halong-Bucht chartern oder in die nähere fast ebenso spektakuläre Lan-Ha-Bucht im Cat-Ba-Archipel ausschwärmen – (noch) ganz ohne Menschenmassen. Hier leben die Insulaner noch von Fischfang und Garnelenzucht. Von Cat-Ba-Hafen geht es beispielsweise zu den Fischerdörfern aufs Meer, wo die bunten Holzhütten auf Plastiktonnen »schwimmen« und die Fischernetze wie an Krakenarmen ausgebreitet über dem Wasser hängen, die quadratischen Becken für die Aquakulturen sind fest am Hausboot verankert. Die meisten Touren führen auch zu einsamen Inseln, Höhlen und von steilen Felswänden umgebenen Lagunen – zum Beispiel dem pittoresken Ba-Ham-See mit tropfsteinbestückter »Tunneleinfahrt«, auf die »Affeninsel« Dao Khi mit Sonnenuntergangsstrand oder nach Cat Trai Gai, Duong Gianh und Hien Hao. Abenteuerlustige können diverse Inseln auch mit dem Kajak erkunden.

Geheimtipp **PARTY AUF DER ROBINSON-INSEL**

Gut geeignet für alle jugendlichen Robinsons: Die Anlage verteilt sich auf einer wilden Mini-Insel mit Sunset und Sunrise Beach. An der 2002 gebauten »Eco-Lodge« legen neuerdings die Backpacker-Boote an: Die 20 palmstrohgedeckten Bambushütten (Doppelhäuschen und Schlafsaal), originell mit Muscheln und Kieselsteinen dekoriert, sind fest in der Hand von Rucksackreisenden mit Lust auf Dancefloor und hausgemachtem Reisschnaps bei Reggae-Klängen. Eine große Familie, man isst gemeinsam und chillt rund ums Lagerfeuer. Für alle Backpacker auf der »Durchreise«, die nachts Party machen wollen und das Resort billig im Paket buchen, ein durchaus traumhaftes Ziel.

Cat Ong Beach Cottages (vormals: Ocean Beach Resort). Cat Ong, ca. 5 km südöstlich von Cat Ba (20 Min. per Boot, 2-mal tgl. ab 9.30 Uhr), www.oceanbeachresort.com.vn

Fischfang und Fischzucht sind immer noch die größte Einnahmequelle der Bewohner der Halong-Bucht, hier die Lan-Ha-Bucht bei Cat Ba.

Heimat der Goldkopf–Languren

Doch die Hauptattraktion ist der 28 000 Hektar große Cat-Ba-Nationalpark, der mehr als die Hälfte der Insel umfasst und aus dem die beiden mit rund 300 Metern inselhöchsten Berge, der Cao Vong und der Hien Yoa, emporragen. Wer nach so viel Bootsfahrten ein bisschen Bewegung braucht, kann hier bei drei- bis sechsstündigen teils sehr anspruchsvoll-steilen Wanderungen die Berge erobern, etwa den Ngu-Lam-Gipfel, oder zum »Frosch-See« Ao Ech aufbrechen (18 Kilometer). In einigen Höhlen, zum Beispiel der Hang Trung Trang und Hang Cai Beo, entdeckte man prähistorische Spuren der Cai-Beo-Kultur von vor 5600 Jahren. Heute bietet der Nationalpark Zuflucht für mehr als 20 Säugetierarten, darunter die asiatischen Serau-Bergziegen, Makaken, Zibet-Wildkatzen, Wildschweine, Fledermäuse, Warane und viele Schmetterlinge. Und vielleicht hat man Glück und begegnet den heimlichen »Stars« der Insel: Hier tummeln sich noch rund 60 Exemplare der vom Aussterben bedrohten, nur auf Cat Ba vorkommenden Goldkopf- oder auch Cat-Ba-Languren (*Trachypithecus francoisi poliocephalus*, vietn.: Voo Dau Trang) – dank deutscher Tierschützer nimmt ihre Zahl seit 2003 wieder zu! Die vietnamesische Regierung wies den Lagunen ein eigenes Schutzgebiet zu. Die Küste ist gesäumt von Mangrovenwäldern, die als wertvolles Biotop für Zugvögel und andere Tiere dienen.

Oben: Im Nationalpark Cat Ba gilt es steile Berge zu erklimmen.
Mitte: Artenreiche Fauna auf Cat Ba: Entdecken macht Freude!
Unten: Die Wanderwege im Cat Ba Nationalpark führen zu Höhlen, Seen und Bergspitzen.

Infos und Adressen

Cottage im Cat Ong Beach Resort

SEHENSWÜRDIGKEITEN

Cannon Fort Museum. Tgl. 8–18 Uhr, 2 km östlich von Cat-Ba-City, Cat Hai, etwa halbstündiger Aufstieg über Nui Ngoc Street, mit Café.

Cat Ba Nationalpark. Tgl. 7.30–16.30 Uhr, ca. 16 km nördlich von Cat-Ba-City, Mobil-Tel. 098/491 90 26.

ESSEN UND TRINKEN

Green Mango. Die Palette in dem schicken und nicht so preiswerten Lokal reicht von einheimischen Gerichten über thailändische Klassiker, frische Meeresfrüchte, aber auch Pizza & Pasta, Tapas und Salate, freitags bei Live-Musik. Tgl. 11–22.30 Uhr, östliche ¼ Road, Tel. 031/388 71 51, www.greenmango.vn

ÜBERNACHTEN

Sea Pearl. Wer handeln will, bekommt hier ein gutes Budgetzimmer mit Ausblick, es gibt ein Dachlokal und Diskothek im ersten Stock. ¼ Road Nr. 219, Tel. 031/369 61 28, www.seapearlcatbahotel.com.vn

Sunrise. Zwischen Mai und November kann man in der Minibucht auch Baden ohne zu Bibbern – oder in den Pool des schönen Strandhotels hüpfen. Cat Co 3, Tel. 031/388 73 60, www.catbasunriseresort.com

Thai Bao. 35 Schnäppchenzimmer auf zehn Etagen (Satelliten-TV, Klimaanlage, WLAN), vom Balkon mit Hafenblick, die Gastgeber geben viele Reisetipps. ¼ Road Nr. 207, Tel. 031/388 88 80.

AKTIVITÄTEN

Klettern. s. S. 241

Wandern. Im Nationalpark diverse Wanderungen (2–18 km, ca. 2–6 Std. hin/zurück).

INFO

Cat Ba Tourist Information. ¼ Road Nr. 228, Cat-Ba-City, Tel. 031/368 82 15.

Authentische Bambuszimmer im Cat Ong

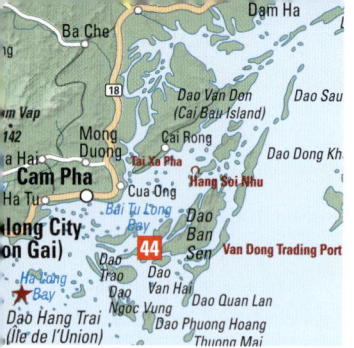

44 Bai-Tu-Long-Bucht
Die Bucht der Drachenkinder

In der Bai Tu Long mausern sich derzeit einige kleine Inseln zum neuen Badeziel – allerdings nur wenige Monate im Jahr, denn im Winter kann es hier nasskalt und neblig werden. Trotzdem: Van Don und Quan Lan – diese Namen wird sich der Vietnam-Reisende mit Vorliebe für einsame Strände und rustikale Herbergen merken müssen ...

Im äußersten Norden nahe der chinesischen Grenze erstreckt sich die Bai-Tu-Long-Bucht (ca. 30 Kilometer nordöstlich der Halong-Bucht): ebenso bizarr geformte Karstberge, teils unbewohnte Inseln und menschenleere lange Strände – und viel weniger Trubel. Und so hielten das Eiland Quan Lan und die (Halb-)Insel Van Don lange Jahre ihren Dornröschenschlaf. Mittlerweile wird auch hier fleißig gebaut ...

Wo Drachenkinder schliefen ...

Bai Tu Long heißt übersetzt die »Bucht der Kinder des Drachen«. Eine der vielen vietnamesischen Legenden erzählt von einem weiblichen Drachen und dessen Kindern, die von den Fischern als Beschützer verehrt wurden. Als Piraten die Fischerdörfer überfielen, sandte der Jadekaiser die Drachenfamilie aus den Bergen herab ins Tal, sie spuckten Feuer gegen die Eindringlinge. Die Feuerbälle bildeten graue Ascheklumpen im Meer, die Drachenkinder legten sich erschöpft in der nördlichen Bucht nieder und gaben ihr so den Namen. Tatsächlich entstanden die bizarren Kalksteinfelsen in der Halong-Bucht durch einen gesunkenen Karstkegel vor Millionen von Jahren.

Oben: Im Hafen von Van Don geht es noch vergleichsweise geruhsam zu.
Unten: Auch die Karstberge in der Bai-Tu-Long-Bucht haben Jahrmillionen auf dem Buckel.

Auf nach Van Don!

Seit 2004 erreicht man Van Don (auch: Cai Bau) über eine Festlandbrücke bei Cua Ong. Vor dem Strand und der herrlichen Kulisse aus unzähligen buckligen oder spitzen Felsinseln verkehrt ein nicht enden wollender Strom aus Frachtern, Containerschiffen, Tragflächenbooten und klapprigen Fähren – ganz nahe an der Unesco-Bucht verläuft der Hauptschifffahrtskanal zwischen China und Vietnam! Schon vor rund tausend Jahren war das 45 000 Hektar große Eiland der erste kommerzielle Fischereihafen, im 19. Jahrhundert sogar der größte Kohleverladehafen Vietnams. Einen noch immer beruhigend traditionellen Anblick bietet der heutige Hafen mit seinen farbenfrohen Kuttern.

Inselhüpfen nach Quan Lan

Die schmale Quan Lan (auch: Canh Cuoc) liegt 25 Kilometer südlich: ein 16 Kilometer langes verschlafenes Eiland mit leuchtend grünen Reisfeldern zwischen Karstbergen, langen Stränden mit Kasuarinensaum an den Dünen und acht Dörfern, deren Bewohner vorwiegend von der Aquakultur leben. Es lohnt sich den Duc-Ong-Schrein (auch: Nghe Quan Lan) neben der Hauptpagode zu besuchen, errichtet zu Ehren des lokalen und gottgleich verehrten Kriegshelden Pham Cong Chinh: ein Ensemble aus schönen steinernen und hölzernen Gebäuden mit geschwungenen Ziegeldächern aus dem 18. Jahrhundert.

Unterwegs zwischen Van Don und Quan Lan Island an Bord einer Fähre.

Infos und Adressen

DIE BERGE IM NORDEN

45 Sapa und Umgebung
Wanderort über den Wolken

**Der einstige Luftkurort lädt zu Spazier-
gängen und Trekking in herrlicher Bergkulisse zwischen Reisterrassen, Wildbächen
und Hängebrücken. Dabei werden die
Wanderer nicht selten umzingelt von fliegenden Händlerinnen der Hmong und der
Dao. Sapa ist das »Epizentrum« des Ethno-
tourismus im Norden. Wer dem Rummel
im Bergstädtchen entfliehen möchte, kann
in den umliegenden Bergnestern in einem
Homestay übernachten.**

Das von den Franzosen Ende des 19. Jahrhunderts
gegründete Sapa (40 000 Einwohner, je nach
Saison) liegt zu Füßen des landeshöchsten Berges,
des 3143 Meter hohen Fan Si Pan (auch: Fansipan,
Phan Xi Pang) – im Winter der kälteste und nicht
selten nebelverhangene Ort in Vietnam inmitten
einer überwältigend schönen Gebirgskulisse auf
rund 1600 Metern. Der alte Stadtkern rund um
den Sa-Pa-See besteht aus einem Mix aus Kolonialvillen, rustikalen Landhäusern, einer alten Kirche –
und immer höheren bis zu zehnstöckigen Gästehäusern und Hotels. Die Gassen sind voller Frauen
und Mädchen der Schwarzen Hmong, die ihre
Handarbeiten feilbieten, durchaus charmant und
mehrsprachig … Doch die wahren Sehenswürdigkeiten liegen außerhalb!

S.250/251: In Vietnams Norden
teilen sich Menschen, Mofas und
Bergziegen friedlich die Straße.
Oben: Rund um Sapa muss man
einfach loswandern.
Unten: Unterwegs sind Begegnun-
gen beispielsweise mit den Schwarzen Hmong möglich.

Ein Naturparadies

In der Provinz Lao Cai ist mit 2 000 Pflanzenarten
etwa die Hälfte aller seltenen Pflanzen Vietnams
vertreten. Das artenreiche 50 000 Hektar große
Hoang Lien Son Naturreservat, das 1986 in der
gleichnamigen Bergkette gegründet wurde, ist

Hier wird um Wasserbüffel gefeilscht.

wegen seines Vogelreichtums mit
347 aufgelisteten Arten vor allem bei
Ornithologen beliebt.

Eine malerische Landschaft: in engen Stufen
ansteigende Reisfelder, rauschende Wasserfälle,
Stelzenhäuser und Grün, wohin man schaut.
Bananenstauden, im Wind wogende Reishalme
und haushohe Bambushaine. Nicht zu vergessen:
die Bergvölker in ihren bunten Trachten. In den
Marktflecken wie Ta Van, Sin Chai oder Ta Phin

GUT ZU WISSEN

BENIMMREGELN IM HOMESTAY

Beim Besuch der Bergdörfer ist Einfühlungsvermögen
und Respekt gefragt, d. h.: Babys nicht am Kopf
berühren oder streicheln (keine Fotos!); kein Geld an
bettelnde Kinder!; »anständige« schulter- und knie-
deckende Kleidung (nicht ganz in weiß, die Beerdi-
gungsfarbe…); keine Zärtlichkeiten in der Öffentlichkeit!; Blätter, Bambus, Hühnerfedern über dem
Hauseingang bedeuten: kein Eintritt!; vor dem Haus
Schuhe aus und Rucksack abnehmen; den Hausaltar
nicht anfassen, fotografieren oder mit dem Finger
darauf zeigen.

Nicht verpassen

BRAUTSCHAU UND BUNTES MARKT-TREIBEN

Die Märkte der Bergstämme
sind ein Muss, zweifellos. Doch
es müssen nicht immer die überlaufenen »Sonntagsmärkte« sein. Man
muss sich nicht inmitten Kamera
schwenkender Touristen auf dem berühmten Markt der farbenfroh ge-
kleideten »Blumen-Hmong« in Bac
Ha drängeln. Es gibt fast jeden Tag
fast überall ein fast ebenso quirliges
Markttreiben, man kann so ausweichen in weniger touristische Gegen-
den. Wie wäre es mit dem Viehmarkt
in Can Cau (nur Sa, 6–13 Uhr, ca.
120 km nordöstlich von Sapa nahe
Bac Ha). Die legendären »Liebes-
märkte« (eine Art Kennenlerntradition
mit »Entführungen« der auserwählten Braut) gibt es sowieso schon lange nicht mehr oder nur noch als Tou-
risten-Show – auch die meisten
Jugendlichen der Hmong und Dao
sind mittlerweile zeitgemäßer auf
»Brautschau« … Apropos: Die Textilien aus Indigo färben leicht ab.

**MIT DEN GEISTERN
»TELEFONIEREN«!**

Geheimtipp

Nicht nur in den Bergen
ist das so. Einheimische
wagen gelegentlich einen Blick
in die Zukunft, zum Beispiel bei einem vietnamesischen Wahrsager.
Dessen Ratschläge sind eine Mischung aus Orakeln mit dem Pendel,
Sternen- und Bambusdeutung, Feng-
Shui-Weisheiten – und bester Men-
schenkenntnis. Der Schamane bei
den Roten Dao benutzt für seine Vor-
hersagen ein altes Buch mit überlieferten chinesischen Zeichen und
Zeichnungen, das von Generation
zu Generation weitergegeben wird.
Dazu kommen zwei Stück gespalte-
ner Bambus, ein Stein, der in der
Glut der Feuerstelle erhitzt wird, und
ein Faden, den er um den heißen
Stein wickelt. Mit diesem »Telefon
zu den Geistern« und der Befragung
seiner Ahnen kann nichts schiefge-
hen bei der Frage, wen die Tochter
heiraten soll, ob die Kardamom-Ernte
auch dieses Jahr gute Erträge bringt
– oder auch: ob in dieser Saison ausreichend Touristen das Dorf besuchen werden ...

braucht man für die Homestay-Übernachtung keinen eigenen Schlafsack
(wie etwa in Thailands Bergdörfern).

Niemand muss hier befürchten, abends einen
Hund oder Wasserbüffel serviert zu bekommen.
Hier gibt es Nescafé und Büchsenbier, Bratreis
und Frühlingsrollen, Warmwasser-Duschen und
Neonlicht. In den entlegeneren Bergnestern sind
archaische Traditionen noch lebendig, so der
Glauben an Naturgeister und Schamanen, Hah-
nenkämpfe und Schönheitsideale wie die bei den
Älteren geschwärzten Zähne (v. a. Muong und Lu)
und rasierte Augenbrauen (Dao).

Waffen gegen Opium

27 verschiedene Bergvölker siedeln im Norden Vietnams, doch viele der fünf Millionen Angehörigen
leben heute einen »vietnamisierten« Lebensstil, so
werden beispielsweise Häuser zunehmend ebener-
dig und aus Stein gebaut, bei den Männern sind
die selbst gewebten Trachten schon lange durch
Jeans und Kunststoffhemden aus China ersetzt,
die Naturfarben durch Chemie.

Ein Rückblick: Die Bergstämme spielten bei allen
Kriegen in der stets umkämpften Region zwischen
Vietnam, China, Laos und Thailand eine bedeutende
Rolle. Ob Ho Chi Minh, die französischen Kolonialherren oder der US-Geheimdienst – sie alle waren
an der Loyalität der Bergvölker, ihrem Einsatz als
Guerillas und nicht zuletzt ihrem Opium interessiert – erst die Franzosen führten den Tauschhandel
Opium gegen Waffen ein. Die hoch in abgelegenen
Bergdörfern siedelnden Hmong galten damals als
die eifrigsten Opiumanbauer und belieferten schon
die US-Armee. Vor allem die Thai und die Hmong
kämpften auf der Seite der Franzosen, die Tay und
die Nung unterstützten eher die kommunistischen
Vietminh.

Durch das Muong-Hoa-Tal

Ausgangs-/Endpunkt. auf der Landstraße (Fan Si Pan Road) vom westlichen Ortsausgang Sapa, nach 3 km talwärts ins Dorf Cat Cat. Ab hier kann man weiterwandern, z. B. durch das Muong-Hoa-Tal bis nach Ta Van (ca. 9 km) oder Rückkehr nach Sapa (oder auch aus Ta Van, z. B. per Moped-taxi).

Wegbeschaffenheit/Schwierigkeitsgrad. Es geht über die Dörfer Y Linh Ho, San Sa Ho und Lao Chai durchs Fluss-Tal, auf und ab über relativ einfache Schotter- oder Lateritpfade, einen steilen Treppenpfad und über Bambus- und eine Hänge-brücke über den Fluss Ta Van. Keine Wegweiser, man fragt einfach Bauern und Hirtenjungs nach dem Weg! Länge/Dauer: Cat Cat 5–6 km hin und zurück (3–4 Std.), Ta Van Hinweg 14 km (6–8 Std., evtl. mit Übernachtung, s. u.).

Höhenmeter. von 1500 m auf 1000 m, insges. auf und ab sind es bis Ta Van ca. 800 Höhenmeter auf 14 Kilometer Strecke.

Bester Zeitpunkt. Sept./Okt. und Nov. sowie Feb./März bis April (17–23 Grad Celsius), im Winter kann es kalt werden, im Sommer ist es feucht-heiß und regnet öfter plötzlich.

Ausrüstung. Turnschuhe reichen, Wasser, Regen- und Sonnenschutz sollte man mitnehmen, im Winter warme Kleidung – und den Fotoapparat nicht ver-gessen! (spätestens mittags wird es meist sonnig und klar). Als kleines Gastgeschenk in Homestays eignen sich Bunstifte und Malblöcke für die Kids.

A Cat Cat. Das Hmong-Dorf mit seinem gleichna-migen 20 m hohen Wasserfall ist Ziel eines allseits beliebten Spaziergangs, d. h. man muss auf hartnä-ckige Händlerinnen vorbereitet sein, Souvenirstände und Folklore-Tanzshow. Tgl. ca. 8–18 Uhr, ca. 3 km südwestlich von Sa Pa.

B Thac Bac (Silver Falls). Die »Silber-Kaskade« ist etwas höher der Cat-Cat-Wasserfall, weniger touristisch vermarktet, die meisten fahren mit dem Moped auf der Straße 4D hierher über den sagen-haft grünen Tram-Ton-Pass – mit 2000 Metern der landeshöchste! – aber ab Cat Cat führt auch ein schöner Weg nordwärts über das Dorf Sin Chai (4 km) dorthin. Tgl. ca. 8–18 Uhr, ca. 12 km nord-westlich von Sapa (an der Lao Cai Road).

C Thac Tinh Yeu. Im »Liebes-Wasserfall« kann man im Sommer sogar baden. Tgl. ca. 8–18 Uhr, ca. 12 km nordwestlich von Sapa.

D Ta Van. Der Ort der Roten Dao (und Giay) bietet viele Homestays zur Auswahl. Wer ursprünglichere Dörfer sucht, sollte in andere Bergregionen aus-weichen.

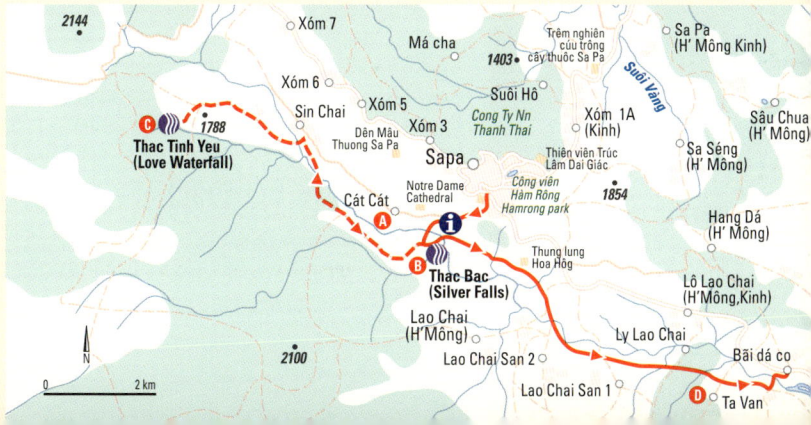

Die Bergvölker

Die heute zahlenmäßig größten Gruppen sind die Thai (Schwarze, Rote und Weiße Thai) und die Muong, die beide vornehmlich im Nordwesten leben. Im Nordosten siedeln vor allem die meist vietnamisierten Tay und Nung, im gesamten Bergland, aber vor allem rund um Sapa trifft man die Hmong (auch: Mong, Meo) und die Roten Dao (Dao Do, gesprochen Dzao). Meist ist der jeweilige Stamm an den auffälligen Kopfbedeckungen und Frisuren der Frauen zu erkennen, den pink- oder türkisfarbenen Tüchern, den Turbanen, Hauben und Puschelmützen oder Haartrachten, die mit den Haarsträhnen der Ahnen verwoben sind. Die Kleidung der Hmong besteht aus dunkelblauen Röcken und einer turbanartigen, teils karierten Kopfbedeckung, die Roten oder Schwarzen Dao kleiden sich in auffälligen roten oder schwarzen Turbanen oder Kopftüchern.

Oben: Reisfelder in Sapa, soweit das Auge reicht
Unten: Bergfrauen der Hmong auf dem Markt in Coc Ly.

Rauschende Bergbäche

Wer im herrlichen Muong-Hoa-Tal wandert passiert kleine Siedlungen, leuchtend grüne Reiserrassen und Kegelberge, Minischluchten und rauschende Bergbäche, an denen hölzerne Reisschälmühlen, die »coi gia gao«, klackernd vom Wasser angetrieben werden. Am Wegesrand suhlen sich Wasserbüffel im Tümpel oder tragen ihre Hirtenjungen auf dem Rücken. Frauen hocken neben Körben voller Indigoblätter, die Hände blau vom Färben ihrer Trachten. Die Männer rauchen Wasserpfeifen oder dreschen den Reis im September per Hand aus.

Bac Ha: Bei den »Blumen-Hmong«

Da Sapa mittlerweile sehr touristisch ist, zieht es viele Reisende weiter Richtung des noch etwas authentischeren Nordostens. Zum Beispiel ins ca. 100 Kilometer nordöstlich gelegene Dorf Bac Ha (ca. 3000 Einwohner), das auf einer abenteuerlich-kurvenreichen Straße zu erreichen ist: ein kleiner, relativ gesichtsloser Ort auf rund 900 Metern, wo es etwas wärmer ist als in Sapa. Die Gegend wird auch das »weiße Plateau« genannt, weil die »tam hoa«-Pflaumenbäume im Frühling mit ihren weißen Blüten die Landschaft weithin bedecken. Ein farbenprächtiger Markt hat Bac Ha berühmt gemacht: der gut besuchte Sonntagsmarkt der »Blumen-Hmong« (Hmong Hoa), deren Trachten mit Blumenmotiven geschmückt sind. Hier wird gehandelt und getratscht zwischen Kornschnaps und Reiswein, Pferden, Kühen und Wasserbüffeln, Körben voller Chili, Indigo-Extrakt und Bergen von Gemüse, und natürlich Souvenirs und China-Importen wie Billiguhren und Textilien. Eine architektonische Überraschung wartet im nahe gelegenen Dorf Na Hoi Tho: Der 1914 bis 1921 von den Franzosen erbaute zweistöckige Hoang-A-Tuong-Palast (»Vater-Sohn-Palast«) ist eine pompöse Mischung aus indisch-orientalisch anmutender und westlich-barocker Architektur, lange Zeit Sitz des Volkskomites.

Geheimtipp

AUF ZUM »DACH INDOCHINAS«!

Eines der letzten Abenteuer – bevor die derzeit gebaute mit 6.000 Metern »längste Seilbahn der Welt« auch diesen Gipfel erreicht: Wer den höchsten Berg Vietnams erobern will, kann sich auf eine (organisierte) ein- bis dreitägige Trekkingtour begeben mit Sonnenaufgangserlebnis – sofern das Wetter mitspielt. Der 3143 Meter hohe Fan Si Pan versteckt sich oft hinter einer Nebelwand, man muss im Sommer mit plötzlich heftigem Regen rechnen. Die dann schlammigen Pfade sind steil, es geht über Felsen und einige Leitern aufwärts, durch kleinere Bäche, Bambus-, Kiefern- und Nebelwald. Im Frühjahr blühen Orchideen und Rhododendron. Die anstrengende 14-Kilometer-Tour ist auch ohne Guide zu schaffen. In vier Stunden können fitte Bergwanderer den Gipfel erreichen, am besten in der Gruppe.

Fan Si Pan. Tgl. 7–16 Uhr, Eintritt: 200 000–400 000 VND/= ca. 10–20 € je nach Verhandlungsgeschick, ca. 15 km nordwestlich von Sapa Richtung Tram-Ton-Pass.

Infos und Adressen

Deftig: wie wäre es mit einer Schweineblutsuppe …

SEHENSWÜRDIGKEITEN

Ham Rong Mountain. Den 1800 m hohen tollen Aussichtspunkt kann man über Steinstufen ab Sapa erreichen, es gibt hier auch einen hübschen Landschafts-Steingarten. Tgl. ca. 7–17 Uhr, über Ham Rong (Street).

Hoang A Tuong Palast (auch: Hoang Yen Chao, Vua Meo). Tgl. 7.30–11, 13.30–17 Uhr, Na Hoi Tho, bei Bac Ha, Tel. 020/378 06 62.

ESSEN UND TRINKEN

Coffee View & Bar. Hoch über der Landstraße mit sagenhaftem Ausblick bei heißen und kalten Getränken, Bratreis und andere typische Travellerkost wie Frühlingsrollen und Banana Pancakes auf der schattigen Veranda. Tgl. ca.12–18 Uhr, kurz vor dem Dorf Cat Cat an der Fan-Si-Pan-Landstraße.

Nature Bar & Grill. Urig, warm und schmackhaft: Rund ums Feuer gibt es deftige Wildgerichte und ein paar westliche Speisen, Glühwein, Bier und Billard. Tgl. 11–22.30 Uhr, 24 Cau May, Tel. 020/387 20 94.

Red Dao House. Ob Frühstück, Menüs oder à la carte – nettes Ambiente in einem schönen Holzhaus nahe der Kirche an gedeckten Tischen oder auf der Terrasse, die Kost ist vietnamesisch und schmeckt! Tgl. 7–22 Uhr, 4B Thac Bac, Tel. 020/387 29 27.

The Hill Station/Hill Station Café. In dem gehobenen »Signature Restaurant« der angesagten Lokalkette wird modern kreierte Fusion-Küche serviert, vom gebratenen Bambus-Snack über Tofu bis hin zum getrockneten Wasserbüffel, stilecht speist man auf Bodenkissen (oder auf Stühlen). Im preiswerteren Hill Station Café gibt es Westliches wie Burger, französischen Käse und Wein am Kaminfeuer. Tgl. 7–22.30 Uhr, 37 Fan Si Pan und 7 Muong Hoa, Tel. 020/388 71 11, www.thehillstation.com

ÜBERNACHTEN

Bamboo Sapa. Ein bewährter Klassiker: Das fünfstöckige Hotel bietet 56 komfortable Parkettzimmer mit bequemen großen Betten und dem bestem Panorama vom Balkon, auch vom Verandalokal. 18 Muong Hoa, Tel. 020/387 10 75-76 www.bamboosapahotel.com.vn

Bac Ha Homestay. Bei der Tay-Familie vom Mr. Phan übernachten die Gäste im ersten Stock auf einem Matratzenlager, es gibt Heißwasserduschen und westliche Toiletten, gutes Essen, Touren und viele Infos in englisch. Im Dorf Na No Tay, bei Bac Ha, Mobil-Tel. 091/468 38 33, www.bachahomestay.com

Cat Cat View. Backpacker-Herberge mit unterschiedlichen meist schnörkellosen Zimmern und Apartments, Heizdecken, teils Heizung oder Kamin (im Winter nötig!), zentral und guter Ausblick, teils Balkon, aber einfache Kachelbäder. 46 Fan Si Pan, Tel. 020/387 19 46, www.catcathotel.com

May Khieu. Einer von vielen Homestays: Die englisch sprechende Gastwirtin May und ihr Mann Lua von den Roten Dao beherbergen ihre Gäste in vier einfachen Zimmerchen, Bad draußen (mit Kräuterbadzuber), aber es gibt sogar Handtücher und Latschen. Unit 4, im Dorf Ta Phin, ca. 11 km nördlich von Sapa, Mobil-Tel. 0168/354 21 99, www.taphinhomestay.com

Sapa Unique. Man wohnt in 22 etwas folkloristisch gestalteten Zimmern mit Super-Panoramabalkonen, schön warm mit funktionierender Heizung und Heizdecken im Bett, frisches Obst, einige Familien-Doppelzimmer. 39 Fan Si Pan, Tel. 020/387 20 08, http://sapauniquehotel.com

Victoria Sapa. Ein Klassiker der gehobenen Kategorie, seit Jahren führend, etwas außerhalb: 77 Parkettzimmer in einem hübschen Landhaus mit Himmelbetten, Heizung und Balkons, außerdem Spa, Tennisplatz und beheizter Innenpool. Xuan Vien, Tel. 020/387 15 22, www.victoriahotels-asia.com

AUSGEHEN

Le Gecko. Mit schöner Veranda: gute französische Weine und Cocktails, vietnamesische Gerichte, Snacks wie Sandwich, Pizza und Pasta, alles zu gehobenen Preisen. Tgl. 7–23 Uhr, 4 Ham Rong, Tel. 020/387 15 04, www.legeckosapa.com

The Hmong Sisters. Abendlicher Treff bei Tu, der am Kamin seine Cocktails oder Glühwein serviert (Happy Hour 16–19 Uhr), WLAN-surfen und Billardspielen kann man in der rustikalen Kneipe auch. Tgl. 16–1 Uhr, 31 Muong Hoa, Tel. 0123/469 05 01.

EINKAUFEN

Bac Ha »Sonntagsmarkt« der »Blumen-Hmong«. Nur So ca. 6–13 Uhr, ca. 100 km nordöstlich von Sapa.

Markt. Große neue Markthalle in Sapa: Gemüse und Obst sowie tierische Spezialitäten (»thit cho«-Hundefleisch), im ersten Stock Kunsthandwerk, Textilien und Silberschmuck. Tgl. 7–18 Uhr, Dien Bien Phu, oberhalb des Sa-Pa-Sees.

Indigo Cat. Kleiner Hmong-Kunsthandwerksladen mit hübchen Mitbringseln wie Taschen, Kissenbezüge, Tagesdecken und Web-Kurse gibt es auch. Tgl. 9–19 Uhr, 46 Fan Si Pan.

Ta Phin. »Craft Link«-Kooperative mit Souvenirshop, v. a. Mützen, Taschen u. a. Webtextilien oder die hübschen silbernen »Liebes-Armreifen« der Roten Dao. Tgl. ca. 8–18 Uhr, in Ta Phin, ca. 11 km nördlich von Sapa.

INFORMATION

Sapa Tourism (Sapa Museum). Tgl. 7.30–11.30, 13.30–17 Uhr, 2 Fan Si Pan, Tel. 020/387 19 75, www.sapa-tourism.com

Anreise: Der beliebte Nachtzug nach Lao Cai (7–10 Std., 40 km nordöstlich von Sa Pa) oder neuerdings auch tagsüber mit Direktussen ab Hanoi (5–6 Std.)

An der Feuerstelle wird es einem wieder richtig warm – im Nature Bar & Grill Lokal.

46 Dien Bien Phu
Wo die Kolonialherrschaft ein Ende fand

Im Zickzack geht es über Serpentinen und den Pha-Din-Pass durch reizvolle Berglandschaft nach Dien Bien Phu an der Grenze zu Laos. Hier wurde 1954 das Ende der französischen Kolonialzeit besiegelt. An die einstigen Schlachtfelder aus dem ersten Vietnamkrieg erinnern heute Museen, Gedenkstätten, Friedhöfe, Heldendenkmäler und französische Bunker.

Die Provinzhauptstadt Dien Bien Phu (70 000 Einwohner), jahrhundertelang eine alte Karawanenstation, liegt im Muong-Thanh-Tal am Nam-Rom-Fluss nahe der laotischen Grenze (ca. 475 Kilometer westlich von Hanoi, zum Grenzort Tay Trang ca. – 35 km). Das fruchtbare Hochtal auf rund 600 Metern versteckt sich isoliert hinter den beiden Bergketten Pu Den Dinh und Pu Sam Sao.

Die Schlacht um Dien Bien Phu

Rückblende: Nachdem die Franzosen jahrelang militärisch keine nennenswerten Erfolge gegen die Vietminh im Norden erzielen konnten, besetzten sie im November 1953 mit Fallschirmspringern das strategisch wichtige Tal. Es wurde zur Festung ausgebaut, mit Tunneln und zwei Landebahnen und insgesamt 16 000 hier stationierten Soldaten (auch deutsche Fremdenlegionäre und verdeckt eingesetzte US-Piloten). Die Franzosen glaubten an eine uneinnehmbare Stellung, doch sie hatten ihren Gegner unterschätzt. Mit speziellen Bambusfahrrädern und Büffelkarren transportierte die Volksarmee schwere Geschütze, Granaten und andere Waffen durch die dschungeligen Berge.

Oben: Der Soldatenfriedhof in Dien Bien Phu.
Unten: Lebensgroße Puppen in nachgestellten Kriegsszenen im Museum von Dien Bien Phu

Dien Bien Phu

Ab dem 13. März 1954 wurden die französischen Truppen 55 Tage lang belagert, beschossen und ausgehungert, das Kommando führte der schon zu Lebzeiten legendäre General Vo Nguyen Giap. Bis zur Kapitulation der Franzosen am 7. Mai 1954 fielen etwa 3000 bis 10 000 Franzosen und 8000 bis 20 000 Vietnamesen.

Ein hervorragendes Museum

Vor allem französische Touristen, auch damalige Söldner und Veteranen, besuchen das ultramoderne zum 60. Jahrestag eröffnete »Sieges«-Museum, das wie ein irrgelandetes rundes UFO mitten auf der grünen Wiese wirkt: sehr anschaulich mit überraschend lebensecht erscheinenden Soldaten-Puppen – selbst Ho Chi Minh sitzt über dem Lageplan –, fast dreidimensional wirkenden Gemälden, vielen Modellen, Heldenfotos und Kriegsgerät. Eine große Bronzefigur stellt General Vo Nguyen Giap dar. Außerdem kann man in der Umgebung den rekonstruierten Bunker des französischen Generals Christian de Castries besichtigen, einige französische Panzer und Abwehrgeschütze, den strategischen Hügel A1 und einen Friedhof der Vietminh sowie das größte Heldenmonument in Vietnam mit den drei siegreichen Soldaten.

Abseits des Kriegspfads lohnt ein Abstecher in die Dörfer der Schwarzen und Weißen Tay, zum Beispiel Noong Ung, wo einige Frauen der Schwarzen Tay immer noch gerne ihre traditionelle Kleidung mit schwarzen Röcken, feinen Blusen, elegantem Dutt und Kopfschmuck demonstrieren während, die Männer eher das Bambuspfeifchen zücken. Die Tay Völker Vietnams sind nicht mit dem Thai-Volk in Thailand zu verwechseln, weder sprachwissenschaftlich noch von der Lebensweise her. »Tai« bedeutete ursprünglich »Menschen«, später unter der Feudalherrschaft »Freie«.

ESSEN UND TRINKEN

In der Nguyen Chi Thanh und um den Busbahnhof befinden sich einfache vietnamesische Lokale und Suppenküchen. Für Anspruchsvolle sind Hotelrestaurants die bessere Alternative.

Dan Toc Quan. In dem rustikalen Thai-Lokal mischt man sich unter die Einheimischen; nicht allzu viel Auswahl, aber nett präsentiert wie würziges Hackfleisch im Bananenblatt mit Morning Glory, Koriander, Klebreis und Reisschnaps. Tgl. 10–ca. 21 Uhr, Muong Thanh-Bezirk, (beim Museum im Süden über die Brücke auf der anderen Flussseite), Tel. 02 30/382 86 66 u. Mobil-Tel. 091/257 54 05.

ÜBERNACHTEN

Him Lam. In einem herrlich angelegten Parkgelände am See beherbergt das Mittelklassehotel seine Gäste außerhalb der Stadt in 87 Zimmern mit viel Holz, großem Pool und (Thai-)Lokal, gelegentliche Karaoke-Beschallung. 6 Him Lam, Tel. 0230/381 18 56, http://himlamresort.vn

Ruby. Kleine günstige Wohlfühlpension: 31 überraschend komfortable und ruhige Balkonzimmer auf sechs Etagen (Fahrstuhl), mit schöner Frühstücksveranda auf dem Dach, Garten, freundlichem Personal (auf Wunsch Abholung vom Bahnhof). 43 Nguyen Chi Thanh, Tel. 02 30/383 55 68, www.rubyhoteldienbien.com

INFORMATION

Dien Bien Tourism. 7/5 Road Nr. 7A, Tan Thanh, Tel. 0230/382 48 41.

47 Cao Bang
Auf revolutionären Bergpfaden

Hohe schroffe Berge, der landesgrößte Wasserfall und Höhlen warten auf Erkundung. Kein Geringerer als Ho Chi Minh flüchtete sich 1941 vor den Franzosen in eine der Grotten und sagte den Sieg über die Kolonialherren voraus. Nicht umsonst nennt man das grenznahe dschungelige Gebiet »die Wiege der Revolution«. Aber auch ganz ohne rebellische Motive lässt es sich hier herrlich wandern.

Cao Bang (ca. 50 000 Einwohner) ist die Hauptstadt der gleichnamigen bergigen Provinz im nordöstlichsten Teil Vietnams an der chinesischen Grenze – wunderschön eingebettet auf rund 700 Metern zwischen den Flüssen Bang Giang und Hien auf einer Landzunge (ca. 270 Kilometer nördlich von Hanoi). Ansonsten eine typisch-staubige Grenzstadt ohne große Sehenswürdigkeiten, aber mit florierendem legalem und illegalem Handel nach China. Aus den Feinden wurden Handelspartner: In der Gegend fanden im Laufe der fast 4000-jährigen Geschichte bis Ende der 1990er-Jahre immer wieder Übergriffe der Chinesen statt, die dieses Gebiet ebenfalls beanspruchen und 1979 die Stadt Cao Bang sogar fast zerstört hatten.

Es ist einer der bewaldetesten Landstriche in Vietnam mit immergrünen Wäldern, Seen und wasserreichen Flüssen sowie einigen der landeshöchsten Berge wie dem fast 2000 Meter hohen Pia Ya und Pia Oac. Zu den Volksgruppen gehören neben den ethnischen Vietnamesen (Kinh) und Hoa (Chinesen) vor allem die Tay (die größte Gruppe mit eigener Schriftsprache) und die mit ihnen verwandten

Oben: Die Landschaften Cao Bangs sind von Bergen und Wasser geprägt.
Unten: Alte Hmong-Frau bei der Hausarbeit

Besuchermagnet: der Ban-Cioc-Wasserfall

Nicht verpassen

Nung, die beide als stark assimiliert bzw. »vietnamisiert« gelten, außerdem die Muong, Dao, Hmong und San Chay. Die meisten leben als Bauern vom Anbau von Reis, Tee, Sojabohnen, Bambus, Zimt und Anis sowie Obstbaum-Plantagen.

Die »Wiege der Revolution«

Bereits 1925/26 entstanden in den Bergen erste antikoloniale Bewegungen aus den ethnischen Volksgruppen unter Führung von Hoang Dinh Giong. Im Zweiten Weltkrieg zog sich Ho Chi Minh (damals noch unter seinem Namen Nguyen Ai Quoc) in eine der Höhlen nahe der unzugänglichen chinesischen Grenze zurück: Die berühmte traumhaft gelegene Hang Pac Bo wurde zu einer von Einheimischen viel besuchten Gedenkstätte umgewandelt (rund 50 Kilometer nordwestlich von Cao Bang beim Dorf Truong Ha, nur drei Kilometer vor der chinesischen Grenze). In dieser Tropfsteinhöhle und in einer nahe gelegenen Hütte versteckte sich der Revolutionsführer ab dem 8. Februar 1941 (wie seine angebliche Inschrift im Felsen bezeugen soll), nachdem er nach mehr als 30 Jahren im Ausland und Exil erstmals wieder auf vietnamesischen Boden zurückgekehrt war –

ATEMBERAUBENDE KASKADE

Allein die zweistündige Anfahrt lohnt den Weg: entlang von Reisterrassen, verschlafenen Bergnestern zwischen herabstürzenden »pelzigen« Berghängen und über den Ma-Phuc-Pass, wo Karstkegel wie überdimensionale Maulwurfshügel die Landschaft bedecken. Der Ban-Gioc-Wasserfall direkt an der chinesischen Grenze ist einer der schönsten und landesgrößten Wasserfälle in wilder Gebirgskulisse. Die Wassermassen des Quy-Xuan-Grenzflusses stürzen über eine 300 Meter breite wie mit grünem Samt bezogene Felsklippe. Der Fluss sucht sich aus rund 50 Metern Höhe mit imposanter Gischtfahne seinen Weg aus China auf drei Absätzen herab nach Vietnam, wo er in mehreren Säulen im blaugrün schimmernden Becken landet – am beeindruckendsten übrigens am Ende der Regenzeit (etwa September).

Ban-Gioc-Wasserfall (auch: Ban Doc). Tgl. 8–17 Uhr, bei Trung Khanh, ca. 85 Kilometer nordöstlich von Cao Bang).

im Alter von 51 Jahren, an Tuberkulose, Malaria und Ruhr erkrankt.

Im Mai 1941 wurde in der Nähe die Vietminh (Liga für die Unabhängigkeit Vietnams) gegründet und im Dezember 1944 die Vietnamesische Volksarmee (VVA). Bei seinem Kampf wurde Ho Chi Minh von den Nung unterstützt und von seinen Begleitern und mitkämpfenden Genossen: Pham Van Dong, Vo Nguyen Giap (s. S. 187) and Phung Chi Kien. Ho Chi Minh versteckte sich erneut hier 1945 während der japanischen Besetzung. Auch während des Ersten Indochinakrieges gegen die Franzosen zwischen 1946 bis 1954 hatte die Exilregierung im Nordosten ihren Hauptsitz – die Provinz Cao Bang gilt als eine der ersten, bereits im Oktober 1950 von der französischen Kolonialherrschaft »komplett befreiten« Gebiete.

Oben: Die beeindruckende Landschaft um Cao Bang
Unten: Ein kleiner Büffelhirte auf seinem Weg

Wo Ho Chi Minh angelte…

Die idyllische Umgebung von Pac Bo trägt noch heute die Namen, die der Revolutionär ihr gegeben haben soll: etwa die »Lenin-Quelle« (Suoi Le Nin) und der »Karl-Marx-Berg« (Nui Cac Mac). Man kann hier auf den Spuren von Ho Chi Minh wandeln und sich die Stellen zeigen lassen, wo er angelte und Gemüsegerichte kochte, oder auf einem Felsblock als Tisch die Geschichte der Kommunistischen Partei der Sowjetunion ins Vietnamesische übersetzte oder Gedichte schrieb. In der Höhle befindet sich noch eine Art Bettgestell aus Holz und Felsen, ein kleines Ho-Chi-Minh-Museum am Eingang präsentiert einige persönliche Gegenstände wie Koffer, Schreibmaschine und Pistole.

Homestays und bunte Märkte

Die Märkte in der Umgebung sind eine recht farbenfrohe Angelegenheit mit vielen Essensständen. Auch in Cao Bang gibt es rund um den Markt und am Busbahnhof einige einfache Lokale mit Pho-Nudelsuppen, als einigermaßen westlicher Frühstücksersatz eignen sich deftige »banh mi«-Baguettes mit Schweinefleisch, auch am Abend auf dem Nightmarket in der Straße Vuon Cam. Immer mehr Einheimische bieten hier und in den umliegenden Minderheitendörfern Homestays an, zum Beispiel in Quang Uyen.

GUT ZU WISSEN

MOTORRADABENTEUER UNTER VORBEHALT

Hunde, Hühner, Schotter, Sand und Regen und nicht nur nachts Betrunkene – So verlockend die Serpentinenkulisse in den Bergregion auch ist: Wer noch nie auf einem motorisierten Zweirad gesessen hat und die Tücken des asiatischen Verkehrs nicht kennt, dem sei generell dringend davon abgeraten! Motorradfahren ohne vietnamesischen oder internationalen Führerschein ist illegal. Es gibt keine Versicherungen, geschweige denn anständige Helme, schnelle Krankenwagen und gute Hospitäler (Weiteres: www.auswaertiges-amt.de).

Infos und Adressen

SEHENSWÜRDIGKEITEN

Hang Nguom Ngao (Tiger Cave). Tgl. 8–17 Uhr, ca. 3 km vor dem Ban-Gioc-Wasserfall (S. 263).

Hang Pac Bo (auch: Hang Coc Bo). Mit Museum: tgl. 7.30–11.30, 13.30–16.30 Uhr, Truong Ha, ca. 50 km nordwestlich von Cao Bang.

ESSEN UND TRINKEN

Café Vuon Pho. Treff der Jugendlichen in einem netten Hof-Café mit kleinen Snacks und WiFi, abends treten Musiker auf. Tgl. 7–22.30 Uhr, Kim Dong, Tel. 026/388 85 99.

Pizza Chi. Die italienische Kost in dem einfachen Lokal schmeckt tatsächlich, auch die Steaks und »banh-mi«-Sandwiches. Tgl. 8–ca.22 Uhr, 85 Vuon Cam, Mobil-Tel. 0169/380 41 06.

ÜBERNACHTEN

Duc Trung. Herberge mit 24 Parkettzimmern auf sechs Etagen, tolles Panorama, einfache Kachelbäder. 85 Be Van Dan, Tel. 026/385 34 24.

Thanh Loan. Das vierstöckige Provinzhotel nahe dem Flussufer (Bang Giang) bietet 32 geräumige Zimmer mit schönem alten Holzschnitzmobiliar. 131 Vuon Cam, Tel. 026/385 70 26.

EINKAUFEN

Cho Xanh. Auf dem riesigen Markt und auf dem Bergstamm-Markt in Tra Linh (an der N3, 4. u. 9. des Mondmonats) gibt es Honig, Teppiche und anderes Kunsthandwerk. Tgl. 6–13 Uhr, Vuon Cam am Fluss.

INFORMATION

Cao Bang Tourist Info. Z. B. im Phong Lan Hotel, 83 Kim Dong, Tel. 026/385 22 45.

48 Ba-Be-Nationalpark
Die reinste Naturidylle!

Kein Hupen, kein Stau, keine Massen. Wer Vietnam einmal von einer ganz anderen Seite erleben möchte, idyllisch und ruhig, der ist hier richtig. Die Anreise ab Hanoi ist weit und etwas beschwerlich, kein Tagesausflug! Aber allein der holprige Weg ist das Ziel. Der größte See Vietnams ist eingebettet in eine märchenhaft-verwunschene und grün wild-überwucherte Berglandschaft.

Der 1992 eröffnete Ba-Be-Nationalpark in der bergigen Provinz Bac Can (ca. 250 Kilometer nördlich von Hanoi) beeindruckt mit zahlreichen Flüssen, Höhlen und Wasserfällen. Das Schutzgebiet erstreckt sich mit 10 000 Hektar rund um den Ho Ba Be: Der je nach Jahreszeit mit 300 bis 500 Hektar größte natürliche und höchst gelegene See in Vietnam, den die Tay die »drei Meere« (Slam Pe) nennen, verläuft über acht Kilometer und drei Täler. Viele kleine Inseln schwimmen in dem legendenumwobenen Seengebiet, grün überwucherte Kalkriesen ragen zwischen leuchtend grünen Nassreisfeldern fast senkrecht aus dem Wasser.

Rund um den Ba-Be-See

Wegen seiner Biodiversität mit rund 550 Pflanzenarten im immergrünen Tropenwald mit Bambus- und Rattangewächsen, Palmen und Orchideen steht der Nationalpark auf der Anwärterliste der Unesco-Biosphären-Reservate. Zu den 65 Säugetierarten gehören auch die vom Aussterben bedrohten Schwarzen Languren (*Trachypithecus francoisi*) sowie Flughörnchen, Pangoli-

Oben: Der Ba-Be-See ist Vietnams höchst gelegener See!
Unten: Angehörige der Tai-Ethnie mit dem typischen Kopftuch

Ba-Be-Nationalpark

ne, Bergziegen, Fledermäuse und Wildschweine und einige letzte asiatische Schwarzbären, die hier noch umherstreifen sollen.

Außerdem tummeln sich hier 233 Vogelarten, 354 Schmetterlings- sowie 43 Reptilien- und Amphibienspezies, darunter die Burmesische Pythonschlange, die Königskobra (*Ophiophagus hannah*) und der Vietnamesische Salamander (*Paramesotriton deloustali*).

Ausflüge im Boot oder per Bambusfloß sind die beliebtesten Aktivitäten, dabei geht es beispielsweise in die Puong-Höhle (Hang Puong), in deren 300 Meter langem und bis zu 30 Meter hohem Gewölbe Fledermäuse und Stalaktiten zu sehen sind. Der Dau-Dang-Wasserfall (Thac Dau Dang, auch: Ta Ken) wird gespeist vom Nang-Fluss und lässt im Westen des Sees sein Wasser über drei Felsstufen in quirligen Stromschnellen ins Tal herabsprudeln.

Rund 3000 Angehörige von ethnischen Minderheiten, vor allem die Tay, aber auch Hmong, Rote Dao (Dzao Do) und Nung leben in 13 kleinen Siedlungen um den See, die meisten von Viehzucht und Fischfang sowie Reis- und Gemüseanbau. Eine zunehmende Einnahmequelle ist der Tourismus, zum Beispiel mit Homestays, Webarbeiten und Folkloreshows, bei denen die traditionelle »dan thinh«, ein Saiteninstrument, zum Einsatz kommt. Ein Beispiel: Das hübsche Dorf Pac Ngoi am Südwestzipfel des Sees schmiegt sich zu Füßen des gleichnamigen fast 800 Meter hohen markanten Nui Pac Ngoi und bietet viele Privatunterkünfte am Ufer des Leng Flusses. Im Rahmen vom Homestay lässt sich die traditionelle Bergkultur hautnah erleben. Mitkochen und mittanzen ist auch gefragt. Authentischer geht's nicht!

Infos und Adressen

SEHENSWÜRDIGKEITEN

Ba-Be-Nationalpark. Beste Besuchszeit ist die kühlere Trockenzeit von etwa Okt. bis März. Tgl. 7–18 Uhr, zwischen Nha Phac und Cho Ra, ca. 250 km nördlich von Hanoi auf der N3, Tel. 0281/389 41 26.

ESSEN UND TRINKEN

Nhat Long. Tgl. ca. 9–18 Uhr, Veranda und »Coffee Shop« über dem See gehört auch zu Mr. Linh's Imperium (s. u.). Bo Lu, Tel. 0281/389 47 21.

ÜBERNACHTEN

Ba Be Lake View. Homestay in winzigen Zimmerchen (Matratzen, Ventilator, zwei einfache Kaltwasserduschen für alle), mit schöner Aussicht und sehr gutem Essen! Pac Ngoi, Mobil-Tel. 097/666 19 85.

Duy Tho. Ein einfaches Holzhaus (mit Betten, Moskitonetz, sogar Handtücher, aber Gemeinschaftsdusche) bei der netten Tay-Familie von Tho, Essen auf einer Sunset-Veranda am Fluss, Räder gibt es auch. Pac Ngoi, Tel. 0281/389 41 33 und Mobil-Tel. 0165/202 29 85.

Mr. Linh's. Ein »Deluxe Homestay« mit 14 einfachen vergleichsweise teuren Zimmern (Betten, Moskitonetz, Klimaanlage, Seeblick) oder spottbillig auf Matratzen im Schlafsaal, Gemeinschaftsbad. Coc Toc, Bo Lu, Tel. 0281/389 47 21, www.mrlinhhomestay.com

INFORMATION

B-Tourist/Ba Be Tourism (Mr. Linh). Von Trekking über Klettern bis Homestays. Bo Lu, Tel. 0281/389 47 21, http://www.babenationalpark.com.vn

49 Lang Son
Das »Tor nach China«

Allein zum Durchreisen nach China ist die grenznahe Provinzstadt zu schade. Der authentisch-vietnamesische Grenzort hat durchaus Potenzial. Denn wer aus Halong kommt und wirklich mystisch-stille Grotten besuchen möchte, kann in den beeindruckenden Höhlen sein farbiges Wunder erleben. Auf den Märkten begegnet man vielen Tay und Nung, meist zu erkennen an den bunten Kopftüchern.

Lang Son am Ufer des Ky Cung Flusses ist die Hauptstadt (70 000 Einwohner) der gleichnamigen bergigen Grenzprovinz zu China im äußersten Nordosten des Landes, die größte Stadt des Nordens (ca. 150 Kilometer nordöstlich von Hanoi). Der internationale Grenzübergang Dong Dang mit seinem buntem Markttreiben ist rund 20 Kilometer entfernt. Die Chinesen und Franzosen haben in dieser Gegend schon einige Schlachten geschlagen, etwa 1885 im chinesisch-französischen Krieg oder 1979, als die Chinesen bei einem »Erziehungsfeldzug« viele alte Kolonialvillen und Holzbauten zerstörten – als Reaktion auf die vietnamesische Besetzung Kambodschas und die Vertreibung der dortigen Roten Khmer, die damals von den Chinesen unterstützt worden waren.

Farbenprächtige Grotten

Oben: Markttag in Dong Dang
Unten: Marktbesuche in der Gegend um Lang Son sind nicht immer geeignet für Zartbesaitete.

Heute wird der Ort erneut von China quasi überflutet – mit massenhaften Importprodukten, vor allem Elektrowaren und Billigtextilien. Wer einen schwachen Magen hat, sollte die »Frischfleischabteilungen« der Märkte meiden – in den kühlen Bergen werden traditionell noch immer Hund und

Die Nhi-Thanh-Höhle erstrahlt bunt illuminiert.

Innereien verspeist – der wärmenden Wirkung wegen, so sagt man hier. Doch keine Sorge: Keinem Ausländer werden derart lukullische (und relativ teure) Spezialitäten wie Hund oder Schlange unwissentlich vorgesetzt!

Die Provinz Lang Son besteht zu 80 Prozent aus bergiger (meist unbewaldeter) aber malerischer Reisfeld- und Karstlandschaft, der höchste Gipfel ist der rund 1500 Meter hohe Mau Son (»Mutter-und-Vater-Berg«) im Südosten. Im Westen liegen zahlreiche Höhlen – und wem die zeitweise hoffnunglos überfüllten Grotten in der Halong-Bucht ein Gräuel waren, der kommt hier auf seine Kosten: Die nahe gelegene Hang Tam Thanh, die vom zweihundertjährigen Tempel Tam Giao zu erreichen ist, hat der Besucher manchmal fast allein für sich mit ihren farbig beleuchteten Gängen und den illuminierten Schreinen zwischen Tropfsteinen rund um den Grotten-See, ebenso die 600 Meter lange Nhi Thanh mit zwei Gewölben und dem unterirdischem Fluss Ngoc Tuyen. Zu den weiteren Sehenswürdigkeiten gehören die Ruine einer mehr als 400 Jahre alten Festung aus der Mac-Dynastie und der Den Ky Cung im Stadtzentrum am Nordufer wegen seiner fast schon kitschig-schönen Altäre zu Ehren eines lokalen Helden namens Tuan Tranh.

Infos und Adressen

ESSEN UND TRINKEN

New Century. In dem hübschen Restaurant mit Garten am See lässt es sich eine Weile aushalten, auch mit westlichem Frühstück, Hotpots usw., die Rechnung sollte man prüfen ... Tgl. 8–21 Uhr, Ho Phai Loan (gegenüber Ky Lua Nightmarket), Tel. 025/371 19 09.

ÜBERNACHTEN

Muong Thanh. Bestes Hotel der Stadt: Die 124 modernen Parkett-zimmer auf zehn Etagen halten allerdings nicht, was die elegante Lobby mit rotem Teppich und livriertem Portier verspricht. Pool, viele Reisegruppen und Geschäftsleute. Rechtzeitig buchen. 68 Ngo Quyen, Tel. 025/386 66 68 und Mobil-Tel. 091/530 23 28, www.muongthanh.com

Van Xuan. Im Norden mit schöner Aussicht auf den Phai-Loan-See: 30 gemütliche WLAN-Zimmer (teils Balkon), eigenes Lokal, kein Frühstück. 147 Tran Dang Ninh, Tel. 025/371 04 36,-40.

50 Ha Giang
Im Slalom um die Bergkegel

Ha Giang ist beinahe außerirdisch schön: eine spektakulär-wilde Berglandschaft mit schroffen Karstbergen und Bergkegeln, um die sich die steilsten Terrassenfelder und Passstraßen Vietnams schlängeln. Immer beliebter sind Trekking und Motorradtouren in dieser abenteuerlichen Gebirgskulisse, etwa zu den (»Sonntags«-) Märkten, wo die Hmong und die Tay bei Nudelsuppe, Klebreis und Reisschnaps ihre Geschäfte besiegeln.

Im äußersten Norden an der Grenze zu China erstreckt sich die herrlich bergige Provinz Ha Giang, die gleichnamige Provinzhauptstadt (ca. 33 000 Einwohner) liegt auf 700 Metern am westlichen Ufer des Song Lo (ca. 328 Kilometer nordwestlich von Hanoi). Hier erheben sich einige der landeshöchsten Berge, wie die im Winter manchmal schneebedeckten Tay Con Linh und Kieu Lieu Ti mit rund 2400 Metern.

Atemberaubende Bergpässe: »Himmelspforte«

Je weiter man nach Norden kommt, desto höher ragen die grünen Bergspitzen als markante Zickzack-Kulisse in den Himmel. Die landschaftlich schönste Strecke des Nordens, wenn nicht Südostasiens, liegt seit 2010 inmitten eines 6000 Hektar großen Unesco-»Geoparks«. Die holprige Landstraße schlängelt sich mit endlosen Schlingen und Kurven rund 150 Kilometer parallel zur Grenze: zunächst von Ha Giang über Quan Ba, wo die Kegelberge als riesige »Maulwurfshügel« im Tal liegen, und den Quan-Ba-Pass (»Himmelspforte«) bis nach

Oben: Die Wege durch den Norden Vietnams sind manchmal sehr zeitraubend – aber so schön! Hier die herrliche Passstraße zwischen Meo Vac und Dong Van.
Unten: Hmong-Frauen tratschen auf dem Markt bei Ha Giang.

Ha Giang

Dong Van, der nördlichsten Ortschaft Vietnams, immer noch mit den typischen morgendlichen Lautsprecheransagen, die in vielen touristischen Orten Vietnams schon lange verschwunden sind. Der von den Franzosen 1920 gegründete Ort befindet sich rund hundert Jahre später in einer wahren Zeitmaschine – es herrscht Goldgräberstimmung, die ersten Hochhaus-Hotels mitsamt Pools verdecken schon die Bergkulisse, die Preise für eine Schlafsaalmatratze (15 US$!) und Essen (12 US$!) sind vergleichsweise exorbitant, und die Provinzregierung fordert die Touristen auf, den immer häufiger bettelnden Kindern kein Geld zu geben – weil sie dann nicht mehr zur Schule gehen…

Der Palast des Opiumfürsten

Eine kulturelle Sehenswürdigkeit ist der Vuong-Palast in Sa Phin, einst Wohnsitz eines lokalen »Opiumfürsten« der Hmong (Vuong Chinh Duc, 1865–1947): Das 1914 erbaute festungsartige Anwesen aus Stein, Lehm und Holz besteht aus 64 Räumen, mehrstufigen Ziegeldächern, Wächtertürmen und drei Innenhöfen, den Grabmälern der Vuong-Familie und schönen alten Holzschnitzereien und Steinmetzkunst.

Von Dong Van geht es auf atemberaubend engen Haarnadelkurven weitere 25 Kilometer südostwärts zum Marktflecken Meo Vac: eine Fahrt quasi über den Wolken durch eine wilde schroffe Kalksteinszenerie, eine tiefe Schlucht oberhalb des Nho-Que-Flusses und den spektakulären Ma-Pi-Leng-Pass auf 1500 Metern – für viele die schönste Strecke Vietnams. Eine Motorradreise entlang der gesamten Nordschleife Vietnams entspricht (ca. 2 500 km) muss allerdings sehr gut vorausgeplant werden. Das ist wahrscheinlich nur etwas für die ganz hartgesottene Biker.

Infos und Adressen

SEHENSWÜRDIGKEITEN
Dong Van Karst Plateau. Infos: www.dongvangeopark.com, Touren/Infos: www.hagiangtravel.com

Vuong Palace. Tgl. 8–17 Uhr, Sa Phin (15 km südwestlich von Dong Van).

ESSEN UND TRINKEN
Au Viet. In dem einfachen Lokal bekommt man westliches Frühstück (Eier, Baguette), Hotpots und Nudelsuppen, Kaffee und Bier. Tgl. 7–20 Uhr, To 3, in Marktnähe, Dong Van, Mobil-Tel. 094/290 58 88.

ÜBERNACHTEN
Meo Vac Mountain Lodge. Spartanisch-»restauriertes« Hmong-Lehm-Haus (1930) unter westlicher Leitung mit ebensolchen Preisen (DZ 60 US$, Frühstück 5 US$!), im Winter trotz Kaminfeuer etwas kalt, draußen rustikale Gemeinschaftsduschen. Chung Phua, in Meo Vac, Tel. 0219/387 16 86, email: aubergemeovac@gmail.com

Xuan Thu. Spottbilliges Minihotel mit neun einfachen herrlich-kitschigen Zimmern (Mini-Duschbad, Klimaanlage), Frühstück und Kaffee gibt es gleich nebenan am Markt. To 2, Dong Van, Tel. 0167/299 69 99, https://xuanthudongvanhotel.wordpress.com

INFORMATION
Reiseerlaubnisse (»travel permits«) erhält man in den »Immigration«- bzw. Polizeibüros der jeweiligen Orte (Ha Giang usw.) oder über Hotel/Guesthouse (300 000 VND/=ca.12 €).

REISEINFOS

An- und Abreise

Flugzeug

Vietnam Airlines fliegt nonstop von Frankfurt nach Saigon und Hanoi (11–13 Stunden), es gibt oft Angebote inklusive Inlandsflüge oder Flüge nach Kambodscha und Laos, www.vietnamairlines.com.

Autofahren/Mofa

Für Individualreisende war das Autofahren bisher nur mit Fahrer (bzw. vietnamesischem Führerschein) möglich und ist angesichts des Verkehrchaos auch die empfehlenswerteste Variante. Selbstfahren ist neuerdings möglich, aber nur mit Internationalem (bzw. vietnamesischem) Führerschein, das gilt auch für Mopeds!

Moped

Vietnam ist eines der Länder mit der höchsten Todes- und Unfallrate im Verkehr (über 12 000 Tote im Jahr). Trotzdem sind die Fahrten als Sozius mit den »Easy Riders« oder anderen Mofa-Taxi-Agenturen sehr beliebt.

Bahn, Bus, Fähren und Inlandsflüge

Man kann alle Tickets für Verkehrsmittel zeitsparend gegen eine kleine Gebühr

Am Strand von Nah Trag ist es nicht immer so menschenleer.

bei den Minihotels buchen, am besten rechtzeitig einige Tage im Voraus. Das Auswärtige Amt warnt jedoch vor gefälschten Bahn-, Bus- und Boottickets in nicht offiziellen Verkaufsstellen.

Bahn

Der »Wiedervereinigungszug« verkehrt von Nord- nach Südvietnam und umgekehrt (32-38 Std., 5x tgl., klimatisiertes Schlafabteil 1. oder 2. Klasse, 2-4 Betten »soft sleeper«, rechtzeitig buchen!). Der Expresszug des Victoria-Hotels fährt von Hanoi nach Sapa (Endstation Lao Cai; nur für Hotelgäste, www.victoriahotels-asia.com).

Bus

Fahrten mit Überlandbussen sind zeitraubend und nicht ganz ungefährlich (v. a. nachts). Eine zuverlässige Busfirma ist Mai Linh Express (Tel. in Saigon: 08/39 29 29 29, www.mailinh.vn nur in vietnamesisch und Hoang Long (Tel. in Hanoi 04/39 28 28 28, www.hoanglongasia.com/en/giave.php). Preiswerte Touristenbusse verkehren zwischen den Touristenstädten und Badeorten mit Möglichkeit der Reiseunterbrechung (»Open-Tour«-Tickets).

Fähren und Schiffe:

Tragflächenschiffe und Fähren verbinden das Festland mit den Inseln (Phu Quoc, Con Dao, nicht ganzjährig) und Saigon mit der Halbinsel Vung Tau. Im Mekongdelta fahren zu Passagierbooten umgebaute Reisbarken (z. B. www.mekongeyes.com). Über die Grenze nach Kambodscha fährt das Hotelschiff vom »Victoria Hotel« ab Chau

Doc (www.victoriahotels.asia), preiswerter sind die Blue-Cruiser-Speedboote (www.bluecruiser.com). In Hue kann mit »Drachenbooten« auf dem Parfümfluss zu den Kaisergräbern schippern, in der Halong-Bucht stechen rund 400 Touristenkähne tagtäglich in See.

Flüge

Vietnam Airlines fliegt mit modernen Airbus-Maschinen viele Städte und die Inseln Phu Qoc und Con Dao an (www.vietnamairlines.com). Inländische Billigflieger sind Jet Star Pacific Airways (www.jetstar.com) und Viet Jet Air (www.vietjetair.com).

Verkehrsmittel in den Städten

Taxis

Taxameter-Taxis verkehren in den Städten, leider auch viele »Fake«-Taxis (Taxifahrten von 3-5 km kosten niemals mehr als ca. 3 €; zeigt ein Taxameter »622...« an, so bedeutet dies: 62 200 VND/=2,50 €, auf keinen Fall sind dies 622 000 VND/= 25 €!). Empfehlenswert sind Vinasun und Vinataxi (nicht die Nachahmer »Vinsun« oder »Vinasum«!). Am besten in den Hotels Taxis bestellen lassen.

Cyclos (»xich lo«)

Die Dreiradtaxis fallen leider zunehmend auf durch Betrügereien mit Phantasiepreisen, Diebstähle, Überfälle (v. a. nachts); viele Straßen sind zudem für Cyclos gesperrt. Im Hotel das Ziel mit ca.-Preis in Vietnamesisch aufschreiben lassen,

In der Regenzeit leuchten die Reisfelder in allen Grünschattierungen wie hier bei Lao Cai, Sapa.

Fahrpreis vorher aushandeln, am besten für Minuten oder Stunden (ca. 50 000-100 000 VND/=ca. 2–4 € pro Std., Kurzstrecken ca. 20 000 VND/=ca. 0,80 € (je nach Verhandlungsgeschick, Saison und Region), passend zahlen!

Einkaufen

Viel Platz bei der Rückreise freihalten oder eine Extra-Tasche kaufen! Die Palette an Mitbringseln ist riesig: Essstäbchen, Porzellanwaren, Kegelhüte aus Palmblättern, trendy Propagandaposter, »Sandmalereien« hinter Glas, Seidenblu-sen und seidene Lampions, Badelatschen, Korb- und Lackwaren, Keramiken und Webarbeiten, Marmor- und Holzstatuen bis hin zu echten oder unechten Antiquitäten. Wie wäre es mit einem maßgeschneiderten »ao dai«-Hosenkleid oder Anzug. Doch Vorsicht: Vietnam ist berüchtigt für seine Markenkopien: zum Beispiel spottbillige Imitate v. a. von internationaler Mode und Sportschuhen, über Uhren bis hin zu gefälschten Gemälden. Kunsthandwerk stammt oft von den Bergstämmen oder aus Behindertenwerkstätten, denen ein Teil der Erlöse zufließt. Was auch immer das touristische

Herz begehrt, Handeln ist in Vietnam Pflicht (im Saigoner Ben-Thanh-Markt kann und auch anderswo sollte man 50–70 % runterhandeln!).

Einreise

Derzeit gilt für Deutsche (nicht für Österreicher und Schweizer) eine vorläufige zeitlich begrenzte Visabefreiung bis 30. Juni 2017, sofern sie weniger als 15 Tage in Vietnam verweilen. Es ist möglich, dass dies in Zukunft regulär gilt. Ansonsten sind zur Einreise ein mindestens sechs Monate gültiger Pass und ein Visum notwendig, das üblicherweise über einen Reiseveranstalter beantragt wird – falls die Visa-Befreiung ab Juli 2017 wieder aufgehoben werden sollte bzw. für Österreicher und Schweizer und für längere Reisen gelten folgende Gebühren: 45 € (einmalige Einreise, bis zu 15 Tage), 58 € (mehrfache Einreise). Individualreisende ohne Reiseveranstalter beantragen das Visum direkt bei der Botschaft (s. S. 279): 65 € (einmalige Einreise, 15 Tage), 75 € (einmalig, 30 Tage), Kinder benötigen einen eigenen Ausweis und ein eigenes Visum. Visa mindestens 14 Tage vor Reise beantragen (rückfrankiertes Einschreiben mit Passfoto und Verrechnungsscheck), persönlich in der Botschaft/Konsulat geht es schneller: www.vietnambotschaft. org-/konsularische-informationen/ einreise-in-vietnam/ oder auf http://visa.mofa.gov.vn

ICS Travel Group.
Tel. 089/219 09 86, -60,
www.indochina-services.com

Geld und Währung

Es gilt der Vietnamesische Dong (VND), auch wenn höhere Transport- und Zimmerpreise oft in US-Dollar angegeben sind. Es gibt Banknoten in Polymerscheinen von 500 bis 500 000 VND (teils sehr ähnlich). Der Euro wird in internationalen Hotels als Zahlungsmittel anerkannt. Bei Banken, Hotels und in lizensierten Goldläden/Wechselstuben ist der Umtausch von Euro problemlos möglich (mit Reisepass), ebenso die Zahlung mit Kreditkarten (1–4 % Gebühr) in großen Hotels, Touristenlokalen und Reisebüros. Die nicht immer funktionierenden ATM-Automaten geben in allen Städten VND-Scheine aus, jedoch gegen eine geringe Gebühr. Die Maestro-EC-Karten mit Mikrochip und VPay-System funktionieren in Vietnam nicht, auch Reiseschecks sind nicht zu empfehlen! Zum Geldabheben eignet sich am besten die Spar-Card der Deutschen Postbank.

Wechselkurs
(Stand: 2. 2016):
10 000 VND = 0,40 €
1 € = 25 000 VND

Gesundheit

Impfungen sind nicht vorgeschrieben (außer bei Einreise aus Gelbfiebergebieten). Folgende Auffrisch-Impfungen sind empfehlenswert: Polio, Tetanus, Diphterie, Hepatitis A (B bei Langzeitreisen), Tollwut, Japanische Encephalitis sowie Schluckimpfung gegen Typhus.

Cholera, Dengue, Malaria

Wegen des Cholerarisikos vor allem in Nordvietnam (Hanoi, Ninh Binh), aber auch im Mekongdelta sollte man nur abgekochtes Wasser oder Wasser aus versiegelten Flaschen trinken und zum Zähneputzen benutzen, keine Eiscreme oder rohes Gemüse, Eiswürfel meiden, nur geschältes Obst! Dengue-Fieber tritt im gesamten Land auf, vor allem nach der Regenzeit. Die Krankheit wird durch tagaktive Mücken übertragen und kann durch konsequenten Mückenschutz wie Sprays, Rauchspiralen und helle körperbedeckende Kleidung vermieden werden. Ein hohes Malariarisiko besteht im Norden besonders in ländlichen Gebieten während und nach der Regenzeit, im Süden ganzjährig (v. a. im Mekongdelta, Tay Ninh und der Gegend um Saigon). Ein mittleres Risiko besteht während der Regenzeit entlang der Küste bis nach Nha Trang. Mückenschutz wie oben, für nachts u. U. Moskitonetz mitnehmen. Weitere Infos: Robert-Koch-Institut (www.rki.de) oder Tropeninstitute, spätestens sechs Wochen vor Abreise. Man sollte unbedingt eine Auslandsreisekrankenversicherung abschließen, mit Rücktransport im Notfall.

Klima und Reisezeit

Es gibt drei Klimazonen, generell ist die beste (trockenste) Reisezeit zwischen

Typischer Bauernmarkt in Lang Son: Tay-Frauen verkaufen Honig.

November/Dezember bis März/April. Im gesamten Land herrscht tropisches Monsunklima um 30 Grad. Im heißen Süden ist die Regenzeit von Mai bis Oktober/November (am stärksten August bis Oktober). In Zentralvietnam besteht Taifungefahr ab August bis September/ Oktober (besonders Hue) häufig mit Überschwemmungen, Küstenstraßen und Bahnverbindungen sind u. U. gesperrt, Flüge teils gecancelt. In und um Nha Trang fällt der meiste Regen im Oktober und November, beste Reisezeit: Juni und Juli/August. Im Norden gibt es die Sommer-/Regenzeit zwischen Mai und Oktober mit Temperaturen um 25 Grad, die Winterzeit herrscht ab November/Dezember mit viel Nieselregen, Nebel und milden Temperaturen, jedoch auch möglicher Temperatursturz auf bis zu 10 Grad (v. a. nachts in den Bergen). Die meisten Niederschläge fallen im Juli und August, beste Reisezeit: November bis Mai. Im Hochland um Da Lat herrschen Temperaturen bis 25 Grad Celsius (nachts kühler), oft tagelanger Regen, trockenste Zeit ist Dezember bis März.

Bei der Minderheit der Bahnar im Hochland

Konsulate und Botschaften

Botschaft der Republik Vietnam
in Deutschland
Elsenstr. 3, 12435 Berlin,
Tel. 030/53 63 01 02 und 030/53 63 01 08,
www.vietnambotschaft.org

Generalkonsulat in Frankfurt/Main
Rubensstraße 30, 60596 Frankfurt/Main,
Tel. 069/79 53 36 51, -12, -13, -14,
www.vietnam-generalkonsulat.de

in Österreich
Felix-Mottl-Straße 20, A-1190 Wien,
Tel. 01/368 07 55,
www.vietnamembassy-austria.org/en/

in der Schweiz
Schlösslistraße 26,
CH-3008 Bern,
Tel. 031/388 78 72,
www.vietnam-embassy.ch

Botschaften in Vietnam
Deutschland
Tran Phu, Hanoi, Tel. 04/38 45 38 36,
wwwhanoi.diplo.de

Österreich:
53 Quang Trung, Hanoi,
Tel. 04/39 43 30 50, www.bmeia.gv.at

Schweiz
44 B Ly Thuong Khiet, Hanoi,
Tel. 04 39 34 65 89, www.eda.admin.ch

Notrufe

Touristenpolizei: 113
Feuerwehr: 114
Krankenwagen: 115

Sicherheit

Vietnam ist ein relativ sicheres Reiseland, dennoch gilt Vorsicht vor Taschen-
dieben auf Märkten, Flughäfen und

Die Cyclos sind zwar weiter am Aussterben, aber
noch gibt es sie in den Städten.

Bahnhöfen und neuerdings auf den
Gehwegen von Saigon und Hanoi bei
vorbeifahrenden Mofas. Beim Cyclofahren
oder auf dem Mopedtaxi immer auf die
Sonnenbrille aufpassen, am besten abnehmen, die Tasche quer umhängen
(nachts Cyclo- und Mopedtaxi-Fahrten
mit unbekannten Fahrern vermeiden!).
In Hanoi und Saigon gibt es betrügerische
Taxifirmen mit manipulierten Taxametern (vor Hotels, am Airport). Das Fahren
ohne gültigen Internationalen oder vietnamesischen Führerschein ist illegal
und kann mit Bußgeld oder bei einem
schweren Unfall mit einer mehrjährigen
Haftstrafe geahndet werden. Es gibt keinen Versicherungsschutz ohne gültigen
Führerschein (weitere Infos:
www.auswaertiges-amt.de).

Telefonieren

Telefonieren in Vietnam
Auslandsgespräche sind am günstigsten
von den Internet-Telefon-Läden (am billigsten ist Skype, aber oft schlechte
Verbindungen). Selbstwahl im Festnetz
ist möglich aus den Hotels (ca. 0,50–
1 €/Min.) und etwas preiswerter aus Post-
ämtern sowie per IDD-Telefonkarte aus
öffentlichen Telefonzellen. Die VOIP-Bil-
ligvorwahlen funktionieren in manchen
Hotels nicht (dabei wählt man z.B.
171..., 1718... vor der Auslandsnummer).

Mobilfunk
Netzbetreiber sind Viettel, Vinaphone
und Mobifone, wo man auch Mobiltele-
fone ausleihen oder preiswert kaufen
kann. Handys wählen sich automatisch

über Roaming ein. Dabei werden i.d.R. zum Tarif des deutschen Anbieters zusätzliche hohe Gebühren des vietnamesischen Partners erhoben! Mit einer vor Ort erworbenen SIM-/Prepaid-Karte kosten Handygespräche in Vietnam und nach Deutschland lediglich Cent-Beträge.

Internationale Vorwahlen
Deutschland: 0049
Österreich: 0043
Schweiz: 0041
Vietnam: 0084

Trinkgeld

In den besseren Restaurants und Hotels ist eine bis zu 15%-ige »Service charge« im Preis enthalten. Tringeld gibt man Busfahrern, Reiseleitern und Zimmermädchen, Kellnern, Gepäckträgern, Masseuren. Taxi- und Cyclofahrer sowie Garküchenpersonal erwarten kein Trinkgeld.

Übernachten

In Vietnam gibt es landestypische preiswerte Minihotels (meist mit Heißwasserdusche, Klimaanlage, manchmal Sat-TV, Internet, manchmal sogar Laptop, oft inklusive Abholung vom Bahnhof oder Flughafen, DZ 20–40€), außerdem stilvoll restaurierte Herbergen aus der Kolonialzeit und Strandhotels (DZ ca. 100–150€) sowie edle Luxusherbergen (DZ, Pool Villa ab 100€). Homestays bei den Minderheitenvölkern erfreuen sich zunehmender Beliebtheit (ca. 5–12€), etwa im Bergland um Sapa und Ha Giang, Saigon, Hanoi oder im Mekongdelta. Mittelklassehotels

Solch rotgoldene Pracht ist typisch für Vietnam.

(DZ 40–100€) und die gehobene Kategorie sind am besten über Veranstalter zu buchen (ohne Steuer- und Service-Aufschlag von ca. 15 %), entsprechen aber nicht immer dem westlich-gewohnten Niveau an Sauberkeit, Ausstattung und Service.

Zoll

Verboten sind die Einfuhr von Waffen, Munition, Drogen und Pornografie. Zollfrei sind 1,5 l hochprozentiger Alkohol (über 22 %) oder 2 l Wein, 400 Zigaretten oder 100 Zigarren oder 500 g Tabak, Bargeld bis zu 5000 US$.

Ausreise und EU-Freimengen

Ohne zollamtliche Ausfuhrbescheinigung dürfen Antiquitäten nicht ausgeführt werden. Es gilt das Washingtoner Artenschutzabkommen (d.h. alle tierischen Produkte und Bestandteile wie Häute/-Leder, Felle, Panzer/Schildpatt, Krallen, Zähne und Federn sind illegal, ebenso fernöstliche Medizin wie Schlangenlikö-re usw.). Es drohen hohe Strafen, ebenso bei Einfuhr von gefälschten Markenprodukten, die über den Eigenbedarf (1 Stück!) hinausgehen.

Als Freimengen bei Rückreise in die EU gelten (pro Person, mind. 17 Jahre): 200 Zigaretten, 50 Zigarren oder 250 g Tabak, 1 l Alkohol über und 2 l Alkohol bis 22 Vol.-% (Schweiz: 15 Vol.-%) und andere Waren wie Tee, Parfüm sowie Geschenkartikel bis zu einem Warenwert von 430 €. Weitere Infos: www.ipr.zoll.de

Feiertage und Feste:

Vietnam hat unzählige Anlässe für Feierlichkeiten, sei es religiös, traditionell, animistisch, »tierisch« und propagandistisch oder ethnisch. Aber das wichtigste Fest für alle Vietnamesen ist das Neujahrsfest Tet Ngyuen Dan. Die meisten Feiertage richten sich nach dem Mondkalender – und dann muss man unbedingt frühzeitig buchen!

Wenn die Vietnamesen feiern, werden auch die Drachen lebendig.

Gesetzliche Feiertage

1.1.: Neujahr
3.2.: Gründungstag der KP (1930)
30.4.: Tag der Befreiung der Südrepublik/Saigons und der Vereinigung
1.5.: Tag der Arbeit
19.5.: Geburtstag Ho Chi Minhs (1890)
2.9.: Unabhängigkeitstag (1945)
2./3.9.: Todestag Ho Chi Minhs (1969)
24./25. Dezember: Weihnachten

Tet Nguyen Dan

Das Tet-Fest, das vietnamesische Neujahrfest, wird für mindestens drei Tage in der Zeit zwischen Mitte Januar und Mitte Februar gefeiert (28. Jan. 2017). Das Fest ist eine Mischung aus buddhistischen, taoistischen und konfuzianischen Bräuchen und Legenden, aber ebenso aus animistischem Glauben und Ahnenverehrung. Zu Hause wird eine Zeremonie abgehalten, bei der Früchte, Blumen, Speiseopfer und Papiergeschenke auf dem Hausaltar platziert werden. Die Wohnhäuser sind mit Lichterketten und die Straßen mit roten Bannern geschmückt. Man kauft neue Kleidung und verschickt Glückwunschkarten, innerhalb der Familien werden kleine Geschenke ausgetauscht. In den Tempeln herrscht Hochbetrieb, um die Ahnen zu ehren. Für etwa eine Woche sind Transportmittel (v. a. Flüge) lange zuvor ausgebucht, ebenso können viele Hotels (verdoppelte Preise!), viele Restaurants, Läden und Museen geschlossen sein.

Phat Dan

Der Geburtstag Buddhas wird von allen vietnamesischen Buddhisten am 8. Tag des vierten Mondmonats (Mai) begangen. Die Tempel sind dann voller Weihrauch, Opfergaben und Betender.

Ba Chua Xu

Die Wallfahrt auf den Nui Sam findet am 22. bis 26. Tag des vierten Mondmonats (April-Juni) in Chau Doc statt: Tausende strömen zum Via-Ba-Fest um Mitternacht – bis zu 2,5 Millionen Besucher. Die Taoisten, Caodaisten, Christen und Buddhisten sowie moslemische Cham reisen teils aus dem Ausland an, aus Hongkong, Taiwan und den USA.

Trang Nguyen (Vu Lan)

Ein Fest der Vergebung feiert man zum Gedenken der Ahnen und ihrer herumirrenden Geister am 15. Tag des 7. Mondmonats (Juli/August). Zu diesem Zeitpunkt entscheiden der Jadekaiser und die Höllenfürsten über die Sünden ihrer Schützlinge auf Erden, die Geister der Verstorbenen wandern umher und kehren für diesen Tag nach Hause zurück.

Ok Om Bok/Ghe Ngo

Mit dem Vollmondfest Ok Om Bok danken die Khmer im Mekongdelta am 14./15. Tag des zehnten Mondmonats (November/Dezember) mit Opfergaben ihrer Mondgöttin, die Glück und Reichtum bringt. Laternen und fliegende Lampions beleuchten den Himmel, Opfergaben werden auf kleinen Bananenblattflößen dem Mekong oder einem seiner vielen Flussarme im Delta übergeben. Auf dem Soc-Trang-Fluss findet etwa zur selben Zeit das Gehe-Ngo-Bootsrennen statt.

Kleiner Sprachführer

ALLGEMEINES

Ja (je nach Region) Có [go] im Norden;
ừ[öh]; dạ [dja] im Süden

Nein Không [chong] hart ausgesprochen
wie in Dach!

Bitte Xin [sin]/Làm oṅ [lahm ön]

Danke/Herzlichen Dank Cám ơn
[gahm ön]/Cám ơn nhiêù
[gahm ön nju]

Gern geschehen! không có chi
[chong go ji]

Entschuldigen Sie! Tôi xin lỗi!
[teu sin leu]

Kein Problem! Không sau đadu [chong
sau dau]

Wie bitte Xin nhăc lại? [sin njac lai]

Ich verstehe (nicht). Tôi (không) hiêu
[teu chong hju]

Haben Sie...? Anh có (zu Männern)...
[an go]/chi có (zu Frauen)...[ji go]?

Wie viel kostet das...? Gía bao nhiêu?
[ja bau nju]

gut/schlecht tot [dok]/xâú [sau]

zu viel/viel/wenig thât nhiêu
[tak nju]/nhiêù [nju]/it [öt]

Hilfe! Xin giúp tôi! [sin sjub teu]

Achtung!/Vorsicht! Chú ý! [ju-i]/Coi
chưng! [geu kdjung]

Krankenwagen Xe cứu thương
[sä guhtöong]

Polizei/Feuerwehr Công an
[gong ahn]/cứu hoả [guh hwa]

Verbot = verboten Câm [gam]

Gefahr = gefährlich Nguy hiêm [nji hem]

Guten Tag!/Hallo! Xin chào [sin djau]
(der Einfachheit halber kann man am
besten den ganzen Tag immer Xin
Chao sagen, aber auch hier gibt es
mind. fünf Ansprecharten, je nach
Person, Alter

Auf Wiedersehen! Chào tạm bịêt!
[djau dahm bi-eh´]

Ich heiße... Tên tôi là... [dönn teula]

Wie heißen Sie (Mann)? Anh tên gí?
[an dönn sji]

Frau: Chi tên gí? [chi dönn sji]

Wie heißt Du? Ban tên gí?
[bahn dönn sji]

Ich komme aus... Tôi đén tư...
[teu dönn tö]

Wie geht es Ihnen? ông (älterer Herr)
có khỏe không? [ong go kuä chong]

Erfreut, Sie kennenzulernen! Hân hạnh
được gặp ông! [han hann dög´ gab
ong]

Darf ich fotografieren? Tôi đứốc phep
chup anh? [teu dög feb djub an]

UNTERWEGS

Toiletten (Damen/Herren) Toilette
[teulet]/Nhà vê sinh (nử/nam)
[nja we sin (nö/nahm)]

(kein) Trinkwasser (không) nước uống
[chong nök ung]

Wo ist/sind...? ở đâu vây...?
[aö dau jäi]

links/rechts trái [dschei]/phải [fei]

geradeaus/zurück thăng tới [tang
teu]/lui lại [lui lei]

nah/weit gần [gan]/xa [sa]

Wie weit ist...? Dộ bau xa...
[do bau sa]

Bus/Straßenbahn Bus [bus]/táu điên
[dau dien]

U-Bahn/Taxi táu điên ngâm
[dau dien njam]/tắc-xi [taksie]

Haltestelle/Taxistand Tram xe bus
[dscham säa` bus]/Tram xe tắc-xi
[dscham säa` taksie]

Bahnhof/Hafen Nhà ga [nja ga]/Bến cảng [bönn gang]

Flughafen sận bay [sön bai]

Fahrplan/Fahrschein Chương trinh đi [tschong dschin di]/Vé xe [weasäa] (ticket)

einfach/hin und zurück đơn giản [dön sjiang]/tỏi vá lúi [teu fa lui]

Ich möchte ... mieten. Tôi muôn thuê... [teu mu-en tü-e]

Auto/Fahrrad ô-tô [otoh]/xe đạp [säa dab]

ein Boot Thuyên [tü-eng]

Tankstelle Trạm xăng đầu [dscham sang dau]

Benzin/Diesel Xăng [sang]/dầù [djau]

Panne/Werkstatt Xe hư [säa hu]/Nòi xửă xe [neu sua säa]

ESSEN UND TRINKEN

Die Speisekarte, bitte. Làm ơn cho tôi thưc đơn. [lahm ön tscho teu tuk dön]

Auf Ihr Wohl! Chúc mừng ông/bà! [tschuk´ möng ong/bah]

Flasche/Karaffe/Glas... Chai [djai]/binh [bön]/ly [li]

Messer/Gabel/Löffel Dao [sjao]/niã [nija]/muỗn [muon]

mit/ohne Eis có đá [go da]/không có đá [chong go da]

mit/ohne Kohlensäure có gas [go gas]/không có gas [chong go gas]

Vegetarier(in)/Allergie Ngưởi ăn chay [n´öi an djai]/dị ửng [di üng]

Rechnung Biên nhân [bien njan]

Trinkgeld Tiền nưởc [dien nök]

ÜBERNACHTEN

Hotel Khách san [chak´sahn]

Einzelzimmer Phòng đỏn [fang don]

Doppelzimmer Phòng đôi [fang deu]

Dusche=Bad Với phòng tăm [weu fang damm]

Balkon/Terrasse Balkon/sân thửơng [sön tung]

EINKAUFEN

Wo finde ich...? ở đâu có...? [ö dau go...]

Ich möchte.../Ich suche... Tôi muôn [teu mu-en]/Tôi tím [teu dim]

Apotheke=Drogerie Nhà thuốc tây [nja tuok dai]

gutes Restaurant Nhà hàng ngon [nja hang n´nong]

Kaufhaus Cửa hàng? [guhäng]

100 Gramm/1 Kilo một trăm gram[modscham gramm]/một kilo [mod kilo]

teuer/billig/wie teuer? đặt [dak]/rẻ [rea]/giá bao nhiêu [ja bau nju]

mehr/weniger nhiêu [nju]/ít [it]

ZAHLEN

0 khong [chong]

1 một [mot´]

2 hai [hai]

3 ba [bah]

4 bổn [bohn]

5 năm [nam]

6 sáu [sau]

7 bảy [bei]

8 tám [dahm]

9 chìn [tschin]

10 mười [muö]

20 hai mười [haimuö]

100 một trăm [modscham]

1000 một ngàn [modnjahn]

10000 mười ngàn [muönjahn]

Register